JN128910

「満洲国」地方誌集成 第5巻

吉林省政務年鑑 康徳三年度

［編・解説］ゆまに書房出版部

「満洲国」地方誌集成　刊行にあたって

ゆまに書房出版部

本来、中国東北地区は遼寧、吉林、黒龍江の三省より構成されており、「満洲国」政府もその成立にあたり旧三省の行政区画を踏襲した。しかし、旧軍閥勢力の削減等の必要性から、同政府は三省を細分化し、最大時には十九の省及び、省と同等の権限を持つ二特別市を設置した。

これらの省・市の行政機関の多くは現地の行政に関する情報をまとめた「要覧」、「実勢」、「略誌」等の資料を作成していた。資料の題名は様々であるが、これらは中国の伝統的な地理書である「地方誌」の一種として位置づけられよう。

「地方誌」とは、主に各地域に赴任した官僚の執務参考とするため、現地の地理、経済、歴史等を概説した書物である。その起源は後漢時代にまで遡り、清朝時代には四千六百種以上が存在したとされる。これらの書物は、現在でも中国の地域社会の研究において不可欠の材料となっている。

「満洲国」においては、各省に派遣された日本人官吏は異国であるゆえ、当然現地の事情には疎く、中国語を解さないものもいた。このため、日本語による情報源が必要とされ、多くの省で参考資料が編纂された。傀儡国家であり、また日本人向けという特徴はあるが、これも「地方誌」としての性格を有している。

「満洲国」の「地方誌」の多くは限定的に配布され、中には「秘」扱いのものもある。その内容は歴史、人口、経済、徴税、商慣行、土地制度、教育、衛生から匪賊の出没や日本人開拓民の状況等などがあり、包括的かつ信頼度の高い情報を提供している。また、これらの資料には、日本において法学、経済学、歴史学を専攻した者によって書かれたと思われるものもあり、彼らの満洲に対する社会科学的認識を示すものとしても、貴重である。

「満洲国」の地方行政については、国務院総務庁情報処による『省政彙覧』や大同学院による『満洲国地方事情大系』もある。これら資料はあくまで中央政府からの視点でまとめられているのに対し、本シリーズ所収の「地方誌」は現地官吏用のマニュアルとして編集されているため、より実用性に即した内容となっている。

「満洲国」の公文書は、日本の敗戦時に多くが散逸したといわれ、地方行政の実態を把握することは困難である。また、現在の中国東北地区の省、市、県等においても「地方誌」の編纂は盛んに行われているが、資料や言語の制約から「満洲国」時代については記述が薄いのが現状である。こうした状況をふまえ、「満洲国」の「地方誌」を可能な限り収集・復刻することで、史料の不足しがちな「満洲国」史研究への一助となればさいわいである。

「満洲国」地方誌集成　凡　例

一、本シリーズは『「満洲国」地方誌集成』と題し、「満洲国」の地方行政機関の発行した「地方誌」を収集・復刻するものである。同国の各省・市等では執務参考資料として、現地の事情を記した「地方誌」を作成していた。本シリーズでは、これらの資料を横断的に収集することにより、「満洲国」における地方行政の実態を把握する手掛かりとしたい。

二、第一回配本全五巻の収録内容、書誌、寸法、所蔵機関は左記のとおりである。

第一巻

一、『吉林省概説』（吉林省公署総務庁調査科編・発行、一九三三年、並製、二二〇㎜）、一橋大学附属図書館村松文庫所蔵。

二、『吉林省現勢便覧』（吉林省長官房編・発行、一九四〇年、上製、一三二㎜）、一橋大学経済研究所附属社会科学統計情報研究センター資料室所蔵。

第二巻

『吉林省各県畧誌』上巻（吉林省公署総務庁調査科編・発行、上製、一九三四年、二三〇㎜）

第三巻

『吉林省各県畧誌』下巻（吉林省公署総務庁調査科編・発行、上製、一九三四年、上製、二三〇㎜）北海道大学附属図書館所蔵。

※第二、三巻の原本は全一巻。「満文」の部を上巻、「日文」の部を下巻に分割した。

第四巻

一、『新吉林省概説』（吉林省公署総務庁調査科編・発行、一九三五年、並製、二二〇㎜）、架蔵本。

二、『吉林省概説』（吉林省公署総務庁総務科編・発行、一九三六年、並製、二二〇㎜）、東京大学東洋文化研究所所蔵。

第五巻

『吉林省政務年鑑　康徳三年度』（吉林省長官房総務科編・発行、並製、一九三七年、二一五㎜）、北海道大学附属図書館所蔵。

三、復刻にあたっては、原本の無修正を原則としたが、適宜拡大・縮小をほどこした。原本は戦前に刊行されたものであり、紙質の悪さや経年による劣化の進行もある。印刷上のむら、かすれ、不鮮明な文字、活字の潰れ、書き込みも散見される。特に、『吉林省各県畧誌』には活字で印刷されたノンブルの横に、ゴム印で新たにノンブルが加えられた部分があるが、そのままとした。

また、原本を痛めないために、撮影時見開き中央部分を無理に開くことをしなかった。そのため、中央部分が読みづらい箇所もある。隠れている文字については、欄外にそれを示す。予めご了承頂きたい。

〔付記〕原本ご所蔵の一橋大学附属図書館、同大学経済研究所附属社会科学統計情報研究センター資料室、北海道大学附属図書館、東京大学東洋文化研究所には、出版のご許可をいただき、また、製作上種々の便宜を図っていただきました。ここに記して謝意を表します。

第5巻　目　次

吉林省政務年鑑　康徳三年度

352
Man
138875

政務年鑑

——康德三年度——

吉林省

吉林省長官房總務科

政務年鑑

——康德三年度——

吉林省

吉林省長官房總務科

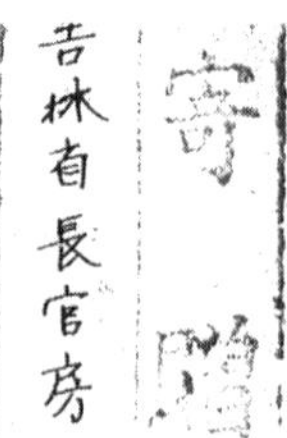
寄贈
吉林省長官房

138875

凡例

一、本年鑑ハ康德三年度ニ於ケル本省ノ施政業績ノ一端ヲ紹介スル爲メ編纂シタルモノナリ。

二、本年鑑ハ本省各廳所管事項ニ基キ省縣ヲ通ジテ施行セラレタル業績ヲ輯錄シテ編纂セリ。

三、本年鑑ハ頁數ノ關係上成ル可ク繁雜ナル述文ヲ省キ主ニ統計表ヲ掲載シ多少ノ說明ヲ加ヘテ編纂セリ。

四、編纂ノ內容ニハ統計不備ノ點多々アランモ諒トセラレタシ。

康德四年九月一日

吉林省長官房總務科

吉林省政務年鑑目次

第一章　序説

本省ハ古代肅愼國ニシテ漢晉ニハ挹婁ニ、北晉代ニハ勿吉ニ、唐代ニハ渤海國ニ屬シ、宋代ニ於ケル契丹女眞ノ地ト稱セラル。清代康熙十年本地ニ副都統ヲ移駐セシメラレタルヲ吉林省政ノ嚆矢トナシ、同十二年始メテ吉林城ノ築城ヲ行ハレタリ。其ノ後幾變遷ヲ經テ民國ニ至リ東三省軍閥ノ有力ナル吉林軍閥ノ地盤トナレリ。

本省ハ物産豐富ニシテ民情質樸ニモ拘ラズ省民ハ常ニ軍閥ノ秕政、貪官汚吏及ビ土豪劣紳ノ壓迫搾取ニ虐ケラレ民生ノ苦痛ハ其ノ極ニ達セリ、幸ニ滿洲事變ヲ契機トシテ長年間暴權淫威ヲ極メタル軍閥政客ヲ一掃シ、本省ハ敢然トシテ率先獨立ヲ宣言シ、直ニ其ノ呼聲ハ全滿ニ波及シ、遂ニ新國家建設ノ輿論擡頭シ、翌年即チ大同元年三月一日順天安民ヲ理想トシタル王道國家ノ建設ヲ見ルニ至レリ。

建國草創本省ニ於テハ種々ナル特殊事情ニ依リ叛軍盜匪蜂起シ、治安紊亂シ、省政ハ全ク混沌タル狀態ニ陷レリ。幸ニ日滿軍警ノ絶大ナル奮戰努力ノ結果ニ依リ丁超、李杜、王德林等ノ如ク有力ナル叛逆匪ヲ逐次殲滅シ康德元年十二月一日本省ノ管轄地域ハ一市、十七縣一旗ニ縮小セラレ、管内ノ治安ハ東部ノ山岳地區ヲ除キテ殆ド良好ニ歸シ、康德元年度ヨリ始安肅正工作ノ重點ヲ東部各縣ニ指向シ、康德二年度以來治標工作タル討伐檢擧ヲ積極的ニ實施スルト共ニ集團部落ノ建設ニ依ル匪民分離工作、二荒地復興ニ依ル農村ノ復興等ノ治本工作ヲ併行シ、本年度ノ秋季大討伐ヲ轉換期トシテ全省ノ治安ヲ確保スルニ至レリ。

本省全般ノ施政ハ治安ノ恢復スルニ隨ヒ、地方行政ノ整備、財政ノ確立、産業ノ開發、教育ノ普及、土木工事ノ擴充等著シク進展ノ氣勢ヲ見ルニ至レリ。今後益々國家建設ノ飛躍的發展ニ伴ヒ地方ノ實情ニ即應セル適切ナル施政方針ヲ確立シ、益々治安確立ノ强化ヲ圖ルト共ニ省政ノ地方ニ對スル徹底的滲透ヲ期シ民生ノ安定ヲ圖リ、殊ニ街村制度ノ施行、産業ノ開發、農村ノ復興等ニ重點ヲ置キ、益々省政ノ進展、省民福祉ノ增進ヲ期シタリ。殊ニ康德四年度ヨリ政府ノ産業五ケ年計劃ニ伴ヒ、本省ニ於テハ省政三ケ年計劃ヲ確立シ、更ニ松花江水力電氣ノ建設ニ伴ヒ産業經濟ノ發展及ビ日鮮移民ノ招來ニ依ル民族協和ノ實現等ハ實ニ本省ニ期待セラルベキ大建設事業ナリ。

本編ハ康德三年度ニ於ケル本省施政業績ノ一端ヲ紹介スルタメ編纂シタルモノニシテ資料統計ノ蒐集ハ不備ノ點アリテ聊カ遺憾トスル所ナルモ諒トセラレタシ。

第二章　地誌

第一節　位置

本省ハ滿洲國ノ中央部ニ位シ、東部ハ間島省ニ連リ南部ノ大部ハ奉天省ニ、一部ハ安東省、興安南分省ニ接シ、西北並ニ北部ハ龍江、濱江兩省ニ連接ス。

其ノ經緯度西ハ東經一二三度二分ヨリ起リ、東ハ東經一二八度八分ニ至リ、南ハ北緯四二度五分ヨリ發シ北ハ北緯四二度五分ニ達ス。

第二節　地勢

本省ノ地勢ハ之レヲ山岳地帶、山丘地帶及ビ平原地帶ニ三大別スルコトヲ得。

山岳地帶ハ本省ノ東部地方ヲ占メ、所謂完達山脈ニ屬スルモノニシテ松義嶺、哈爾巴嶺ハ敦化縣ト間島省境界ヲ南北ニ走リ老張廣財嶺ハ之レニ並行シテ松花江上流ノ支流トノ分水嶺ヲナス、尤モ此等ハ左程嶮峻ナラズ山岳中至ル所ニ小平原ヲ有スルヲ特徵トス。

山丘地帶トハ山岳地帶ヨリ本省ノ西半部ヲ占ムル平原地帶ニ至ル間即チ完達山脈西麓一帶ノ地トシ、所謂密林地帶・疏林地帶ト稱スル地方ハ概ネ山岳地帶、山丘地帶ナリ。

山岳地帶ハ山脈重疊シ此ノ間ニ大森林ヲ形成シ、山丘地帶ハ隨處ニ小平原ヲ有シ未開地モ多ク平原地帶ハ松花江ノ中流地域ニ屬シ土地肥沃ニシテ農耕地モ多シ。

河川トシテハ松花江及ビ牡丹江ノ兩江アリ、牡丹江ハ源ヲ牡丹嶺ニ發シ、松義嶺及ビ老張廣財嶺ノ間ヲ流レ鏡泊湖ニ入リ更ニ北流ス。松花江ハ山岳地帶ヨリ流レ、拉法河、拉林河ヲ併セ平原地帶ニ於テ伊通河、飲馬河ヲ合シテ北流シ本省內唯一ノ可能舟航河川ナリ。

第三節　面積、人口

本省ハ一市十七縣一旗ヨリ成リ、其ノ面積八九、九一〇、三五二平方粁ニシテコノ內樺甸縣ノ一〇、四六三平方粁（總面積ノ約一一%）ヲ最大縣トシテ雙陽縣ノ二、二七四平方粁（總面積ノ約二%）ヲ最小縣トス。

戸口ニ就テハ全省ノ總戸數ハ七五六、〇五九戸（康德三年十二月末）人口ハ五、一七九、八六八人ニ及ビ之レヲ國籍別ニ見レバ本國人五、一一一、六〇八人、日本内地人一四、八六五人、朝鮮人五四、〇九五人、其他外國人三〇〇人ナリ。

今當省各縣別面積戸口ヲ表示スレバ左ノ如シ。

吉林各市縣旗別面積一覽表

（滿洲統計協會調査）

市縣旗別	面積	千分比	市縣旗別	面積	千分比
吉林市	一二 三二五	〇、一	懷德縣	三、一二一 七五二	三四、七
永吉縣	八、五九五 八六二	九五、六	長嶺縣	四、六〇八 三三三	五一、三
額穆縣	八、三七八 七六九	九三、二	乾安縣	四、五一三 五六三	五〇、二
敦化縣	四、八七七 六四〇	五四、三	扶餘縣	五、四六六 一四九	六〇、八
樺甸縣	一〇、四六三 四八六	一一六、四	農安縣	四、二一九 三〇九	四六、九
磐石縣	三、八一〇 三四五	四二、四	德惠縣	二、五七三 四七九	二八、六
伊通縣	四、六〇八 三三三	五一、三	榆樹縣	四、八六七 六六六	五四、一
雙陽縣	二、二七四 三三七	二五、三	舒蘭縣	五、〇〇七 三二二	五五、七
九台縣	三、一二三 〇八九	三四、七	郭爾羅斯前旗	五、三三一 四九〇	五九、三
長春縣	四、〇五八 三三三	五四、一	計	八九、九一〇 三五二	一〇〇、三

吉林省戸口數調査表

康德三年十二月末現在

縣廳別＼戸口別	戸數					人口數														
	滿人	日本		其他	計	滿人			日本內地人			鮮人			其ノ他			合計		
		內地人	鮮人			男	女	計	男	女	計	男	女	計	男	女	計	男	女	（總計）

長嶺縣	懷德縣	雙陽縣	伊通縣	磐石縣	樺甸縣	敦化縣	額穆縣	永吉縣	吉林警察廳
21,400	49,553	36,442	52,078	23,081	24,031	10,885	19,065	86,709	21,911
19	25	19	34	156	76	509	416	79	3,127
23	510	154	573	1,974	618	794	1,795	2,071	465
	5				1		4	22	29
21,442	50,093	36,615	52,685	25,211	24,726	12,188	21,280	88,881	25,532
82,520	184,345	140,099	188,568	78,352	100,732	34,467	67,804	310,581	66,692
72,273	166,881	121,560	165,194	54,922	58,808	23,229	45,163	259,860	48,605
154,793	351,226	261,659	353,762	133,274	159,540	57,696	112,967	570,441	115,297
21	28	31	46	310	218	825	598	155	5,459
5	18	17	27	179	90	295	418	120	4,512
26	46	48	73	489	308	1,120	1,016	275	9,971
60	1,450	484	1,918	6,254	1,755	2,237	5,184	5,933	1,149
21	930	333	1,371	3,999	1,425	1,784	3,871	4,635	994
81	2,380	817	3,289	10,253	3,180	4,021	9,055	10,568	2,143
	7				2	14	12	24	63
	4				1		6	12	27
	11				3	14	18	36	90
82,601	185,830	140,614	190,532	84,916	102,707	37,543	73,598	316,693	73,363
72,299	167,833	121,910	196,592	59,100	60,324	25,308	49,458	264,627	54,138
154,900	353,663	262,524	357,124	144,016	163,031	62,851	123,056	581,320	127,501

合計	長春縣	郭前旗	九台縣	舒蘭縣	楡樹縣	德惠縣	農安縣	扶餘縣	乾安縣
740,003	61,475	11,144	48,220	33,322	85,897	35,273	47.007	63,190	9,320
5,103	32	56	63	84	25	211	57	100	15
10,841	243	39	223	883	127	73	28	248	
112	3			3		31	1	13	
756,059	61,753	11,239	48,506	34,292	86,049	35,588	47,093	63,551	9,335
2,747,621	239,960	36,369	188,404	119,176	315,711	148,126	188,735	222,028	34,952
2,363,687	224,044	30,608	161,808	94,221	282,681	143,176	180,201	200,091	30,662
5,111,608	464,004	66,977	350,212	213,397	598,392	291,302	368,936	422,119	65,614
8,592	57	95	88	93	32	302	95	120	19
6,273	27	81	54	60	14	195	60	92	9
14,865	84	176	142	153	46	497	155	212	28
31,237	592	113	613	2,210	291	193	61	740	
22.858	496	102	473	1,401	218	136	53	526	
54,095	1,088	215	1,086	3,701	509	329	114	1,266	
191	3			7		41	1	17	
109	1			3		42		13	
300	4			10		83	1	30	
2,786,641	240,612	36,577	189,105	121,486	316,034	148,662	88,892	222,905	34,971
2,393,227	224,568	30,791	162,335	95,775	282,913	143,549	180,314	200,722	30,671
5,179,868	465,180	67,368	351,440	217,261	598,947	292,211	369,206	423,627	65,642

第四節　氣　象

本省ノ氣象ニ就テハ新京、吉林以西ノ平原地方ト吉林以東ノ山岳森林地帶トハ自ラ其ノ趣ヲ異ナリ。卽チ京吉地方以西ハ概ネ平原地帶ヲ中心トシ略々新京ニ近ク、降雨量ハ吉林以東、敦化地方ヲ中心トスル方面ヨリモ稍少ナリ。

康德三年度氣象狀態調査表

月別＼項目	氣溫 十時	極數 最高	極數 日	極數 最低	極數 日	地面溫度	降水量	蒸發量	風 最强	風 方向	風 日	天氣 晴天日數	天氣 曇天日數	天氣 降水日數
一	(一)一八、三	一 一、〇	一一	一 三五、一	六	(一)一五、四	六、二耗	一四、一耗	疾風	南西	二八	一五	七	九
二	(一)一五、九	一 二、五	一二	一 三八、五	一	(一)一一、〇	六、二	二〇、七	疾風	南西南	二五	一八	四	七
三	(一)三、七	一三、六	三一	一 三一、五	二		一五、五	一二、六	疾風	南西	二三	一九	三	九
四	八、六	二一、八	二八	一 四、四	一三	一二、九	二四、八	八二、三	疾風	南西	二〇	一七	六	七
五	一六、九	三〇、一	一一	一、〇	一	二一、九	四四、六	一三三、二	強風	南西	一一	七	四	二〇
六	二三、〇	三三、五	二六	八、五	六	二九、一	一八八、九	一三六、五	疾風	南西	一	一三	｜	一七
七	二五、三	三三、四	一八	一七、五	四	三〇、八	一〇七、二	一三三、八	疾風	南西	二五	七	三	二一
八	二四、二	三三、五	四	九、五	三〇	三二、一	一一三、六	一一六、一	強風	南西	一三	一九	三	九
九	一八、七	三一、五	二	四、五	一八	二三、三	九五、九	七三、九	疾風	南東	二〇	一二	二	一六
一〇	一〇、三	二四、〇	一〇	一 二、五	一七	一一、一	六四、〇	六〇、一	疾風	南西	二一	二一	三	七
一一	(一)一、〇	九、九	二	一 一四、〇	二八	(一)〇、八	一二、五	三四、〇	強風	南西	一四	一三	六	一一
一二	(一)一〇、五	三、五	一五	一 二六、四	二二	(一)一〇、一	三、八	二四、二	疾風	南西	六	二一	七	三
年	六、九	三三、五	二六 四	一 三八、五	一	一〇、二	六八三、三	八二〇、五	強風	南西	一一	一八三	四八	一三六

（吉林省立農事試驗場調査）

降霜

項目＼年次	康德元年	康德二年	康德三年
初霜	九月二十一日	九月二十八日	十月四日
晩霜	五月一日	五月二十七日	五月八月
無霜期間	一四二日	一二三日	一三八日

第三章 財政

第一節 沿革

◉古代ヨリ清朝末期時代

本省ノ地ハ古代肅愼國ニシテ漢晉代ニハ挹婁ニ、北晉代ニハ勿吉ニ、唐代ニハ渤海國ニ屬シ、宋代ニ於テハ契丹女眞ノ地トナリ。元代ニ於テハ開元路ノ北境ニ屬シ、明代ニハ初メ建州、毛憐等ノ衛地ニ屬シ、次ギニ遼東都指揮司ヲ設ケ之レヲ統轄セシム。清代ニ於テ順治十年昂邦章京（康熙元年將軍ト改稱）一名、副都統二名ヲ設ケ之レヲ寧古塔ニ駐セシメテ此地ヲ鎭守セシムル事トセリ。次ギニ康熙十年副督統一人ヲ吉林ニ移住セシメ、之レヲ舊來吉林省政ノ嚆矢ヲナスモノト稱セリ、次ギニ康熙十二年初メテ吉林城ノ築城ヲ行ヒ十五年寧古塔將軍ヲ此地ニ移住セシメテ寧古塔ニハ副都統ヲ駐セシムルニ止メ、三十二年ニハ吉林副都統ヲ更ニ伯都納ニ移駐セシメ同五十三年ニハ三姓ニ佐領（翌年協領ニ改ム）琿春ニ協領ヲ設クル事トセリ。雍正三年再ビ吉林副都統ヲ設ケ、翌年吉林ニ永吉州ヲ設ケタルヲ初トシテ泰寧縣（寧古塔）長寧縣（伯都納）等之レニ次ギ光緒ニ入リテヨリ漸次府縣ノ設置ヲ見ルニ至レリ。光緒三十三年將軍副都統ノ官ヲ改メ巡撫ヲ置ク事トシ四道（吉長、濱江、依蘭、延吉）ヲ分設シ、始メテ吉林省政ノ規模ヲ備フルニ至レリ。即チ東三省全般ノ軍事及行政ニ關シテハ東三省總督ヲ置クト共ニ巡撫ヲ各省一般行政ノ最高機關トシテ新設行省公署ノ長タラシメ、茲ニ軍民兩政ヲ明確ニ分割シ、省政務ヲ概ネ巡撫ノ專決掌理ニ屬セシメ特ニ性質緊要ナルモノノミニ付キ總督ノ指揮ヲ仰グ事トセリ。

斯クテ吉林行省公署ニ交渉、民政、提學、提法、度支ノ五司及旗務處ノ六機關ヲ置キ各司ノ長ヲ司使ト稱シ夫々掌管事項ヲ掌ラシメタリ。越ヘテ宣統三年十月武漢革命ノ勃發ト共ニ翌年二月愛親覺羅三百年ノ社稷ハ覆リ民國共和政府ノ樹立ヲ見ルニ至レリ。

◉民國時代

民國新政府ハ萬機ノ新制更新ヲ計リ、民國元年三月總督巡撫ノ制ヲ廢シテ各省都督ヲ置キ省内ノ文武兩政ヲ統轄セシモ翌三年一月教令使二號ヲ以テ劃一的現行各省行政官廳組織令ヲ發布シ、新ニ各省行政公署ヲ置キ民政長之ガ長トシテ行政ヲ掌リ軍政ハ護軍使之レヲ掌ル事トナリ軍民分治ニ還元セリ。

次ギニ翌四年五月教令ヲ以テ省官制ヲ公布シ、行政公署ヲ巡撫使公署ニ民政長ヲ巡撫使ニ夫々改稱シ、又護軍使ヲ鎭安將軍ト改メ鎭安佐將軍行署ヲ置キ、更ニ五年將軍ヲ改メテ督軍トナシ、巡撫使ヲ改メ省長ト稱スルニ至レリ。

民國十二年督軍ハ更ニ東三省保安副司令ト改稱セラレ、翌十三年副司令ヲ改メテ督辦トナシ、吉林ニ吉林軍務善後事宜督辦ヲ置ク。次ギニ十七年十二月二十九日易幟アリ、青天白日旗東三省ニ飜ルヤ所謂黨政時期ニ入リ翌年二月五日吉林省政府改組成立ニ關スル訓令ヲ發シ、吉林省ハ中央國民政府令ヲ奉ジ督辦ヲ改メテ東北邊防軍駐吉副司令長官トナシ同時ニ省長ヲ發シ委員制ノ省政府ヲ設ケ、常任主席委員ヲ置キ副司令ハ舊制ニ據ル事トシ略々省政府ノ改組ヲ完了セリ。其ノ後省政府ノ組織ハ幾變遷ヲ經テ二十年九月滿洲事變ノ勃發トナリ省政情ハ茲ニ一變スルニ至レリ。

◉事變後時代

民國二十年九月十八日滿洲事變勃發スルヤ、恰モ省政府主席張作相不在中ノ吉林省城ニ於テ當時ノ東北邊防軍參謀長熙洽氏ハ省政府從來ノ組織ヲ改メ吉林省長官公署トナシ臨時政府組織大綱ヲ決定シ、自ラ長官トナリ同月二十八日全滿ニ率先シテ獨立ノ宣言ヲ發セリ。其ノ後民衆ノ請願ニ依リ鋭意民心ノ安定、時局ノ收拾ニ奔命スルト共ニ地方ニ割據セル反吉林軍ニ對シテハ討伐宣撫ヲ開始シ、翌年二月漸次反吉林軍ヲ敗退セシメタル爲、時局ハ愈々安定ニ趨キ、省民ノ時局ニ對スル認識漸次深マルヤ、舊東北政權ノ苛政ヨリ逃レントシテ滿洲新國家獨立ヲ要望スルノ聲隨所ニ起ルニ至レリ。

即チ十一月初旬吉林在住旗人要人及朝鮮居留民其他二十一縣民代表等三百餘名ハ省城ニ集合シテ故國滿蒙獨立ヲ懇請スル所アリ、更ニ二月二十五日吉林各法團ハ全國ニ新國家建設ノ通電ヲ發シタル一方同日省城ニ於テハ建國促進大會開催セラレ、各省聯繫シテ愈々結束ヲ固メ獨立ノ氣勢ヲ擧ゲ、各地ニ澎湃タル新國家建設ノ機運熟シ、遂ニ三月一日滿洲國ノ建國トナレリ。

第二節　省行政機構

省行政ノ歴史的經過ハ沿革ニ於テ述ベタル如ク幾變遷ヲ經テ滿洲事變ニ至リ、建國後モ省區劃ニ就テハ舊東北四省區劃ヲ姑息的ニ其儘踏襲セルタメ省政上妥當ヲ欠ク處尠カラズ幾多ノ不便困難ヲ有シ、茲ニ從來ノ積弊ヲ除去シ、省政連絡上ノ圓滑ヲ圖リ中間機關トシテノ機能ヲ充分ニ發揮スルタメ康德元年十二月地方制度ノ改革ヲ斷行シ、從來老大ニ失シタル地域ヲ濱江、間島、三江等ノ省ニ分譲シ、殘リ一市十七縣一旗ヲ所管區域トナス。省城吉林ハ省ノ中央部ニ位シ、交通ノ樞要地點ニシテ中間行政機關トシテ其ノ機能ヲ圓滑ニ發揮シ得ル事トナレリ。

今省行政機構ノ組織ヲ示セバ次ノ如シ（康德三年十二月末日現在）

第一項　省公署組織

- 吉林省公署（省長　李銘書）
  - 總務廳（廳長　三谷　清）
    - 總務科（科長　荒川海太郎）
    - 文書科（科長　閻　承　安）
    - 經理科（科長　園木謙吾）
  - 民政廳（廳長　張書翰）
    - 行政科（科長　劉　懋　昭）
    - 財務科（科長　庭川辰雄）
    - 土地科（科長　陶　柏　邨）
    - 土木科（科長　渡部幸三郎）
  - 警務廳（廳長　伊藤容憲）
    - 警務科（科長　萩原八十盛）
    - 司法科（科長　窪田五六）
    - 保安科（科長　王　貴　德）
    - 特務科（科長　安藤貞夫）
    - 衛生科（科長　趙　思　璪）
    - 督察官室（督察官　佐々木保次郎）

- 教育廳（廳長 馬冠標）
  - 學務科（科長 上田知作）
  - 禮教科（科長 王甲第）
  - 視學官室（視學官 牧野鐵彌 于敬修）
- 實業廳（廳長 羅振邦）
  - 農務科（科長 田中孫平）
  - 工商科（科長 傅士偉）

第二項　省公署官制

新制省公署官制ハ康德元年十月十一日勅令第一百二十四號ヲ以テ公布セラレ同年十二月一日ヨリ左ノ如ク施行セラルヽ事トナレリ。

第一條　省公署ヲ通シテ左ノ職員ヲ置ク

職員	人數	任用
省長	十人	簡任（内四人ヲ特任ト爲スコトヲ得）
廳長	四十六人	簡任若ハ薦任
理事官	八十六人	薦任
技正	十八人	薦任
秘書官	十人	薦任
督察官	十人	薦任
事務官	百二十四人	薦任
警正	十四人	薦任
視學官	十七人	薦任
技佐	三十四人	薦任
屬官	千十九人	委任
技士	八十四人	委任
警佐	二十二人	委任

第二條　前條ニ揭クル職員ノ各省公署ノ定員ハ民政部大臣之ヲ定ム
第三條　省長ハ民政部大臣ノ指揮監督ヲ承ケ各大臣所管ノ事務ニ付テハ其ノ指揮監督ヲ承ケ法律命令ヲ執行シ省內ノ行政事務ヲ管理ス
第四條　省長ハ所部ノ官吏ヲ指揮監督シ其ノ進退賞罰ニ關シ民政部大臣ニ具狀シ委任官以下ニ付テハ之ヲ專行ス
第五條　省長ハ省內ノ行政事務ニ關シ職權又ハ特別ノ委任ニ依リ省令ヲ發スルコトヲ得
第六條　省長ハ省內ノ縣長市長及警察廳長ヲ指揮監督ス
省長ハ縣長市長又ハ警察廳長ノ命令又ハ處分ニシテ成規ニ違ヒ公益ヲ害シ又權限ヲ超ユルモノアリト認ムルトキハ之ヲ取消シ又ハ停止スルコトヲ得
第七條　省長ハ安寧秩序ヲ保持スル爲兵力ヲ要スルトキハ民政部大臣ニ具狀スヘシ
但シ非常時急變ノ場合ニ際シテハ地方駐劄ノ軍隊ノ司令官ニ出兵ヲ請求スルコトヲ得
第八條　省長事故アルトキハ總務廳長其ノ職務ヲ代理ス
第九條　省長ハ其ノ職權ニ屬スル事務ノ一部ヲ縣長、市長又ハ警察廳長ニ委任スルコトヲ得
第十條　廳長ハ省長ノ命ヲ承ケ廳務ヲ掌理ス
警務廳長ハ警察事務ノ執行ニ關シ省長ノ命ヲ承ケ省內ノ警察廳長、警務局長及警正以下ノ警察官吏ヲ指揮監督ス
第十一條　理事官及事務官ハ上官ノ命ヲ承ケ事務ヲ掌ル
技正及技佐ハ上官ノ命ヲ承ケ技術ヲ掌ル
秘書官ハ省長ノ命ヲ承ケ機密事項及特ニ命セラレタル事項ヲ掌ル
督察官ハ上官ノ命ヲ承ケ省內警察事務ノ實況ヲ督察ス
警正ハ上官ノ命ヲ承ケ警察ニ關スル事務ヲ掌リ警察事務ノ執行ニ關シ警務廳長ノ命ヲ承ケ警佐以下ノ警察官吏ヲ指揮監督ス
視學官ハ上官ノ命ヲ承ケ學事ノ實況ヲ視察シ臨時命ヲ承ケ教育ニ關スル事務ヲ掌ル
屬官ハ上官ノ指揮ヲ承ケ事務ニ從事ス
技士ハ上官ノ指揮ヲ承ケ技術ニ從事ス
警佐ハ上官ノ指揮ヲ承ケ警察ニ關スル事務ニ從事ス
第十三條　省公署ニ左ノ五廳ヲ置ク

總務廳
民政廳
警務廳
實業廳
教育廳

第十三條　民政部大臣ノ指定スル省公署ニハ實業廳及教育廳又ハ其ノ一ヲ置カサルコトヲ得
前項ノ場合ニ在リテハ第十七條又第十八條ニ掲クル事項ハ民政廳ニ於テ之ヲ管掌ス

第十四條　總務廳ハ左ノ事項ヲ管掌ス
一、機密ニ關スル事項
二、人事ニ關スル事項
三、官印ノ管守及文書ニ關スル事項
四、會計及庶務ニ關スル事項
五、統計及調査ニ關スル事項
六、他廳ノ所管ニ屬セサル事項

第十五條　民政廳ハ左ノ事項ヲ管掌ス
一、地方行政ノ監督ニ關スル事項
二、賑災及救恤ニ關スル事項
三、土木ニ關スル事項
四、土地ニ關スル事項

第十六條　警務廳ハ左ノ事項ヲ管掌ス
一、行政警察ニ關スル事項
二、司法警察ニ關スル事項
三、衛生ニ關スル事項

第十七條　實業廳ハ左ノ事項ヲ管掌ス

一、農林、畜産及水産ニ關スル事項
二、工商ニ關スル事項
第十八條　教育廳ハ左ノ事項ヲ管掌ス
一、教育及學藝ニ關スル事項
二、禮俗及宗教ニ關スル事項
三、史跡、名勝、天然紀念物ニ關スル事項
第十九條　省ノ名稱、區域及省公署ノ位置ハ別表ニ依リ（註―別表削除）
第二十條　省長ハ民政部大臣ノ認可ヲ承ケ各縣ノ分科及處務規程ヲ定ム

附　則

本令ハ康德元年十二月一日ヨリ之ヲ施行ス
大同元年敎令第十三號省公署官制、大同元年敎令第十四號暫ク省公署ニ參事官ヲ置クノ件、大同二年敎令第十七號省公署ニ秘書長ヲ置クノ件ハ之ヲ廢止ス

第三項　省公署分科規程

本省公署分科規程ハ省公署官制第二十條ニ依リ左ノ如ク省公署分科規程ヲ定メ康德元年十一月十五日附ヲ以テ之ヲ申請認可ヲナス。

▲省公署分科規程

第一章　總務廳

第一條　總務廳ニ左ノ三科ヲ置ク
總務科
文書科
經理科
第二條　總務科ノ職掌左ノ如シ
一、機密ニ關スル事項

二、渉外及特命事項
三、省公署印及省長印ノ典守ニ關スル事項
四、職員ノ任免進退及身分ニ關ズル事項
五、職員ノ紀律及賞罰ニ關スル事項
六、職員ノ待遇及給與ニ關スル事項
七、調査統計及資料ニ關スル事項
八、情報及宣傳ニ關スル事項
九、視察及連絡ニ關スル事項
十、會議ニ關スル事項
十一、他科ノ主管ニ屬セザル事項

第三條　文書科ノ職掌左ノ如シ
一、法令及一般文書ノ審査ニ關スル事項
二、文書收發及保管ニ關スル事項
三、公報及公示ニ關スル事項
四、當宿値ニ關スル事項

第四條　經理科ノ職掌左ノ如シ
一、豫算及決算ニ關スル事項
二、收支ニ關スル事項
三、公用財産ノ管理ニ關スル事項
四、用度及營繕ニ關スル事項
五、傭人ニ關スル事項
六、廳內ノ取締ニ關スル事項

第二章　民政廳

第五條　民政廳ニ左ノ四科ヲ置ク

行政科
財務科
土地科
土木科

第六條　行政科ノ職掌左ノ如シ
一、地方行政ノ指導監督ニ關スル事項
二、行政區劃ニ關スル事項
三、社會事業ニ關スル事項
四、旗蒙ニ關ルス事項
五、義倉ニ關スル事項
六、移植民並ニ拓殖地ニ關スル事項
七、入植民族融和輔導ニ關スル事項
八、他科ノ主管ニ屬セサル事項
第七條　財務科ノ職掌左ノ如シ
一、公共團體ノ豫算及決算ニ關スル事項
二、地方税ニ關スル事項
三、使用料及手數料ニ關スル事項
四、地方債ニ關スル事項
五、公有財產ニ關スル事項
六、其ノ他地方財務ニ關スル事項
第八條　土地科ノ職掌左ノ如シ
一、地籍ノ調査整理ニ關スル事項
二、地册ノ保管及整理ニ關スル事項
三、地照發給ニ關スル事項

四、土地商租ニ關スル事項

第九條　土木科ノ職掌左ノ如シ

一、公共團體ノ土木建築工程ノ監督及補助ニ關スル事項

二、直轄土木工程ニ關スル事項

三、道路、河川、運河、港灣及砂防ニ關スル事項

四、鐵道軌道及索道ニ關スル事項

五、水面及水力ニ關スル事項

六、都色計劃ニ關スル事項

七、上下水道ニ關スル事項

八、土地收用ニ關スル事項

九、其ノ他土木建築ニ關スル事項

第三章　警務廳

第十條　警務廳ニ左ノ五科及一室ヲ置ク

警務科

特務科

保安科

司法科

衛生科

督察官室

第十一條　警務科ノ職掌左ノ如シ

一、警衛及警備ニ關スル事項

二、警察規劃ニ關スル事項

三、警察職員ノ敎養ニ關スル事項

四、警察統計ニ關スル事項

五、他科ノ主管ニ屬セサル事項

第十二條　特務科ノ職掌左ノ如シ

一、集會結社及民衆運動ノ取締ニ關スル事項

二、政治、經濟、敎育及宗敎ノ督察ニ關スル事項

三、思想勞働及社會運動ノ取締ニ關スル事項

四、出版及著作權ニ關スル事項

五、新聞紙、雜誌、フヰルム及其ノ他出版物ノ檢閲ニ關スル事項

六、外國人ノ保護及取締ニ關スル事項

七、外國人ノ入國及移民取締ニ關スル事項

八、其ノ他特務警察ニ關スル事項

第十三條　保安科ノ職掌左ノ如シ

一、安寧警察ニ關スル事項

二、風俗警察ニ關スル事項

三、營業警察ニ關スル事項

四、交通警察ニ關スル事項

五、水火消防ニ關スル事項

六、其ノ他保安警察ニ關スル事項

第十四條　司法科ノ職掌左ノ如シ

一、犯罪豫防ニ關スル事項

二、犯罪搜査及檢擧ニ關スル事項

三、鑑識及指紋ニ關スル事項

五、保甲制度ニ關スル事項

六、戸口ニ關スル事項

七、銃砲火藥類ノ取締ニ關スル事項

八、其ノ他司法警察ニ關スル事項

第十五條　衞生科ノ職掌左ノ如シ

一、醫務ニ關スル事項

二、防疫ニ關スル事項

三、保健ニ關スル事項

四、其ノ他衞生警察ニ關スル事項

第十六條　督察官室ノ職掌左ノ如シ

一、警察事務ノ督察ニ關スル事項

二、其ノ他特ニ命セラレタル事項

第四章　敎育廳

第十七條　敎育廳ニ左ノ二科及一室ヲ置ク

學務科

禮敎科

視學官室

第十八條　學務科ノ職掌左ノ如シ

一、學校敎育ニ關スル事項

二、學校衞生及體育ニ關スル事項

三、學藝ニ關スル事項

四、留學生及育英ニ關スル事項

六、他科ノ主管ニ屬セサル事項

第十九條　禮敎科ノ職掌左ノ如シ

一、社會敎育ニ關スル事項

二、禮俗及宗敎ニ關スル事項

三、廟宇、廟產、古蹟、古物、名勝及天然紀念物ニ關スル事項

第二十條　視學官室ノ職掌左ノ如シ
一、學校ノ視察ニ關スル事項
二、教育ノ指導督勵ニ關スル事項
三、視學ノ連絡統制ニ關スル事項

第五章　實業廳

第二十一條　實業廳ニ左ノ二科ヲ置ク
農務科
工商科
第二十二條　農務科ノ職掌左ノ如シ
一、農事ニ關スル事項
二、畜産及林産ニ關スル事項
三、水産ニ關スル事項
四、開墾ニ關スル事項
五、産業團體ニ關スル事項
六、氣象測候ニ關スル事項
七、他科ノ主管ニ屬セサル事項
第二十三條　工商科ノ職掌左ノ如シ
一、工商業ニ關スル事項
二、工商團體ニ關スル事項
三、地方金融ニ關スル事項
四、電氣及瓦斯事業ニ關スル事項
五、公司ニ關スル事項
六、度量衡ニ關スル事項
七、工藝ノ指導奬勵ニ關スル事項

第四章　省公署職員

本省ハ康徳元年十二月開設セラルヽト共ニ建國以來當省公署秘書長並ニ民政廳長要職ニアリタル李銘書氏ヲ迎ヘテ省長トシタリ。

總務廳長　三谷　清（元奉天省公署警務廳長）康徳三年八月十七日着任
民政廳長　張書翰（元吉林省公署教育廳長）康徳三年八月十七日着任
警務廳長　伊藤容憲（元間島省公署警務廳長）康徳三年八月十七日着任
教育廳長　馬冠標（元吉林高等師範學校長）康徳三年八月十七日着任
實業廳長　羅振邦（元吉林省公署秘書處長）康徳元年十二月一日着任

今當省公署康徳三年十二月末現在官吏及ビ雇員傭員總數ヲ示セバ次ノ如シ。

吉林省公署康徳三年十二月底官吏現在員表

項別	官別	特任官 省長 日	特任官 省長 滿	特任官 省長 計	簡任官 廳長 日	簡任官 廳長 滿	簡任官 廳長 計
總務廳	總務科		一	一	一		一
	文書科						
	經理科						
民政廳	行政科					一	一
	財務科						
	土地科						
	土木科						
警務廳	警務科						
	特務科						
	司法科						
	保安科						
	衞生科						
實業廳	農務科						
	工商科						
故育廳	學務科					一	一
	禮教科						
合計			一	一	一	二	三

薦任																	
廳長			理事官			技正			秘書官			事務官			督察官		
日	滿	計	日	滿	計	日	滿	計	日	滿	計	日	滿	計	日	滿	計
			一		一					一	一	一	二	三			
				一	一							一		一			
			一		一												
				一	一							一	一	二			
			一		一								一	一			
				一	一												
						一		一									
一		一	一		一										一		一
			一		一												
												一		一			
													一	一			
													一	一			
	一	一	一		一								一	一			
			一		一												
				一	一								一	一			
一	一	二	七	四	一一	一		一		一	一	四	八	一二	一		一

委任						官											
技士			屬官			小計			視學官			技佐			警正		
計	滿	日	計	滿	日	計	滿	日	計	滿	日	計	滿	日	計	滿	日
			一八	一三	五	五	三	二									
			一〇	八	二	二	一	一									
一		一	七	五	二	一		一									
			一〇	七	三	三	二	一									
			五	三	二	二	一	一									
			四	三	一	一	一										
三	一	二	四	三	一	一		一									
			一二	七	五	四		四							一		一
			四	三	一	一		一									
			四	三	一	二	一	一							一	一	
一	一		四	三	一	一	一										
一		一	一	一		二	一	一				一		一			
三	一	二	六	五	一	五	三	二				二	一	一			
一		一	五	五		一		一				一		一			
			一〇	八	二	三	一	二	二	一	一						
			六	五	一	二	二										
一〇	三	七	一二〇	八二	三八	三六	一七	一九	二	一	一	四	一	三	二	一	一

吉林省公署康德三年十二月底雇傭員現在員表

項別 職別		合計 日	合計 滿	合計 計	官 小計 日	官 小計 滿	官 小計 計	官 警佐 日	官 警佐 滿	官 警佐 計	雇 本 專門學校卒業以上 日	雇 本 專門學校卒業以上 滿	雇 本 專門學校卒業以上 計	雇 本 其他 日	雇 本 其他 滿	雇 本 其他 計
總務廳	總務科	八	一七	二五	五	一三	一八							六	一二	一八
	文書科	三	九	一二	二	八	一〇							一〇	一六	二六
	經理科	四	五	九	三	五	八							九	九	一八
民政廳	行政科	四	一〇	一四	三	七	一〇								五	五
	財務科	三	四	七	二	三	五							三	六	九
	土地科	一	四	五	一	三	四							一	二	三
	土木科	四	四	八	三	四	七							一	三	四
警務廳	警務科	九	八	一七	五	八	一三		一	一				二	六	八
	特務科	二	三	六	二	三	五	一		一				一	二	三
	司法科	二	五	七	一	四	五		一	一					二	二
	保安科	一	五	六	一	四	五								一	一
	衛生科	二	二	四	一	一	二							二	三	五
實業廳	農務科	五	九	一四	三	六	九					一	一	二	四	六
	工商科	二	五	七	一	五	六							一	五	六
教育廳	學務科	四	一〇	一四	二	八	一〇							三	六	九
	禮教科	一	七	八	一	五	六								三	三
合計		五六	一〇七	一八九	三六	八七	一二三	一	二	三		一	一	四一	八八	一二六

雇員									傭人								
小計			臨時雇			合計			本傭			臨時傭			合計		
日	滿	計	日	滿	計	日	滿	計	日	滿	計	日	滿	計	日	滿	計
六	一二	一八				六	一二	一八		一二	一二					一二	一二
一〇	一六	二六		一	一	一〇	一七	二七		七	七					七	七
九	九	一八				九	九	一八	一	二三	二四				一	二三	二四
	五	五					五	五		三	三		一	一		四	四
三	六	九				三	六	九		二	二					二	二
一	二	三				一	二	三		二	二					二	二
一	三	四				一	三	四		二	二		二	二		四	四
二	六	八				二	六	八	一	一〇	一一		一	一	一	一一	一二
一	二	三				一	二	三		一	一					一	一
	二	二					二	二		三	三					三	三
	一	一					一	一		一	一					一	一
二	三	五				二	三	五		一	一					一	一
二	五	七				二	五	七		七	七					七	七
一	五	六				一	五	六		二	二					二	二
三	六	九				三	六	九		六	六					六	六
	三	三					三	三		二	二					二	二
四一	八六	一二七		一	一	四一	八七	一二八	二	八三	八五		四	四	二	八七	八九

第三節　管下地方行政

第一項　市行政

吉林ハ舊名船廠ト稱シ文字通リ昔ヨリ船舶ノ集マリタル地點ニシテ農産物ノ集散、商工業發達ノ中心地トナリ人口モ漸次增加シテ現在人口十二萬七千人ニ達シ現在當省內ニ於テハ新京ニ次ク大都市ナリ、民國十八年ニハ市政發展ヲ圖ル爲メ中央ノ命ニ依リ市政籌備處ヲ設置シ、舊來ノ商埠地事務所及市政公所ノ事務ヲ引繼ギ滿洲事變ニ至レリ。大同元年三月一日滿洲國ノ成立ト共ニ更ニ一層市政籌備ノ機能ヲ充實シ、大同二年商埠地區劃整理ノ爲メ埠務科ヲ新設シ土地ノ商租ヲ開始スル外康德元年ニハ省城營業附加捐ノ徵收ヲ本市ニ移管シ、永吉縣立中學校一、小學校一六及ビ各種ノ社會施設、救濟機關ヲ警察廳其他ノ機關ヨリ移管シ、康德二年十二月籌備處組織職制ヲ變更シ、從來警察廳ノ管理ニ屬セル衛生及社會ニ關スル一般行政ヲ何レモ市政籌備處ニ移管セリ。

斯シテ市政籌備處設置以來六ケ年漸ク諸般ノ施設ヲ完了シ、康德三年四月一日市公署ノ誕生ヲ見ルニ至レリ。

新市制ノ特長ハ省長ノ監督ヲ受ケ縣ト同格ノ行政官廳ナリ、市ハ官治ナルモ自治權ヲ認メ諸議會ニ依リ民意ガ或程度迄市政上ニ反映ス。尙ホ市官吏中ニ特ニ參與官ヲ置キ、市長ヲ輔佐セシムルト共ニ市ノ機務ニ參劃セシム。

市長ハ市ニ於ケル單一ナル執行機關ニシテ外部ニ對シテハ市ヲ代表シ內部ニ於テハ市政ヲ統轄ス、市長ヲ輔佐スル爲メ參與官、科長、股長、吏員等ヲ設置ス。

現在ニ於ケル市公署ノ組織竝ニ施政參考關係ニ付統計的ニ表示スレバ次ノ如シ。

吉林市公署組織表（康德三年十二月末日現在）

- 總務科（科長　杉浦守次郎）
  - 庶務股
  - 文書科
- 經理科（科長　富永景三郎）
  - 主計股
  - 會計股
  - 用度股

吉林省公署（市長　徐家桓）―參與官（吉野不二雄）―

- 行政科（科長　楊荃苾）―
  - 行政股
  - 教育股
  - 社會股
  - 衛生股
- 財務科（科長　文芝華）―
  - 課稅股
  - 徵收股
  - 理財股
- 工務科（科長　李作民）―
  - 土木股
  - 建築股
- 水道科（科長　高橋勝年）―
  - 給水股
  - 配水股

吉林市公署官吏囑託僱傭人員統計表（康德三年十二月末現在）

	薦任官		委任官		囑託		吏員		雇員		傭人		合計	
	日	滿	日	滿	日	滿	日	滿	日	滿	日	滿	日	滿
市長	―	一	―	―	―	―	―	―	―	―	―	―	―	一
參與官	一	―	―	―	―	―	―	―	―	―	―	―	一	―
總務科　總務科長	一	―	―	―	―	―	―	―	―	―	―	―	一	―
總務科　庶務股	―	―	一	―	―	―	一	二	二	三	―	―	四	五
總務科　文書股	―	―	―	一	―	―	―	三	二	六	―	―	二	一〇
總務科　傭人	―	―	―	一	―	―	―	―	―	―	―	六	―	六

科	職														
經理科	經理科長	一	｜	｜	｜	｜	｜	｜	｜	｜	｜	｜	｜	一	｜
	主計股	｜	｜	｜	｜	｜	｜	一	三	｜	一	｜	｜	一	三
	會計股	｜	｜	｜	一	｜	｜	｜	二	一	一	｜	｜	一	四
	用度股	｜	｜	｜	｜	｜	｜	｜	一	一	三	｜	｜	一	三
	傭人	｜	｜	｜	｜	｜	｜	｜	｜	｜	｜	｜	一	一	一
財務科	財務科長	｜	一	｜	｜	｜	｜	｜	｜	｜	｜	｜	｜	｜	一
	課稅股	｜	｜	一	一	｜	｜	一	五	二	七	｜	｜	四	一三
	徵收股	｜	｜	｜	｜	｜	｜	二	七	三	九	｜	｜	四	一六
	理財股	｜	｜	｜	一	｜	｜	一	一	｜	一	｜	｜	一	三
	傭人	｜	｜	｜	｜	｜	｜	｜	｜	｜	｜	二	六	二	六
行政科	行政科長事務官	一	一	｜	｜	｜	｜	｜	｜	｜	｜	｜	｜	一	一
	行政股	｜	｜	｜	一	｜	｜	｜	三	三	一	｜	｜	二	五
	教育股	｜	｜	｜	一	｜	｜	一	二	一	｜	｜	｜	三	三
	社會股	｜	｜	｜	一	｜	｜	｜	三	｜	｜	｜	｜	｜	四
	衛生股	｜	｜	｜	｜	一	三	一	二	三	一	｜	｜	四	五
	傭人	｜	｜	｜	｜	一	｜	｜	｜	｜	｜	一	六	一	六
工務	工務科長、技佐	一	一	｜	｜	｜	｜	｜	｜	｜	｜	｜	｜	一	一
	建築股	｜	｜	｜	一	｜	｜	一	三	｜	一	｜	｜	一	四
	土木股	｜	｜	｜	｜	｜	｜	三	二	｜	｜	｜	｜	二	二

科 傭人	水道科 水道科長	水道科 給水股	水道科 配水股	水道科 傭人	總計
－	一	－	－	－	六
－	－	－	－	－	四
－	－	－	一	－	三
－	－	一	－	－	九
－	－	－	－	－	一
－	－	－	－	－	二
－	－	一	三	－	一五
－	－	三	二	－	四二
－	－	四	－	－	一九
－	－	二	－	－	三五
一	－	－	－	六	一〇
八	－	－	－	三二	五九
一	一	五	四	六	五四
八	－	六	二	三二	一五一

吉林市公署附屬機關人數統計表（康德三年十二月末現在）

機關別＼職名		囑託	吏員	教員	雇員	傭員	合計	備考
屠宰場	滿	－	一	－	三	一八	二二	
	日	－	－	－	－	－	－	
游民習藝所	滿	一	一	－	－	一〇	一二	
	日	－	－	－	－	－	－	
濟良所	滿	－	－	－	一	一	二	
	日	－	－	－	－	－	－	
養濟所	滿	－	－	－	一	三	四	
	日	－	－	－	－	－	－	
工程所	滿	－	－	－	－	四二	四二	
	日	－	－	－	－	－	－	
小學校	滿	－	－	一三三	－	三七	一七〇	
	日	－	－	七	－	－	七	

公會堂	満	—	—	—	—	—	—	二	—	二	一
	日	—	—	—	—	—	一	—	—	—	一
中央批發市場	満	—	—	—	—	—	—	—	—	一	二
	日	一	—	—	—	一	—	—	—	—	—
隔離病院	満	—	—	—	—	—	—	二	—	二	一
	日	一	—	—	—	—	—	—	—	—	—
清潔事務所	満	—	—	—	—	—	—	—	—	—	—
	日	—	—	—	—	—	—	—	—	—	—
庇寒所	満	—	—	—	—	一	—	二	—	三	—
	日	—	—	—	—	—	—	—	—	—	—
合計	満	—	二	一三三	六	一七七	二五七				
	日	一	—	七	三	—	一〇				

吉林市人口統計表（康德三年十二月末現在）

戸數人口		戸數	人口 男	人口 女	人口 計
總數		八五、五三二	七三、三六三	五四、一三八	一二七、五〇一
滿人		二一、九一二	六六、六九二	四八、六〇五	一一五、二九七
日本人	內地人	三、一二五	五、四五四	四、五〇八	九、九六二
	朝鮮人	四六五	一、二四九	九九四	二、二四三
其他外國人		二九	六三	二七	九〇

吉林市種族別人口統計表（康德三年十二月末現在）

種族別			戸數	人口 男	人口 女	人口 計
本國人	滿洲人	滿漢人	二一、九一一	六六、二九二	四八、六〇五	一一五、二九七
		蒙古人	—	—	—	—
		計	二一、九一一	六六、二九二	四八、六〇五	一一五、二六七
	日本人	內地人	三、一二五	五、四五四	四、五〇八	九、九六二
		朝鮮人	四六五	一、一四九	九九四	二、一四三
		台灣人	二	五	四	九
		計	三、五九二	六、六〇八	五、五〇六	一二、一一四
外國人		白俄人	二二	四六	二〇	六六
		法國人	二	一〇	—	一〇
		英國人	四	四	五	九
		波蘭人	一	二	一	三
		德國人	—	—	—	—
		土耳其人	一	一	一	二
		計	二九	六三	二七	九〇
總計			八五、五三二	七三、三六三	五四、一三八	一二七、五〇一

吉林市税收入情形一覧表 (康徳三年十二月末現在)

捐別	調定額		收入濟額			收入未濟額
	件數	金額	件數	本月份	累計	
營業税附加捐	―	七六、八五四、四二	一	三三、三〇〇、〇〇	九四、八四四、八二	四三、五五四、四二
房捐	四三	一七九、六七	一〇八	五七一、〇三	四七、八一八、八六	二、〇四七、六三
戸別捐	三、六九七	五、九三五、六二	一、五八三	五、六一三、六九	二九、九六四、三六	一四、四二六、五八
車捐	七六	五五、五〇	八九七	一、九四三、六九	三一、四八四、三六	二、六一九、〇二
粮米特捐	二〇四	一三、九六七、九〇	二〇五	一九、五六八、〇八	五五、六六七、七一	―
屠宰捐	一、一四五	一、五六四、八〇	一、一四五	一、五六四、八〇	一一、七六九、六一	―
八百壠市場地捐	―	―	一〇	二二〇、〇〇	四一八、〇〇	五九〇、〇〇
船捐	―	―	―	―	一七九、三〇	一、八〇
不動産取得捐	五〇	三、七五九、二二	三〇	一、二七六、〇二	六、四二六、九七	三、四二三、六〇
觀覧捐	一一九	二七五、七四	一一九	二七五、四七	三、四〇三、二九	―
遊興捐	一一二	一、九三〇、一〇	九五	七一六、七三	七、八四八、〇〇	六、五一四、八〇
總計	五、四四六	一〇四、五二二、七〇	四、一九三	六四、九三五、五一	二八九、八二四、九七	七三、一七七、八五

使用料及手數料收入一覽表（康德三年十二月末現在）

種別	調定額 件數	調定額 金額	收入額 件數	收入額 本月份	收入額 累計	收入未濟額
廣告場使用料	三	六、六〇〇	三	六、六〇〇	二八七、六九	—
屠宰場使用料	一、一四五	一、五六四、八〇	一、一四五	一、五六四、八〇	一〇、二六二、〇〇	—
茶樓使用料	四六	四〇八、五〇	五五	四九八、五〇	四、四五七、六二	六八二、六三
公會堂使用料	一	八、七五	一	八、七五	六、五七九、三五	—
學校授業料	四	四三、五〇	四	四三、五〇	五、七六四、〇〇	—
建築勘驗手數料	三四	五八二、三〇	三四	五八二、三〇	四、〇八五、五〇	—
地皮租換簽手數料	一二	五二、〇〇	一二	五二、〇〇	二八〇、〇〇	—
督促手數料	一七、〇九五	三、四三三、八五	四、二四七	九七五、一〇	四、七四七、一〇	—
糞尿汲取手數料	一、一四五	一、〇一一、八〇	一、一四五	一、〇一一、八〇	六、六九九、六〇	四、八七〇、三五
屠宰手數料	二五七	五一、四〇	一一六	二三、二〇	一九五、八〇	二六八、〇〇
諸證明手數料	四一	六、五一	四一	六、一五	一、一七〇	—
合計	一九、七八三	七、一六八、六五	六、八〇三	四、七七二、七〇	四三、三七〇、三六	五、八二〇、九八

雜收入徵收成績表

（康德三年十二月末現在）

科目	本月調定額 件數	本月調定額 金額	本月收入額 件數	本月收入額 金額	累計 件數	累計 金額	未收入額 件數	未收入額 金額
稅收入	六	一〇、三八	一四	四二六、三八	八二二	二、三五〇、三一	四五	五五六、〇〇
稅外收入	七	一九九、〇九	七	一九九、〇九	二一〇	一三、二六八、二四	—	—
歲計存欵利息	一	九七、一七	一	九七、一七	二	一七〇、一一	—	—
罰金及過怠金	五	四、二七	五	四、二七	三五	四三七、一五	—	—
濟良所食費收入	一	三〇、〇〇	一	三〇、〇〇	五	四六〇、〇〇	—	—
遊民藝習所收入	七	四〇、九五	七	四〇、九五	一八	三九七、八七	—	—
雜收入	一七〇	三〇〇、三二	一七〇	三〇〇、三二	一、二五五	一五、四七一、五八	—	—
合計	一九七	六八二、一八	二〇五	一、〇九八、一八	二、三四七	三二、五五五、二六	四五	五五六、〇〇

財産收入徵收成績表

（康德三年十二月末現在）

科目		調査額 戸數	調査額 金額	本月收入額 戸數	本月收入額 金額	收入累計額 戸數	收入累計額 金額	未收入額 戸數	未收入額 金額
地租	商埠地皮租			七〇	二、三〇四、九四	六九五	一一、四一九、六一	一二〇	四、〇九二、八五
	八百壠地皮租					六七	一、二七九、六五	一	二〇、〇〇
房租	房租	一三	一三二、五〇	一三	一四〇、五〇	一〇七	八八四、五〇	一二	一九七、〇〇

遊興捐徵收成績表

（康德三年十二月末現在）

等級別	本月調定額	本月收入額	未收入額	備考
一等	一一二、五五	一一二、五五		
二等	一三三、二七	一三三、二七		
四等	五六七、四八	五六七、四八		
日妓館	一、五一四、五七			
合計	二、三一六、八七			

糧米特捐徵收成績表

（康德三年十二月末現在）

區分／糧別	糧石數	價額	稅額	備考
苞米	一七、四九〇、八一	圓 九六、一九九、〇〇	圓 九六一、九九	
紅糧	一八、五一五、五五	一〇一、八三五、〇〇	一、〇一八、三五	
谷子	二、六四	一五、〇〇	一五	
小米	九九二、七三	一〇、四二四、〇〇	一〇四、二四	
元米	八一、九二	九〇一、〇〇	九、〇一	
與子	五三三、四三	一、六四五、〇〇	一六、五四	
與米	一、二三	一二、〇〇	一二	
蕎麥	一七九、二四	七一七、〇〇	七、一七	
粳子	二、四六六、五三	一一、三四六、〇〇	一一三、四六	

粳米	二三二、七四	二、七二三、〇〇	二七、二三
稻子	五七、八六一、三七	二四三、〇一九、〇〇	二、四三〇、一九
稻米	一、五五五、〇七	一七、七二八、〇〇	一七七、二八
江米	七九、三五	一、一五八、〇〇	一一、五八
大麥	四七〇、四五	二、二一一、〇〇	二二、一一
芝麻	三七、〇〇	五六九、〇〇	五、六九
小麻子	二三、七三	九六、〇〇	九六
蘇子	一七二、七九	一、一四〇、〇〇	一一、四〇
黄豆	六九、五一一、四八	四五二、〇八五、〇〇	四、五二〇、八五
芸豆	一二、四九	一二三、〇〇	一、二三
小豆	三、四二一、四三	二四、二九二、〇〇	二四二、九二
吉豆	八〇、一五	八四二、〇〇	八、四二
合計	一七三、七六二、一三	九六九、〇八八、〇〇	九、六九〇、八八

觀覽捐徵收成績表（康德三年十二月末現在）

興行種類	入場料 等級	入場料 枚數	入場料 金額	稅額	備考
電影		八、五六一枚	三、一七六、〇〇	一五二、三二	
舊劇		一三、九六〇	一、七三二、五〇	一二〇、五七	
合計		二二、五二一	八、八九八、五〇	二七二、八九	

屠宰捐徵收成績表（康德三年十二月末現在）

種別	屠宰數 本月份	屠宰數 累計	屠宰捐單價	屠宰捐 本月份	屠宰捐 累計
猪	一、三七五頭		六〇	八二二、〇〇	
牛	四五〇		一、〇〇	四五〇、〇〇	
羊	五六〇		三〇	一六八、〇〇	
犢	一七〇		三〇	五一、〇〇	
馬	三		六〇	二、四〇	
騾	三		八〇	二、四〇	
驢	三		六〇	一、八〇	
小猪	三		二〇	六〇	
合計	一八一二	三三、六六七		一、一七一、五〇	一〇、二七一、一一

車輛別車捐徵收成績表（康德三年十二月末現在）

車輛別	用途	調定額 台數	調定額 金額	收入額 台數	收入額 金額	未收入額 台數	未收入額 金額	備考
人力車	營業			八一二	四七三、六〇			每期兩月每台 八〇
馬車	〃			七四五	一、〇六五、〇〇			每期兩月每台 三、〇〇
貨物運搬車	〃			一八	一〇八、〇〇			每期六月每台 六、〇〇
手挽車	自用				六、〇〇			每期六月每台 一、五〇

自轉車	〃			五三	一七三、八〇			〃 一、二〇
汽車	營業				四六、六六			一、〇〇
農用大車	自用							
(日)自轉車	〃			四五	四〇、四〇			無一定期份及稅額之各種車
雜項車	〃			五三	九六、八七			
合計				一、二一六	二、〇一二、三三			

吉林市組合銀行爲替受拂額 (康德三年十二月末現在)

銀行別	幣制	預金	貸出
中央銀行	國幣	一、九〇四、四七二、六六	二、〇一六、五二五、五七
其他滿洲國側銀行	〃	一八九、六七二、五一	二六七、〇九〇、七九
日本側銀行	〃	一、〇七五、〇八六、九九	二、三四六、四五二、三五
	金票	二七八、五三三、〇四	一八、四七六、五〇
其他外國側銀行	國幣	六八七、六二〇、九〇	三七一、七六五、六〇
	金票	二九、二五二、〇三	一五八、八〇〇、〇〇
	鈔票	—	—
	其他	—	一五、八八一、九八

合計	幣制	受入額	拂出額
合計	國幣	三、八六五、七八三、〇六	五、〇〇一、八三四、三一
	金票	三〇七、七八五、〇七	一七七、二七六、五〇
	鈔票	—	—
	其他	—	一五、八八一、八九

吉林市組合銀行預金並貸出高（康德三年十二月末現在）

銀行別	幣制	受入額	拂出額
中央銀行	國幣	四、三一八、五一二、九五	三、三三二、五三七、一二
	金票	三一、三九六、〇四	二、二二九、三三
	其他	四三四、五五	—
其他滿洲國側銀行	國幣	五一、〇二八、七二	七三、〇九〇、〇八
	金票	七、七五〇、〇〇	—
	其他	三〇四、三六六、三三	六〇、〇〇
日本側銀行	國幣	三八二、二九三、〇二	四二七、二七〇、八二
	金票	六四九、二五〇、一五	二二九、四二五、二九
其他外國側銀行	國幣	四一、六五七、一四	一四、五一六、四七
	金票	六、二二二、八三	一三八、〇〇
	其他	三六、三七八、〇八	五、〇五七、八〇

合計		
國幣	四、七九三、四九一、八三	三、三四七、四一四、四九
金票	六九四、六一九、〇二	二三一、七九二、六二
其他	三四一、一七八、九六	五、一一七、八二

存款放款統計表　（康德三年十二月末現在）

1. 存款

幣種別	定期存款（定期預金）	往來存款（當座預金）	特別往來存款（特別當座預金）	通知存款（通知預金）	其他存款（其他預金）	計
國幣	一、三一二、一四七、〇九	一、四一五、九三八、〇九	一、〇八九、八〇九、五八	六、一五〇、〇〇	四一、八〇八、二七	三、八六五、八五三、〇六
鈔票	—	—	—	—	—	—
金票	九四、二〇一、七三	七〇、〇七三、一六	九二、八九七、四七	—	五〇、六二二、七三	三〇七、七八五、〇七
天津大洋	—	—	—	—	—	—
上海大洋	—	—	—	—	—	—
現大洋	—	—	—	—	—	—
計	一、四〇六、三四八、八二	一、四八六、〇一一、二五	一、一八二、七〇七、〇五	六、一五〇、〇〇	九二、四三一、〇一	四、一七三、六三八、一三

2. 放款

幣種別	定期放款（定期貸放）	定期抵押放款（定期擔保貸付）	活存透支（當座貸越）	貼現（割引手形）	押匯（荷爲替手形）	買入匯票（買爲替手形）	其他	計
國幣	七一三、一三九、九三	三、一三一、六五二、三五	八〇、八二〇、八九	九〇、〇四二、五四	三三、六〇〇、〇〇	—	二二五、一九四、六〇	五、〇〇一、八三四、三一
金票	—	—	—	—	—	—	—	—
鈔票	—	一九、四七六、五〇	—	—	一五八、八〇〇、〇〇	—	—	一七八、二七六、五〇
天津大洋	—	—	—	—	—	—	一五、八八二、八九	一五、八八二、八九
上海大洋	—	—	—	—	—	—	—	—
現大洋	—	—	—	—	—	—	—	—
計	七一三、一三九、九三	三、一五〇、一三八、五八	八〇、八二〇、八九	九〇、〇四二、五四	一九二、四〇〇、〇〇	—	二四一、〇八〇、四九	五、一四九、九九三、七〇

匯款收付統計表（康德三年十二月末現在）

1. 收入滙款

幣種別	國內	對日本	對中國	對其他外國	計
國幣	四、七九三、四九一、八三	—	—	—	四、七九三、四九一、八〇
鈔票	—	—	—	—	—
金票	六一五、四八七、一六	七九、一三一、八六	—	—	六九四、六一九、〇二
天津大洋	—	—	一二五、五九八、二〇	—	一二五、五九八、二〇
上海大洋	—	—	一〇、〇七七、九四	—	一〇、〇七七、九四

	國內	對日本	對中國	對其他外國	計
其他	—	—	五二九、七一八、二七	—	五二九、七一八、二七
計	五、四〇八、九七八、九九	七九、一三一、八六	六六五、三九四、四一	—	六、一五三、五〇五、二六

2.付出匯款

幣種別	國內	對日本	對中國	對其他外國	計
國幣	三、八四七、七一四、四九	—	六〇、〇〇	—	三、八四七、七七四、四九
金票	—	—	—	—	—
鈔票	二〇三、二四六、〇五	二八、五四六、〇七	—	—	二三一、七九二、六二
天津大洋	—	—	五、〇五七、八〇	—	五、〇五七、八〇
上海大洋	—	—	—	—	—
現大洋	—	—	—	—	—
計	四、〇五〇、九六一、〇四	二八、五四六、〇七	五、一一七、八〇	—	四、〇八四、六二四、九一

吉林市當業月分比較表 (康德三年十二月末現在)

比較額／月別	當進額	贖出額	得利額	架本總額
四月	一六、〇八四、七五	七一、三三七、七九	一三、一四八、八五	七九八、六六〇、八五
五月	一二一、八一五、四五	七三、四三八、三五	一〇、一五三、〇五	八一六、四〇四、七四
六月	一四〇、一九三、一五	五〇、七〇二、九三	八、九五六、八七	九六三、〇三六、八三

七月	一一一、七一九、四〇	四九、六八〇、五六	一二、九五一、八六	九〇四、六七一、一〇
八月	一五六、四二四、〇〇	四五、三五二、一七	九、八一一、五五	九五八、三二八、一〇
九月	一四四、六〇四、六〇	五一、六〇七、七〇	九、四八〇、九〇	一、〇五〇、六二七、九五
十月	一一三、二〇三、七五	六七、一三一、〇八	一三、四〇三、九〇	一、〇三〇、一九五、九九
十一月	一〇五、〇六七、三五	九五、八一六、〇六	一一、六〇七、四五	九六九、五五六、六〇
十二月	九四、七八三、八〇	一一五、〇一〇、七九	一六六、一五七、〇〇	八四二、六二八、一〇
合計	一、〇九二、八九六、二五	六二〇、〇七七、四三	二五四、六八五、三一	八、三三一、〇一〇、一四

吉林市立小學校統計表（康德三年十二月末現在）

校名	教職員			學級			學生		
	男	女	計	初級	高級	計	男	女	計
迎恩街兩級小學校	一三	三	一六	七	四	一一	四三五	一六九	六〇四
北大街兩級小學校	九	三	一二	六	三	九	三二四	一七九	五〇〇
臨江門外兩級小學校	四	六	一〇	五	三	八	一七一	一八四	三五五
大馬路兩級小學校	五	四	九	六	二	八	二八六	一一一	三九七
後魚行兩級小學校	三	五	八	七	一	八	二六八	一二五	三九三

東局子兩級小學校	護昌街兩級小學校	蒙古旗胡同兩級小學校	新開門裡高級小學校	提法司街初級小學校	致和門外初級小學校	南昌邑屯初級小學校	德勝街初級小學校	西石磂子初級小學校	萬和當後初級小學校	文廟西初級小學校	巴虎門外初級小學校	黃旗屯初級小學校	維昌街初級小學校	日新街初級小學校	後新街初級小學校	北極門外初級小學校	五道胡同初級小學校	卧虎溝初級小學校	合計
七	二	三	八	三	四	三	二	二	三	二	一	三	一	二	二	一	二	二	八七
二	四	四	｜	四	二	三	二	二	一	二	二	｜	二	一	一	一	｜	｜	五四
九	六	七	八	七	六	六	四	四	四	四	三	三	三	三	三	二	二	二	一四一
五	四	四	｜	七	六	六	四	四	四	四	三	三	三	三	三	二	二	二	一〇〇
二	二	二	六	｜	｜	｜	｜	｜	｜	｜	｜	｜	｜	｜	｜	｜	｜	｜	二五
七	六	六	六	七	六	六	四	四	四	四	三	三	三	三	三	二	二	二	一三五
二三五	一三八	一〇〇	二五七	二三六	二一九	一九九	一四五	一〇三	一三七	一〇三	一〇〇	一〇〇	九七	一一〇	一〇〇	五八	五八	七四	四、〇三三
七八	一四七	一九四	｜	一一一	八八	一〇九	六七	四三	九五	四三	三九	二九	五五	四〇	五五	三七	六〇	二一	二、〇七六
三〇三	二八五	二九四	二五七	三三七	三〇七	三〇八	二一二	一四六	二三二	一四六	一三九	一二九	一五二	一五〇	一五五	九五	一一八	九五	六、一〇九

吉林市立小學校學級統計表

（康德三年十二月末現在）

種別 / 級別	校數	本月內入學者 男	本月內入學者 女	本月內入學者 計	本月內退學者 男	本月內退學者 女	本月內退學者 計	教員 男	教員 女	教員 計	學級 初級	學級 高級	學生 初級 男	學生 初級 女	學生 初級 計	學生 高級 男	學生 高級 女	學生 高級 計
兩級小學校	八	—	三	三	五二	三九	九一	四五	三二	七七	四四	一九	一、三七〇	八七九	二、二四九	五七七	三〇五	八八二
高級小學校	一	—	—	—	一	—	一	八	—	八	—	六	—	—	—	二五七	—	二五七
初級小學校	一五	—	—	—	四九	三五	八四	三四	二二	五六	五六	—	一、八五五	九〇四	二、七五九	—	—	—
合計	二四	—	三	三	一〇二	七四	一七六	八七	五四	一四一	一〇〇	二五	三、二二五	一、七八三	五、〇〇八	八三四	三〇五	一、一三九

吉林市附屬慈善機關收容人數統計表

（康德三年十二月末現在）

種別	舊管數 本月份	舊管數 累計	新收容數 本月份	新收容數 累計	退所數 本月份	退所數 累計	死亡數 本月份	死亡數 累計	現在數 本月份	現在數 累計	備考
濟良所	五	一一	—	三	—	六	—	—	五	二	
養濟所 男	一三〇	一九一	二	七四	—	三六	—	三二	一三二	二〇一	
養濟所 女	二〇	三〇	二	二二	—	九	—	二	二二	三二	
游民習藝所	七五	一〇五	二	二七	九	二五	—	四	六八	一〇七	
合計	二三〇	三四五	六	一二六	九	八六	—	三八	二二七	三五一	

吉林市內賑災救恤統計表 （康德三年十二月末現在）

賑恤處所	賑恤項別	救濟人數	救濟品 來源	救濟品 種別	救濟品 數量	救濟品 價格
吉林市游民習藝所	嗎啡海洛英中毒者	七六	吉林市公署	伙食	—	二六九、四二
吉林市養濟所	殘廢無依貧民	一五〇	〃	〃	—	四九九、六七
吉林市濟良所	所女	五	〃	〃	—	三〇、九九
吉林紅卍字會	粥廠	四四、〇五一	捐助	秫米鹹菜	—	一、六二二、六〇
〃	施醫院	三九六	〃	丸散藥	—	一九、三三
吉林省慈善院	救嬰恤孤	二〇	吉林省公署吉林市公署捐助	衣服寢具衛生營養	—	一三六、四四

妓館營業狀況統計表 （康德三年十二月末現在）

種類＼等級	一等	二等	四等	日妓館
妓女數	二〇名	三六名	三九七名	—
遊興人員	一、六五四	二、〇二〇	一四、六三五	—
遊興金額	三、二五一、〇〇圓	二、四四五、五〇圓	二、三四九、六〇圓	三〇、二九二、五七
一人當遊興人員	八三	五六	三七	—
一人當金額	一二三、六〇	六七、九〇	二八六	—

第二項　縣行政

本省ニ於ケル縣ハ總數十七縣ニシテ之ヲ等級ニ依リ類別列記スレバ次ノ如シ

類別	縣數	縣名
甲類縣	三	永吉縣、長春縣、扶餘縣
乙類縣	五	德惠縣、磐石縣、九台縣、楡樹縣、懷德縣
丙類縣	七	伊通縣、農安縣、長嶺縣、舒蘭縣、雙陽縣、敦化縣、額穆縣
丁類縣	二	樺甸縣、乾安縣

凡ソ縣制ハ市ト共ニ地方自治團體トシテ重要ナル行政單位ナリ、縣政ノ刷新充實ハ國家建設ノ基礎ニシテ建國當時ヨリ當局ハ諸舊弊ノ芟除、治安ノ整備、財政ノ確立、民衆ノ敎化等萬般ノ縣政ニ意ヲ用ヒタレドモ當省ノ縣別ハ依然舊制度ヲ踏襲シ來レリ。

大同二年八月ニ至リ民政部ハ訓令第五三三號「各縣臨時辦法」ヲ以テ縣公署ノ改組ヲ命ジ、參事官、指導官、經理官、技士ノ配置ト相俟チ該辦法ニ依リ現行政ヲ實施スルニ至レリ。

今各縣臨時改組辦法ニ據ル縣公署組織ヲ表示スレバ次ノ如シ。

各縣公署組織表

- 總務科
  - 庶務股
  - 文書股
  - 會計股
- 內務局
  - 行政股
  - 實業股

縣長
參事官
警務局
警務股
保安股
司法股
財務局
徵收股
理財股
教育局
學務股
禮教股

註、但シ丙丁類ニ屬スル縣ハ教育局ノ設置ナク內務局ニ教育股ヲ設置ス

▲縣公署職員

今各縣公署國庫支辦職員數ヲ表示スレバ左ノ如シ（康德三年十二月末日現在）

吉林省管下各縣旗公署康德三年十二月底官吏現在員表

官別	薦任						
	縣長	參事官			警正		
	滿	日	滿	計	日	滿	計
永吉縣	一	一		一			
額穆縣	一	一		一	一		一
敦化縣	一	一		一	一		一
樺甸縣	一	一		一			
磐石縣	一	一		一	一		一
伊通縣	一	一		一			
雙陽縣	一	一		一			
長春縣	一	一		一			
懷德縣	一	一		一	一		一
長嶺縣	一	一		一			
乾安縣	一	一		一			
扶餘縣	一	一		一			
農安縣	一	一		一			
德惠縣	一	一		一			
九台縣	一	一		一			
楡樹縣	一	一		一			
舒蘭縣	一	一		一			
前郭爾羅斯旗公署	一						
合計	一八	一七		一七	四		四

官			委							六							
小計			屬官（代理副參事官）			屬官（經理官）			技士			警佐			巡官		
日	滿	計	日	滿	計	日	滿	計	日	滿	計	日	滿	計	日	滿	計
一	一	二	一		一	一		一	一		一	三		三	五		五
二	一	三	一		一	一		一	一		一	四		四	七		七
二	一	三	一		一	一		一	一		一	三		三	五		五
一	一	二	一		一	一		一				三		三	六		六
二	一	三	一		一	一		一	一		一	一		一	五		五
一	一	二	一		一	一		一	一		一	三		三	三		三
一	一	二				一		一	一		一	二		二	二		二
一	一	二				一		一	一		一						
二	一	三	一		一	一		一	一		一				四		四
一	一	二	一		一										一		一
一	一	二				一		一				一		一	二		二
一	一	二	一		一	一		一				二		二	三		三
一	一	二	一		一	一		一	一		一	二		二	三		三
一	一	二	一		一	一		一	一		一	一		一	三		三
一	一	二	一		一	一		一	一		一	二		二	四		四
一	一	二	一		一	一		一	一		一	一		一	三		三
一	一	二	一		一	一		一				二		二	二		二
	一	一	二		二							一		一	一		一
二一	一八	三九	一六		一六	一六		一六	一二		一二	三一		三一	五九		五九

官 合計 日	官 合計 滿	官 合計 計	科局長 總務科長 滿	科局長 內務局長 滿	科局長 警務局長 滿	科局長 財務局長 滿	科局長 敎育局長 滿	科局長 小計 滿	合計 日	合計 滿	合計 計	委任 警長 日	委任 警長 滿	委任 警長 計
一一		一一	一		一	一		三	一二	四	一六	二		二
一四		一四	一		一	一		三	一六	四	二〇	一二		一二
一一		一一	一		一	一		三	一三	四	一七	一〇		一〇
一一		一一	一		一	一	一	三	一二	四	一六	四		四
九		九	一		一	一		四	一一	五	一六	三		三
九		九	一	一	一			三	一〇	四	一四	二		二
六		六	一		一	一	一	三	七	四	一一	一		一
二		二	一			一		三	三	四	七			
七		七	一	一	一	一		四	九	五	一四	四		四
二		二	一	一	一			三	三	四	七	一		一
四		四	一	一	一		一	三	五	四	九	三		三
七		七	一	一	一			四	八	五	一三	三		三
八		八	一	一	一			三	九	四	一三	四		四
七		七		一	一	一		三	八	四	一二	三		三
九		九	一			一		二	一〇	三	一三	二		二
七		七	一		一	一		三	八	四	一二	二		二
六		六	一	一	一			三	七	四	一一	四		四
四		四	一	一	一			三	四	四	八			
一三四		一三四	一七	九	一六	一二	三	五六	一五五	七四	二二九	六〇		六〇

警士 日	警士 滿	警士 計	合計 日	合計 滿	合計 計
官待遇					
一四		一四	一六		一六
二〇		二〇	三二		三二
一五	一	一六	二五	一	二六
一三		一三	二六		二六
五	一	六	八	一	九
七		七	九		九
四		四	五		五
六		六	一〇		一〇
四		四	五		五
二		二	五		五
四		四	七		七
二		二	六		六
四		四	七		七
四		四	六		六
八		八	一〇		一〇
六		六	一〇		一〇
一二七	二	一二九	一八七	二	一八九

▲縣行政沿革

一、長　春　縣

長春地方ハ長春（頭道溝）又ハ寛城子（二道溝）ノ名ヲ以テ識ラレ、漢代ヨリ南北朝時代ニ至ルマテ扶餘縣ノ所領ナリシカ後魏ノ太和十七年扶餘高勾麗ニ滅サレテヨリ之ニ歸屬シ、隋代ニ至リ尚高勾麗ニ屬シ粟末部靺鞨族此處ニ居住セシカ後高勾麗唐ノ滅スル所トナルヤ、粟末部ヲ中心トシタル勃海國興リ之ニ歸屬セリ。遼代ニハ上京路ニ、金代ニハ北京路ニ、元代ニハ開元路ニ屬シ明代ニ入リ蒙古族ノ勢力範圍トナリ郭爾羅斯前旗ニ屬ス。

乾隆五十年代盛ニ漢人ノ移住行ハレ嘉慶五年長春堡ニ理事通判ヲ設ケ長春廳置カル。道光五年寛城子ニ移建セラル。同治四年始メテ戰壕ヲ構ヘ木板垣ヲ修築ス。

光緒八年理事通判ト改メ同時ニ農安分防照磨ヲ增設ス、十五年撫民通判ヲ廢止シ府ニ進メラレ農安照磨ヲ靠山屯ニ移駐セシム十六年再ヒ府ハ東北九十里ノ朱家城子ニ移駐ス。

民國二年府ヲ改メテ縣トナシ吉長道ニ隸屬シ十八年道制廢止ト共ニ省政府ニ直隸ス。

大同二年四月二十六日敎令第二十三號ヲ以テ長春縣城ハ其周圍ノ地ト共ニ新京特別市トセラル。

二、德　惠　縣

本縣ノ地ハ原郭爾羅斯前旗ノ游牧地ニシテ淸ノ嘉慶年間漢族、移住スル者、日ニ增加セリ。嘉慶五年現今ノ長縣新立屯ノ地ニ廳治ヲ設ケ長春理事通判ヲ置キ本縣地方ヲ管轄セシメラレタリ。光緒八年之ヲ改メ長春撫民通判トシテ同十五年廳ヲ改メ長春府トシ、之ヲ撫安、恒裕、沐德、懷惠ノ四鄕ニ分チ朱家城子ニ分防所ヲ設ク。宣統二年長春縣側ノ日ニ繁盛ニ向ヘルト府治ノ稍々西方ニ偏在セルトニ因リ沐德、懷惠ノ二鄕ヲ長春府ヨリ劃分シ德惠縣ト名付ケ設治局ヲ大房身即チ現德惠ニ設ク、民國元年吉林都督ノ命ヲ奉シ該設治局ヲ改メテ縣公署トシ設治員ヲ縣知事ト改稱ス。民國十八年四月縣公署ヲ縣政府ニ、縣知事ヲ縣長ト改ム。

大同元年三月縣政府ヲ再ヒ縣公署ト改稱ス、同年七月二十七日民政部指令ヲ以テ九台縣ヲ設置スルコトトセラレ本縣第五區即チ飮馬河、烏海里河ニ挾マレタル地域（九台縣第五區ノ地域）ト第七區即チ長春嶺中ノ新開嶺梨機園子ノ西南ニ當ル地（九台縣第四區）ヲ九台縣ニ屬セシメラル。

三、農　安　縣

本地ハ原扶餘ノ國境ニ屬シ、唐朝ニ當リ渤海國ノ大氏此地ヲ扶餘府ト改メ、遼ノ大祖渤海、扶餘ヲ併合セル時黃色ノ龍、城上ニ現ハレシヲ以テ之ヲ黃龍府ト稱ス、金ノ大祖ハ此地ヲ潤州ト改稱シ次イテ隆川ト改メ更ニ隆安府ト改メタリ。後ノ農安ハ隆安ノ訛ナリ。

明代頭初ニハ伊通河衛ノ地ニ屬シ依然隆安ト稱セリ、淸朝ニハ內蒙古、郭爾羅斯前旗ノ地ニ屬シ光緒八年分防照磨ヲ設ケ十五年始メテ縣治ヲ設ケラレ、知縣ヲ置キ併セテ佐二等官、巡儉儒學各一名添置シ全縣ヲ十二社ニ分ツ。即チ、康、泰、和、勤、儉、樂、裕、豐、祥、治、平、略。其西一帶ノ地ニ分防主簿ヲ設ケ。三十三年社ヲ改メテ區トナス、即チ心、正、意、誠、身、修、家、齊、國、泰、民、安。三十四年西北ノ家、齊、國ノ三區ハ長嶺縣ニ編入セラレ、心、正、意、誠、身、修、泰、民、安ノ九區トナル。宣統元年中區ヲ改メテ第一區トナシ、安區ヲ第二區ニ、誠區ヲ第三區ニ、意區ヲ第四區ニ、正區ヲ第五區ニ、心區ヲ第六區ニ、身ヲ第七區ニ、民區ヲ第八區ニ東修ヲ第九區ニ、西修ヲ第十區ニ、泰區ヲ第十一區ニ改ム。宣統二年民、泰兩區ヲ改メテ鎭トナシ、爾餘ノ區ヲ鄕トナス。三年儒學ハ撤廢セラレ民國二年又巡檢撤廢セラレ十二年ニハ五分區、ニ改メラル。十五年再ヒ九區トセラレ十八年ニハ更ニ十區ニ改メラレ、大同二年再ヒ五大區トセラル。

四、長　嶺　縣

本縣ノ地ハ原長嶺子ト稱シ、唐代ニ於ケル渤海國長嶺府ノ地ナリ。宋代ニハ金ノ博索府ノ邊地ニ屬シ明代ニハ伊屯河衛ノ邊土ニ屬セリ。

淸朝ニ至リ蒙古王、「科爾沁」ノ弟「郭爾羅斯」之ヲ斷承スルニ及ヒ其直轄領土ヲ二旗ニ分割シ、一ヲ「郭爾羅斯前旗」

一ヲ「郭爾羅斯後旗」トナス。本縣ノ地ノ大部分ハ「郭爾羅斯前旗」ノ領有地タリ。光緒三十三年時ノ吉林巡撫ハ長春知府ヲシテ蒙古王郭爾羅斯前旗ニ對シ荒地開發ノ爲メ荒蕪地三十餘萬晌ノ割讓ヲ交渉セシメ程無ク吉林巡撫ノ管轄地域ニ編入セラレタリ。而シテ三十四年農安縣ノ西北、家、齊、國ノ三區編入セラレ耕地モ漸次增加セルヲ以テ宣統元年縣制ヲ施行シ、同時ニ家、齊、國(現在ノ第一、二、三、四、五區)ヲ廢止シ現在ノ第六、七、八區ヲ加ヘタル地域ヲ十一鄕トシ、益、恒、豫、濟、升、謙、孚、履、萃、豐、泰ニ區分シタルモ民國八年鄕ヲ改メ區トナス設縣ト同時ニ縣ニ文鄕約、武鄕約ヲ置キ武鄕約ノ下ニ巡警局置カル各鄕ニ鄕官一名、駐在セシメ鄕內ヲ統轄セシムルト共ニ巡官一、巡長二、書記一、武裝警官二書記一武裝警官三十內外ヲ以テ組織セル巡警分局ヲ設ケシメ鄕官長分局長ヲ兼ネタリ。

民國八年鄕ヲ區ト改十一鄕ヲ其儘十一區トセルモ十九年ニ至リ縣內ニ大水災害アリテ縣北方ニ於ケル各區ノ被害最モ甚大ニシテ區民ノ困憊其極ニ達セシヲ以テ各區ノ負擔ノ輕減ヲ計リ六、七區ヲ合シテ六區ニ、八、九區ヲ合シテ七區ニ、十、十一區ヲ合シテ八區トナシ今日ニ至レリ。

五、扶餘縣

本縣ノ地ハ古昔扶餘國ニ屬シ、遼代ニハ達魯噶部ニ屬シ金代ニ於ケル肇州ノ地ナリ、明初ニハ三十河衛地ニ屬シ、後蒙古人ニ依リテ侵入セラル。

清初撫寧ノ蒙古人伯都訥站ヲ設ケ康熙三十三年ニハ伯都訥統置カレ、雍正五年ニハ長寧縣ノ設置ヲ見タルモ乾隆元年廢止セラレ二年州トセラル。同十二年ニハ再ヒ縣ト改メ吉林理事同知ニ屬セシメラレ巡檢ヲ置カル、二十六年ニハ辦理蒙古事務主事ニ改メラレ、嘉慶十五年伯都訥廳設ケラレ理事同知ヲ置ク、光緒八年撫民同知ニ改メラレ孤楡樹(今ノ楡樹縣治)ニ移サル。三十三年府ニ進メラレ、新城府トセラルヽヤ孤楡樹ヨリ再ヒ伯都訥ニ移サレ西北路道ニ屬ス、民國二年三月縣治ヲ施カレ新城縣トセラレ民國三年ニハ扶餘縣ト改名セラレ濱江道ニ屬セシモ十八年道制廢止ト共ニ吉林省政府ニ直隷ス。

六、楡樹縣

本縣ノ地ハ虞代ニ於ケル息愼、夏、周代ニ於ケル肅愼ノ地ニシテ兩漢、晋ノ時代ニハ扶餘ニ、北朝ノ時代ニハ勿吉ニ、隨代並ニ唐初ニハ伯咄靺鞨ニ屬シ、後渤海國扶餘屬境トナル。遼代ニハ東京寧江州及達魯噶部ニ屬シ、金代ニハ上京肇州屬境トナリ、元朝ハ開元路トナス明朝ハ三萬衛トナシ次イテ三岔河衛ノ地トナリ後烏拉部ニ屬ス。

清朝ノ初當地ハ孤楡樹屯ト稱セラレ嘉慶十五年伯都訥ニ理事同知ヲ設ケ巡檢二員ヲ增設セラルルヤ夫々伯都訥及ヒ孤楡樹ニ分駐セシメラル。光緒八年ニハ理事同知ヲ撫民同知ト改メ孤楡樹屯ニ移サレ原設行ラレタル伯都訥巡檢ハ伯都訥分巡檢ハ伯都訥分防巡檢トセラル。光緒三十一年同知ハ府（新城）ニ進メラレ再ヒ伯都訥ニ移駐スルヤ孤楡樹ニ縣ヲ設置ス。宣統元年ニハ直隷廳ニ進メラレ民國二年改メテ縣トナシ同年三月西北路道ニ隷屬セシカ、三年西北道路濱江道ト改名セラルルニ及ヒ之ニ隷屬シ十八年道制ノ廢止ト共ニ省政府ニ直隷ス。

七、乾　安　縣

民國十七年設治局設置セラル、以前ハ本地ハ內蒙古郭爾羅斯前旗右翼ノ地ナリ。而シテ民國十四年前郭爾羅斯王、其臣下ニ草原ヲ分與シ漢民族ノ手ニ依リ開拓小作セシメ居タルモ十四年頃ヨリ匪賊ノ横行ニ小作人ノ逃亡スル者甚シク耕地モ荒廢スルニ至レリ。偶々國民政府ハ漢民族ノ蒙地侵食ヲ企テ居リシ際ナリシヲ以テ郭爾羅斯王ト契約ヲ結ヒ賣價ヲ折半スルヲ條件トシ國民政府ノ手ニ依リ蒙地ヲ漢人ニ賣卸スルコトトセラレ民國十六年四月今ノ縣城ノ地ニ勘放蒙荒總局設置セラレ地券ノ發賣ニ當ル。次イテ民國十七年春此地ニ設治局設ケラレ該地區ノ治安維持ニ當ルト共ニ蒙地ノ開拓ニ當リタリ。爾來滿洲國成立後モ舊態ヲ止メタル大同二年十月一日改メテ縣ヲ置カル。

八、永　吉　縣

本縣ハ唐ノ時代ニハ渤海國ノ涑洲ノ地ニシテ遼金ノ時代ニ於ケル寧江州ノ旁境ナリ。明初ニハ烏拉衛、土門河衛ノ地ニ屬シ明末ニハ扈烏拉部ニ屬ス、幾何モナク烏拉部ノ外ニ哈達、葉赫、輝發ノ四國此地方ニ併立シ互ニ領地ノ爭奪ヲ事トセルモ長白山ニ發祥セシ愛親覺羅氏ノ爲メ平定サル。

清ノ康熙十二年始メテ吉林城ノ築造ヲ見十五年寧古塔將軍此處ニ移ル。

雍正四年永吉州設置セラレ、奉天府尹ニ隷屬セシカ乾隆十二年州ヲ廢シ罷トナシ理事同知ヲ置キ吉林將軍ノ轉管ニ屬セシメラル。光緒八年府ニ進メラレ吉林府トナル。三十三年行省政府設置セラル、ト共ニ之ニ隷屬シ民國二年府ヲ廢シテ縣治施行セラレ光緒三十四年西路道設置セラレテヨリ宣統元年西南道ト改稱シ民國三年更ニ之ヲ吉長道ト改メ次イテ民國十八年道制廢止ニ至ルマテ之ニ隷屬セシモ爾來吉林省政府ニ直屬ス。

九、伊　通　縣

原肅愼國ノ領土タリ、平漢時代ニハ把婁ニ屬シ北魏時代ニハ勿吉ニ唐朝ニハ渤海ニ、宗朝ニハ契丹、女眞ニ屬シタリ。元代然ニハ咸平路ト稱シ明朝ニ入リ達喜穆魯伊屯河衛ノ地ニ屬セシカ後扈倫族葉赫部地ニ屬シ遼東都指揮司ノ下ニアリタリ。

本縣ノ原名ハ依屯河ト稱シ吉林北京間ノ要路ニ當リシヲ以テ乾隆年間滿洲兵二百名ヲ駐屯セシメ旗署タル佐欽衙門設置サルレ共倚行政官廳ヲ設クルコトナク吉林府ノ管轉ニ屬セシメラル。雍正六年吉林ヨリ鑲黃、正黃ノ二旗ニ佐領二名ヲ派シ各旗戸ヲ管理セシメ嘉慶十九年伊通河分防巡檢ヲ設ケ光緒八年之ヲ分州ニ改メ地方旗民ヲ管理シ並ニ州治ノ東南一百八十里磨盤山（現今ノ磐石縣城）ニ分防巡檢ヲ設置シ十三年巡檢ヲ改メテ分州ヲ設ケ均シク吉林府知府ノ管轄ニ屬ス。宣統元年伊通分州ヲ伊通直隷州ト改メ赫爾蘇ヨリ西ヲ赫爾蘇分州トシ伊通直隷州ト管轄下ニ置ケリ。民國二年縣制ヲ施行シ伊通縣ト稱シ赫爾蘇又廢止セラル。

現縣城ノ舊地名ハ一禿河ト稱ス。

十、磐石縣

本縣ハ金代ニ於ケル回覇路ノ尼瑪察布ニシテ後回覇國ノ地トナル。明代ニハ扈倫族輝發部トナリ清初ニ於テ南境ハ奉天圍場ニ屬ス。光緒八年磨盤山ニ巡檢設ケラレ、十三年ニハ之ヲ廢シ伊通分州ニ屬セシメラル、同二十八年磐石縣始メテ設ケラル。

十一、舒蘭縣

本縣ハ明代ニハ阿林衛ノ地ニシテ清ノ康熙二十年巴彥鄂佛羅防禦旗員ヲ設ケ此ノ地ヲ管轄セシメ烏拉總管ニ屬ス。宣統二年吉林府東北境ノ舒蘭站ノ地（舊名舒蘭果寶）ヲ以テ舒蘭縣トセラル。西南路道次イテ吉長道ニ屬セシモ道制廢止後吉林省政府ニ直隷ス。現縣城ノ地ハ舊名朝陽川ト稱ス。

十二、雙陽縣

本縣ノ地ハ遼金ノ時代ニ於テハ寧江州ノ一部ヨリ明代ニハ依蘭們河衛及ヒ蘇兒河衛ノ地ニ屬セリ。

清代ノ頭初此ノ地ニ旗民ヲ移シ台門ヲ設立シ台ハ彼什庫ニ、門ハ章景ニ置キ以テ旗民ノ統治ニ當ラシメ重要訴訟ノミ吉林ニ於テ之ヲ爲セリ。而シテ清代吉省ニ郡縣ノ設置セラルヽ以前ハ西傍柳邊ハ郭爾羅斯前旗ニ接シ居タリ。

乾隆二年ニ至リ蘇斡延河（雙陽河ノ土名）ノ南方ニ蘇斡延站ヲ設ケリ、之今日ノ縣城ノ地ナリ。

宣統二年吉林ノ西南界、長春ノ東界、伊通ノ北界ヲ割キ吉林巡按使招常陳奏請シテ站ヲ廢シ縣ヲ設ク。

十三、額穆縣

本縣ノ地ハ元代ニハ開元路ト海蘭路ノ分界ニ位シ（張廣才嶺東海蘭路トナシ、西ヲ開元路トス）明代ニハ朶里衛、禿屯河衛ノ兩衛ノ地ニ屬シ明末ニハ愛親覺羅ノ本部ニ屬シ淸初ニハ額穆赫索羅ニ佐領設ケラレ台站、旗丁ヲ管轄シ後敦化、寧安、五常三縣ニ分屬シ宣統二年縣ヲ設ケラレ縣治ヲ額穆索羅ニ置ク。

大同元年六月六日匪賊ニ依リテ縣城ハ包圍攻擊セラレ被害甚シカリシヲ以テ間モ無ク縣公署ヲ蛟河鎭ニ移シタリシカ康德元年十一月十五日民政部大臣ノ許可アリタリ。

十四、敦化縣

本縣渤海ノ建州ノ地ニシテ元代ニハ斡朶里萬戸府、明初ニハ建州衛設ケラレ清朝ノ發祥ノ地ニシテ始祖覺羅部貝勒ハ此處ニ住ス。清初額穆赫索羅佐領ノ所轄トナシ光緒八年初メテ敦化縣設ケラレ縣治ヲ鄂多哩城（或ハ敖東城又ハ阿克敦城）ニ定ム。宣統元年琿春副都統ヲ廢シ東南路道設ケラレ民國三年ニハ東南路道ヲ延吉道ニ改メラレ十八年道制ヲ廢止セラルヽマテ之ニ屬セシモ爾來吉林省政府ニ直隸ス。

十五、樺甸縣

當地方ハ唐虞ノ頃ヨリ既ニ知ラレ肅愼トナリ、元菟郡トナリ高勾麗トナリ靺鞨トナリ粟末トナリ渤發トナレリ。金ニ至リ赫舍里部ニ屬シ明代ニハ法河衛ト改メラレ後白山國ノ訥音部ニ屬シ清初ニハ封禁ノ地トシテ開墾ヲ禁セラレシカ同治年間山東人韓効忠ナル者當地方ヲ開墾シ夾皮溝ト稱シタリ、光緒二十六年頃露人ハ當地ヲ覬覦セシモ韓効忠ノ孫韓登擧ハ克ク此地ヲ固守シテ事無キヲ得タリ、次イテ當地方ハ奉天省柳條邊ノ外ニ位スルヲ以テ韓邊外ト稱セラレシカ光緒三十四年初メテ樺甸縣ヲ設ケラル。

十六、九台縣

九台ナル名稱ハ前清康熙年間ニ溯ル、卽チ康熙八年蒙古防衛ノ一手段トシテ北ハ現舒蘭縣界ヨリ西南奉天ニ向ヒ六百里ニ亘リ「柳檣」築カレタリ。ソノ間四個ノ邊門二十八處ノ「烽火台」作ラレタリ。九台ノ地ハ其第九番目ノ烽火台ニ當ルヲ以テ此ノ名アリ。

民國初年吉長線ノ敷設ニ伴ヒ地理的好位置ニヨリ大豆ノ集散地トシテ發展シ街ハ次第ニ西北ノ低地ニ延長サレ從來ノ九台ノ地ハ上九台ト稱シ新開地ヲ下九台ト稱スルニ至レリ。

民國十年頃其發展ニ因リ下九台紳商間ニ縣設置ノ運動起リ省政府ニ請願セシコトアリシモ認可ヲ得ルニ至ラス。然ルニ滿洲國成立後下九台ハ屢々三江好ノ襲フ所トナリ、居民ノ轉出スルモノ多ク商鋪ハ門ヲ閉シ收穫モ困難ナル狀態ニ陷リタリ。然ルニ下九台ハ關係行政官廳ヲ去ルコト遠クシテ警備意ノ如クナラス茲ニ於テ紳商間ニ再ヒ縣設置運動臺頭シ省公署ヘノ請願トナリ大同元年七月二十七日民政部令（地字第六一〇號）ニ基キ永吉縣第二區及第四區、長春縣第一區慶春鄉、義昭鄉、中和鄉、華封鄉、愛民鄉、永寧鄉、太昌鄉及北極鄉並ニ德惠縣第五區及第七區ノ區域ヲ得テ九台縣設置セラレ二科制度ニ依リ縣公署ノ組織ヲ見タリ。然レドモ匪賊關係ニヨリ吉林省城ニ假辦事處ヲ置キ此處ニ於テ辦事スルノ外ナカリシモ大同二年四月始メテ縣長ノ入縣アリ九月ニハ日滿聯合軍ノ大討伐行ハレ十月ニ初メテ日係官吏ノ入縣ヲ見縣公署ヲ一科四局制ニ改メラレタリ。爾來諸種ノ關係ニヨリ國務院ノ認可スル所トナラサリシモ康德二年二月二日勅令第一號ヲ以テ九台縣設置ノ裁可公布ヲ見タリ。

十七、懷德縣

本縣ハ夏虞、商、周ノ時代ハ肅愼ニ屬シ秦朝ハ遼東、障塞以北ノ要荒トナシ漢ハ玄兎郡北塞外ノ地トナシ後漢ノ時代ニハ扶餘ニ屬ス後兩晉、南北朝及隋ニ統一セラレ契丹ニ屬シ、唐代ニハ黑水府ニ屬ス。後渤海ノ大氏盛其他ヲ以テ扶餘府トナシ遼ハ信州トナス。金代ニ咸平路トナリ。上京ニ屬シ、元代ニハ開元路明ノ頭初ニハ遼海衛トナリ後又外衛ヲ置キ元ノ裔允良哈ヲ以テ都指揮掌衛事トナシ後自ラ國ヲ立テ科爾心ト號シ本縣ハ科爾心部極東南處ニ在リテ左翼中旗達爾罕王ノ地ニ屬ス。

乾隆四十九年理藩院設ケラレ科爾沁旗達爾罕王地方ノ游牧民ハ開原縣近クノ者ト共ニ開原ノ管理ニ移サレ嘉慶七年流民出邊禁令ノ弛メラレシニ因リ荒地漸次開ケ道光元年始メテ奏上裁可ヲ得テ荒地拂下ヲナシ蒙王ニハ納租スルコト、セラレ昌圖廳ノ管轄ニ歸セメラル。同治五年分防經歷八家子ニ設ケラレ光緒三年ニハ昌圖廳ハ府ニ進メラレ懷德ハ始メテ分防經歷ヨリ改メテ縣治ヲ設ケラル。民國ニ至リ洮南道ニ屬シ十八年道制ノ廢止ト共ニ奉天省政府ニ直隷シ滿洲國ノ成立ニ至リ奉天省公署ニ屬セシモ康德元年十二月一日地方制度ノ改革ト共ニ吉林省公署ニ直隷セシメラル。

第三項　旗行政

本省內ニ旗行政ノ敷カレ居ルハ郭爾羅斯前旗ナリ、本旗ハ元一種ノ王國ヲナシ完全ニ自治ヲ行ヒ來レルカ康德元年十二月地方行政制度ノ改革ヲ契機トシテ本省ノ所管ニ屬スニ至レリ。

本旗ノ行政ハ奎蒙克塔斯哈喇ヨリ四世ノ孫固穆ガ崇德元年徹明ノ功ニヨリ札薩克輔國公ニ封セラレテヨリ十二代今日ノ齊默特色木丕勒氏ニ至ル迄約三百年來ノ傳統ヲ有ス、而シテ本旗ノ開墾ハ乾隆年間札薩克恭格喇布坦ガ私ニ流民ヲ私招開墾セシメタルニ端ヲ發セリ。

從前ノ旗制ハ所謂札薩克旗制ニシテ其ノ組織ハ次ノ如シ

札薩克—協理—官旗章京—┬管旗梅倫┬—印花札蘭—達筆帖式—學習筆帖式
　　　　　　　　　　　　└印務梅倫┘

「札薩克」（旗長）ハ全旗務ヲ掌理シ世襲旗ニシテ其ノ最高輔佐機關トシテ二名ノ協理アリ、台吉中ヨリ選バレ印務、軍務、旗務ヲ分掌ス。「管旗章京」旗情ニ通パル有能者ニシテ梅倫階級ヲ經タモノヨリ拔擢シ事實上旗政ノ事務的統轄者トシテ旗內一切ノ行政ヲ掌ル。「管旗梅倫」「印務梅倫」「印務札蘭」ノ三ハ常ニ印務處ニ在リ管旗章京ノ命ヲ受ケ旗務ヲ分掌ス。「達筆貼式」「學習筆貼式」ノ二職ハ所謂書記ニシテ旗公署以外ニ各地局ニ配置ス。

滿洲建國後大同元年七月敎令第五十六號ヲ以テ各旗制ヲ敷ク事トナリ、之ニ依リ本旗ハ新地方制度實施ト共ニ勅令第百六十八號ヲ以テ十二月一日ヨリ旗制ヲ施行スルニ至レリ。

茲ニ旗公署ノ組織並ニ職員數ヲ表示スレバ次ノ如シ

旗長
- 參事官
- 總務科
  - 庶務股
  - 會計股
  - 文書股
- 內務科
  - 財務股
  - 行政股
  - 文教股
- 警務科
  - 警務股
  - 特務股
  - 保安股

郭爾羅斯前旗公署康德三年十二月底現在員表

官別	旗長	參事官	副參事官	科長	指導官	指導員	技術員	囑託	股長	通譯	股員	傭員	計
總務科	一	一	一	一		二	一	一	三	一	一一	一四	三七
內務科				一				一	二		六	一	一一
警務科				一	二	三			二	一	七	三	一九
合計	一	一	一	三	二	五	一	二	七	二	二四	一八	六七

第四項　街村制

保甲制度罷化ニ併セ之カ地方行政組織トシテ街村制ノ確立ヲ期シ康德三年七月初旬研究會議ヲ開催シ更ニ省ニ於テハ街村制

度準備、街村區劃等ニ關シ康徳三年九月訓令指示シ各縣ヲシテ着々街村制確立ノ準備ヲ爲サシメツヽアリ。

今吉林省街村制度ニ關スル大綱案竝ニ街村制實施準備訓練ニ關スル大綱案ヲ示セバ次ノ如シ。

吉林省街村制度ニ關スル大綱案

一、街村制度ノ實施ト保甲法

現行保甲制度ヲ街村制度ノ前身母體タリ得ルカ如ク充實强化シタル後街村制度實施アリタル場合保甲ノ實體ハ消滅スルニアラスシテ街村制度中ニ保甲ノ機構ヲ吸收合體セシムルニ止ルモノトス、即チ街村ノ區域內ニ保甲法ヲ實施シ特ニ牌ノ地位ニ重點ヲ置キ保甲法ノ基本精神並ニ其ノ具現ノ中核ヲ牌ニ求メ新國家結成キノ最モ强靱ナル最小單位トナントス。

二、街村ノ編制

(一)縣ノ下ヲ街村トス地方團體トス

街ハ市制ヲ施行セラルヘキ地（即チ人口十萬以上）ニ該當セサルモ人口輻輳ノ地トシ村ハ聚散村ノ地トス二者共ニ同一制度ノ下ニ置カントス

街村ノ區域內ハ事務處理ノ便宜上更ニ若干ノ小區域ニ分ツ（以下便宜上街村共屯ト假稱ス）

即チ縣ノ下ハ街竝ニ村ノ一級ニシテ街村ト縣トノ間ニ中間機關ヲ設ケス

(二)二個以上ノ街村ハ一得ノ事務ヲ共同處理スルタメ街村組合ヲ設クルコトヲ得

三、街村ノ區域

(一)街村ノ區域ハ保ノ區域、屯ノ區域ハ甲ノ區域トス

(二)街村ノ區域ハ戶數ヲ標準トシテ定メントス、元ヨリ之ヲ實地ニツキ劃定スルニ際シテハ劃一ニ流レス耕地面積產業經濟等竝ニ自然ノ地理、交通、沿革、人情等各般ノ事項ヲ參酌シ以テ一區域內ノ人民カ地緣ヲ以テ相結合シ得ルカ如クスルコト肝要ナリ又街村制度實施後ノ街村ノ區域ハ同制度ノ根底タルヘク且行政ノ基礎トモナルモノナルニヨリ街村ノ區域ハ容易ニ變更シ得ヘカラサル性質ノモノトナルヘキ筋合ナルニヨリコノ區域ニツイテハ愼重ナル考慮ヲ注カンコト肝要ナリ

(三)街村制度上想定スル大凡ノ標準左ノ如シ

街　一千戶以上ノ市街地

村　一千戶內外ノ村落區域

屯　二百戸内外ノ區域

右ノ標準ハ大凡ノコトニシテ地方ニ依リテハ人口密度其他ニヨリ之ヨリ大ナルモノアルヘク稍小ナルモアリ得ヘシ要ハ大ニ過キテ施政ニ不便ヲ來シ小ニ過キテ街村存立ノ基礎ヲ失フカ如キコトナキヲ期セハ可ナリ

(四)右ニヨリ保甲工作ニ當リテハ保甲ノ區域ニ關シ充分愼重ナル態度ヲ以テ妥當ナル保甲區域ヲ劃定スルコトニ留意セラレタシ

四、街村ノ事務

(一)地方團体タル街村ノ事務ニ關シ一々之ヲ列擧スルヲ得サルモ抽象的ニハ公共ノ事務ヲ處理シ且之ニ要スル費用ハ街村ノ負擔トスト謂フヲ得ヘシ但シ街村ノ事務ヲ急激ニ增大シ經費ノ急激ナル澎漲從ツテ負擔ノ增大ヲ來スカ如キハ暫ク之ヲ避クヘク現行保甲法上ノ事務乃至ハ縣ノ補助行政的色彩ノ事仝ヲ以テ街村ノ事務トス

(二)將來法令ニ依リ街村ニ屬スル事務ト定メラレタルモノハ其ノ法令ニ依ルヘキモ財政自治ノ下ニ街村ニ多大ノ事務ヲ委任スルハ人ノ能力竝ニ負擔上相當抑制スヘキモノナルニ依リ特別ナルモノヲ除キテハ當分委任セス

(三)屯ハ經濟生活向上ノ施設又ハ活動ノ單位タルカ如ク指導ス必要ニヨリテハ財產區タラシム

五、街村務會

街村ニハ諮問機關ヲ設置スルモ決議機關ヲ設ケス即チ街村ノ事務ニ關シ街村長ノ諮問ニ應スルモノトス

屯長、牌長中若干及特ニ指名セル名望家ヲ以テ構成ス

六、街村ノ職員

(一)街村ニ街村長及會計員事務員ヲ置ク

屯ニ屯長ヲ置ク

(二)街村長及屯長ノ職務權限

(1)街村長ハ街村ノ事務一切ヲ統制執行スル外街村ヲ代表ス

殊ニ街村長ハ保甲法ノ實行ニ關シ警務行政ヲ補助ス

街村務會ニ關スルコト

街村ノ豫算及決算ニ關スルコト

產業、經濟ノ指導監督ニ關スルコト

財產及營造物ヲ管理スルコト
街村費、使用料、手數料又ハ賦役現品ヲ賦課徵收スルコト
收入支出ヲ命シ及會計ヲ監督スルコト
法令ニヨリ街村長ノ權限ニ屬セラレタル事項
(2)屯長ハ街村長ノ命ヲ承ケ屯内ノ事務ニシテ街村長ノ事務ヲ補助ス從ツテ保甲法ノ實行ニ關シ警務行政ヲ補助ス
(三)街村長ハ街村務會ヨリ候補者ヲ推薦ノ上縣長之ヲ任命ス
屯長ハ牌長合議推薦ノ上街村長之ヲ任命ス

七、街村ノ財務

(一)街村ハ財產權ノ主体トシテ將來充分ナル活動ヲナサシム
(二)街村職員ノ諸給與、事務費及事業費ハ街村ノ負擔トス
街村長及屯長ハ原則トシテ名譽職トスルモ縣長ノ認可ヲ經テ有給トナスコトヲ得
名譽職ニ對シテハ報酬實費辨償ヲ給スルコトヲ得
會計員、事務員夫役等ハ有給トス
(三)街村ノ經費ハ街村費(現行保甲費)財產ヨリ生スル收入手數料使用料等ヲ以テ之ニ充テ不足アルトキハ賦役現品賦課徵收ス賦役ニ關シテハ金納ニ依ル代位ヲ認ム
街村費ノ新設變更ニ關シテハ省長ノ認可事項トス
(四)現行保甲費ヲ街村費ニ改メタル場合現行保甲費カ規約ニ基クモノナルニヨリ稅ノ意義ニ於ケル街村費ハ國地稅トノ關係モアリ相當研究ヲ俟ツテ決スル要アルニヨリ暫ク現行保甲費ノ範圍ヲ以テ街村費トシ急激ナル負擔ノ增加ヲ來サヽルヤウ留意ス
(五)街村ノ歲入歲出豫決算
街村ニ屬スル一切ノ收入ヲ歲入トシ一切ノ支出ヲ歲出トシ豫算ヲ編成セシメ豫算竝ニ決算ニ關シテハ街村制ニ於テハ嚴格ニ取扱フ方針ナルニツキ現在ノ保甲豫算決算事務ニ關シ充分ナル指導監督ヲナシ街村制度實施ニ際シテハ豫算事務ヲ行フニ些ノ不備ナキヲ期セノレ度

八、街村ノ監督

（一）街村ハ第一次ニ縣長ノ監督ニ承ケ第二次ニ省長ノ監督ヲ承ク
（二）街村制度ニ於テハ監督事項ニ關シ可及的ニ列擧主義ヲ採用ス
（三）保甲制度ヲ以テ街村制度ノ前身母體タラシムルニ於テハ特ニ助長行政的方面ニ於ケル指導監督ハ最モ緊要ノコトニ屬シ縣ニ在リテハ各主管者ニ於テ其ノ所管事務ニ關シ十分ナル指導監督ヲナシ保甲職員ヲシテソノマヽ街村職員タラシメ得ルノ能力ノ附與スルヤウ留意アリタシ特ニ保甲費ノ賦課徵收竝ニ保甲豫算ニツキ負擔ノ公平ト豫算生活ノ訓練ニ留意シ、參事官ニ於テモ宜シク指導監督セラレタシ

吉林省街村制實施準備竝訓練ニ關スル大綱案

一、街村制ノ實施時期竝方法

今次ノ方針ハ保甲ヲシテ單ニ警察ノ補助機關タルノミニ止ラス一般地方行政ノ事務ヲモ執行シ得ルノ機能ヲ有セシメ之ヲ一般地方行政ノ基本タル街村制度ノ前身母體タラシムルニ在リ

故ニ現在ノ保甲カ今次示シタル大綱ニヨリ街村ノ形態ヲ具有スルニ至リタルトキヲ以テ街村制實施ノ時期トス

本省內各縣ノ現狀ハ各々差異アリト雖制度トシテノ街村ハ全省同一制度ノ下ニ律ス但シ其ノ實施ハ全省同時ニ之ヲナスコトナク逐次縣ヲ指定シテ實施セシメ漸次全省ニ及ホサントス

又縣ニ於テハ縣內一部ニ其ノ實施ヲナスコトヲ得

二、街村制實施ノ準備竝訓練

街村制實施ノ備準竝ニ訓練ニ關シテハ吉林省街村制度ニ關スル大綱其中記載ノ事項竝ニ以下示ス所ヲ參酌シテ各縣ノ計劃ヲ樹立セラレタシ

（一）保甲區域ノ變更劃定ニ關スル事項

(1)保甲區域變更劃定ニ必要ナル資料蒐集

(2)保甲區域變更劃定開始時期竝終期（保甲區域變更ニ要スル期間）

（二）綜合敎育機關設置ニ關スル事項

街村制度ハ國ノ政治ノ基本制度タルヲ以テ村政指導者及街政擔當者等ノ政育ハ現下ノ緊要事ニシテ街村制度實施準備ニハ人材ヲ養成スル必要アリ元ヨリ現在ノ民度ニ於テハ政治、經濟アラユル方面ニ亘リ其ノ指導者ヲ敎育養成スル必要アリ即

チ單ニ村政指者村政擔當者等ノミナラス優秀青年教育、產業指導員、青年團幹部等ノ指導者ヲ養成スルヲ要ス之カタメハ縣各別ニ養成機關ヲ設置セス綜合教育機關ヲ常備シ（縣自治訓練所ト假稱）必要ニヨリ二部以上ヲ併置開閉シテ各種ノ必要ナル教育ヲ實施スルヲ可トス

（三）保甲職員ノ資質向上ニ關スル事項

現在ノ保甲職員ノ資質ノ向上ニ關シテハ各縣共ツトニ盡力セラルル所ナルモ尙一層之カ向上刷新ニ努メラレタシ特ニ助長行政煩務負擔ノ能力アル者ヲ之ニ充ツル一方事務上ノ指導訓練ニモ留意アリタシ

（四）保甲豫決算事務ノ訓練ニ關スル事項

(1)康德二年度決算ヲ提出スルコト

(2)康德三年度豫算ヲ提出スルコト

(3)德德四年度豫管編成方針竝樣式ハ追テ別途指示ス

(4)豫算決算事務ニ關シ保甲職員ヲ訓練スルコト

（五）保甲經費ノ徵收運用ニ關スル事項

保甲經費ノ收支ニ關シテハ常ニ嚴重監督シアルヘキモ往々保甲費ノ不當徵收又ハ不正支出等アルヲ聞ク殊ニ自衛團役員若ハ甲牌長等ニ其ノ例多キヲ以テ保甲費ノ徵收運用ニ當リテハ適正ナル方法ヲ講シ保甲役員ニ不正行爲ノ間隙ヲ生スルコトナキ樣嚴重監督セラレタシ

第四節　地方行政協議會ノ開催

第一項　第二回市縣旗長ノ會議開催

本年二月二十六日二十七日兩日間ニ亘リ本省第二回市縣旗長會議ノ開催ヲ擧行シ省長以下各廳長ヨリ本省ノ施政ニ關シ諄々ニ懇切ナル訓示ヲナセリ、更ニ地方行政ノ整備改善ニ付主管廳ヨリ注意並ニ指示ヲナシタル外縣ノ要望事項ニ對シテハ充分ニ協議ヲ行ヒタル結果將來省政ノ發展ニ對シ多大ナル成果ヲ收メリ。尙ホ會議ノ重要ナル事項ヲ擧グレバ次ノ如シ。

吉林省第二回市縣旗長會議諮問事項

廳別	諮問事項
總務廳	(1) 市、縣、旗、職員素質向上ノ方途如何
民政廳	(1) 地方行政機構ニ對スル具體的方策如何
	(2) 日鮮自由移民融和輔導ニ對スル意見
	(3) 浮多地整理ニ對スル具体的方策如何
警務廳	(1) 縣警察隊廢止後ニ於ケル警察强化ノ方策如何
	(2) 一般衛生思想向上ノ方策如何
教育廳	(1) 鄉村ノ實情ニ即シタル國民初等教育普及改善具体的方策如何
實業廳	(1) 農山村振興ニ對シ縣ノ抱懷セル具体的方針ヲ承リ度シ
	(2) 農會及ビ商會ノ改善ニ關スル意見
	(3) 農家副業トシテノ家内工業ノ種類及之カ指導奬勵ニ對スル具体案如何

吉林省第二回市縣旗長會議省指示注意及希望事項

廳別	指示注意及希望事項
總務廳	(1) 省政三ケ年計劃ニ關スル件
	(2) 地方官會議開催ニ關スル件
	(3) 人事刷新ニ關スル件
民政廳	(1) 各縣現有區劃ノ確立ニ關スル件
	(2) 行政月報注意ニ關スル件
	(3) 義倉ニ關スル件

(4) 本年度縣預算ノ追加更正ニ關スル件
(5) 土地執照ノ整理ニ關スル件
(6) 土地商租ニ關スル件
(7) 土木工事施工ニ關スル件
(8) 河川取締ニ關スル件

警務廳

(1) 警察官ノ配置ニ關シテ
(2) 警察官ノ素質ノ向上ニ就テ
(3) 阿片法ノ徹底
(4) 屠宰場ノ新設改修ニ就テ
(5) 本年度春季定期種痘ハ三月中實施セラレ度シ
(6) ペスト疫區各屬「ペスト」豫防ニ關シテハ從來通リ縣及旗ヲ主体トシテ實施セラレ度
(7) 戶口調査ノ徹底ニ關スル件
(8) 火藥類ノ取締ニ關スル件
(9) 保甲制度ノ普及徹底運用ト經費ノ出納監督ニ關スル件

教育廳

(1) 回鑾詔書ノ聖旨普及徹底ニ關スル件
(2) 新制小學校教科課程實施運用ニ關スル件
(3) 視學ノ活動慫慂ニ關スル件
(4) 市縣旗教育會活動促進ニ關スル件
(5) 民族融和覺善促進ニ關スル件
(6) 中堅青年ノ指導訓練ニ關スル件
(7) 建國精神及國家認識普及資料ニ關スル件
(8) 宗教及教化團體監督指導ニ關スル件
(9) 學校並ニ一般民衆ノ禮儀作法訓練ニ關スル件

實業廳	注意事項
	(10) 私立學校及私塾ノ監督指導ニ關スル件 (11) 小學校學費ニ關スル件 希望事項 (12) 無電放送教育施設ニ關スル件 (13) 映畫教育施設ニ關スル件 (1) 農山村振興ニ關スル件 (2) 商會指導監督ニ關スル件 (3) 新制度量衡ノ普及實施ニ關スル件

第二項　吉林省第一回參事官會議

五月十四日ヨリ三日間亘リ吉林省第一回參事官會議ヲ開催シタルカ、近來此種會議ニ於テ稍モスレバ事務上ニ偏シタル論議ノ應酬ニ墮シツヽアルヲ避ケ地方行政ノ實態ニ即應セル具体的ノ諸問題ヲ組織アル形態ニ於テ討議セリ。

(1) 各縣特殊研究題目ノ發表

各縣參事官ヨリ各市、縣、旗ノ政情報告ヲ徵スベキ所ナルモ甕市、縣、旗長會議ニ於テ一般政情ヲ聽取シタルヲ以テ各縣ノ特殊的立場ニ即應スルカ如キ一、二ノ研究題目ヲ各縣參事官ニ於テ分擔シ之ガ研究ノ結果ヲ會議ニ於テ表明セシメタリ。

此ノ發表ノ中ニハ(A)各縣ノ特殊事情、(B)各縣ノ行政的實情、(C)各縣ニ於ケル行政上ノ企劃、(D)省竝ニ中央ノ行政的態度ノ批判、(E)各縣參事官トシテ信スル眞正ナル行政的態度ノ表明等ヲ盛リ相當ノ成果ヲ得タリ。

尙各市、縣、旗ニ割當ラレタル特殊研究問題ヲ示セバ左ノ如シ。

一、現狀ニ卽應セル最良ノ林業政策ニ就テ　（敦　化　縣）
一、地方特殊物產ノ現狀ト之ガ助成策　（樺　甸　縣）
一、地方金融機關ノ業績ト之ガ將來　（永吉縣、吉林市）
一、農村ノ現狀ト農村振興ノ具體案　（楡樹縣、九台縣、農安縣）

一、日滿商工民ノ融和的發展策 （吉　林　市）

一、二荒地復興ノ實情ト將來ノ企劃 （磐　石　縣）

一、地方教育ノ現況ト之ガ根本方策 （長　春　縣）

一、災民救濟竝ニ備荒施設ノ實績ト將來ニ對スル意見 （楡樹縣、雙陽縣）

一、農業自由移民ノ現狀ト之ガ指導方策 （額　穆　縣）

一、蒙地竝ニ蒙租處理上ノ將來的方針 （乾安縣、長春縣）

一、蒙民指導ト經濟向上策 （郭　前　旗）

一、近年水災ノ實狀ト之ガ治防策 （懷德縣、德惠縣）

一、宣撫工作ノ實施狀況ト縣政全般ニ對スル影響竝ニ將來方策 （舒　蘭　縣）

一、人事政策的見地ヨリ縣ノ現況竝ニ將來 （伊　通　縣）

一、民心ノ動向ト之ガ指導方針 （永吉縣、扶餘縣）

一、集團部落建設ノ實績ト將來ノ企劃 （磐石縣、舒蘭縣）

一、匪民分離工作ノ現況ト之ガ根本的方策 （舒蘭縣、樺甸縣）

一、保甲制度ノ自衛的運用ト行政的運用 （九台縣、敦化縣）

一、治安維持ニ關スル現機構（各機關ヲ含ム）竝ニ之ガ運用ニ就而ノ改善意見

一、長嶺縣ニ於ケル「ペスト」撲滅對策ニ就テ （長　嶺　縣）

省ヨリ各市縣旗ニ對スル諸問事項左ノ如シ

總務廳關係諸問事項

一、職員採用及人材養成ニ對スル具體的方途如何

一、縣改組辦法ニ依ル現縣公署機構及定員ハ妥當ナリヤ、若シ妥當ナラズトセバ其ノ具體的改善意見承リ度

民政廳關係諸問事項

一、義倉ニ關シ左ノ諸點ニ對スル意見承リ度シ

（1）舊義倉ノ整理方法

（2）現行義倉制度ニ就テ

（イ）實施難ナル點
（ロ）最少保有數量
（ハ）徵收方法

警務廳關係諸問事項

一、縣下ノ實情ニ鑑ミ治外法權撤廢ニ伴フ行政警察權移讓ニ關シ困難ト認ムル點竝ニ之ニ對スル對策意見如何

教育關係諸問事項

一、市、縣、旗立靑年教育ニ關シ次ノ各項ニ就キテ地方ノ實情ヨリ觀タル適切方案ヲ問フ

實業廳關係諸問事項

一、農會改善具體案ニ關スル意見承リ度シ
二、現在各縣ノ民度上ヨリ見テ産業組合設置ノ可否如何
三、地方工業ノ振興助長策如何

第五節　地方行政刷新整備計劃

第一項　省政三ケ年計劃ノ確立

吉林省政ノ發展ニ對シテ段階ヲ明示シ之ガ指導ノ爲メ省政三ケ年計劃案ヲ樹立シ該計劃ニ盛ラレタル三ケ年間ノ省政實施企劃ニ基キ各縣ニ於テモ夫々㈠各縣ノ特殊性ヲ考慮シ、㈡實行性アリ、㈢然モ省政三ケ年計劃ノ內容ニ相應スルカ如キ縣政三ケ年計劃ヲ樹立セシメツヽアリ、尙各縣ニ於テハ縣ノ特殊性ヲ充分考慮シ治安ノ確保、行政ノ刷新、財政ノ確立、産業ノ開發教育ノ普及等ヨリ縣政上最モ重點ト爲ストコロノモノヲ選ビテ具體的三ケ年計劃ヲ樹立シツヽアリ。

一、治安ノ確保

吉林省ニ於ケル治安ハ近來著シク安定シ得タリト雖モ特殊ノ地勢ニ悲因シテ未タ之カ完キヲ得ス、即チ吉林省政ハ向後三ケ年間諸政ノ根幹タル治安ノ確保ヲ第一目標トス其他諸般ノ行政ハ治安確保工作ニ追隨シ之ニ寄與シツヽ其進達ヲ期ス可キナリ。

二、行政ノ刷新
由來吉林省政ハ久シク豁達ノ域ニ達シ居ラサリキ卽チ之ヲ刷新シテ滿洲國新政ノ意義ヲ徹底セシムルハ急務ニシテ亦治安確保ノ要因タリ。
三、財政ノ確立
治安ノ亂狀ハ地方財政ノ根基ヲ危クシ來レリ、卽チ之カ確立ヲ期シ先ツ治安ノ確保引イテハ新政顯彰ノ基礎ヲ確實ナラシメントス。
四、產業ノ開發
地方經濟力ノ充實ノ爲メニ產業ノ全面的開發ハ急需ノ事ニ屬スト雖モ治安ノ確保ニ關聯シテ農民生活ノ安定ニ之カ重點ヲ置ク。
五、教育ノ普及
民心ノ安定ノ爲メニ教育ノ普及ハ最モ效果アリト雖モ特ニ國民思想ノ涵養ヲ第一義トシテ目下ノ狀勢ニ適應セシメントス。

第二項　地方行政監査施行

惟フニ建國以來茲ニ春秋ヲ重ヌル事四次、朝野懸命ノ努力ニヨリテ舊政權當時ノ萬惡剔抉セラレ諸般ノ制度漸クソノ緒ニ著キ建國ノ理想達成ニ步一步進ミツツアルト雖モ、今尙道遠シノ憾ナキニ非ズ、固ヨリ當時主務廳科ニ於テ地方事情ノ研究、調査報告ヲ聽取シツツアルモ勢ヒ各主管事項ニ局限セラルルノ傾キ少シトセズ、以テ各般行政事務ノ統制連繫緩急ノ度等大局ニ亘ル監査ヲ爲シ、粉飾ナキ施政ノ下ニ民衆ノ福利ヲ增進セシメ民心ヲ官ニ歸セシメ建國ノ大理想實現ニ遺憾ナカラシメントス以テ各主管當局ハ各縣ヲ行脚シ省縣一體トナリテ地方農村ノ實相ヲ把握シテ先ヅ正鵠ノ認識ノ下ニ大局ニ着眼シテ虛飾ナキ將來ノ大方針ヲ確立シ時弊ヲ矯正シ眞摯ナル地方行政ノ進展ヲ期スルノ緊切ナルヲ認メ各縣ニ對シ綜合監査ヲ實施セントス、本年度ハ永吉縣ニ對シ旣ニ實行セリ尙ホ之カ成績ノ良好ナルニ鑑ミ四年度ハ省下五縣ニ實施ノ預定ナリ。

地方行政監査規程

第一條　本省公署ハ地方行政ノ實情ヲ把握シ其ノ改善刷新ニ資スル爲本規程ノ定ムルトコロニ依リ市、縣、旗其ノ他ノ公共團

體竝ニ之ニ準スヘキニモノ行政事務ニ付監査ヲ行フ

市、縣、旗以外ノ公共團體又ハ之ニ準ズヘキモノニシテ監査ヲ行フヘキモノハ省長之ヲ定ム

第二條　監査ハ概ネ左ノ事項ニ付之ヲ行フ

一、市、縣、旗ノ區域其ノ他ノ基礎條件

二、會計狀況

三、財政狀況

四、事務情況

五、官吏吏員又ハ之ニ準スヘキモノノ執務狀況

六、事業執行ノ狀況

省長ハ前項ニ揭クル事項ニ付細目ヲ定ム

第三條　監査ハ監査ヲ受クヘキモノノ所在地ニ監査員ヲ派遣シ實地ニ之ヲ行ハシム

監査ニシテ前項ニ依リ難キ場合ハ監査ヲ受クヘキモノヨリ監査上必要ナル計算書帳簿其ノ他ノ文書ヲ提出セシメテ之ヲ行フコトヲ得

第四條　省長實地監査ヲ爲サントスル場合ハ豫メ當該官公署長ニ對シ監査日時、監査事項ヲ通知ス但シ必要ニ依リ豫メ通知ヲ爲サヽルコトヲ得

第五條　監査員ハ省長之ヲ命スコノ場合ニ於テハ主任監査員ヲ定ム

第六條　監査員ハ監査員證ヲ携帶シ監査ヲ受クヘキ當該主務者ノ要求アリタルトキハ之ヲ提示スヘシ

監査員證ハ別紙様式ニ依ル

第七條　實地監査ノ通知ヲ受ケタルモノハ監査ノ行ハルル日ヨリ起算シ一週間前ニ當ル日ノ現在ニ依リ監査事項ニ關スル調査書ヲ作成之ヲ監査員ニ提出スヘシ

第八條　監査ヲ受クヘキ當該官公署長ハ主任官吏吏員ヲシテ監査員ノ監査ニ立會ヲ爲サシムルコトヲ得

第九條　監査員ハ監査事項ニ關スル書類帳簿其ノ他ノ物件ヲ査閲スヘシ

監査員監査上必要アリト認メタルトキハ監査ヲ受クヘキ當該主務者ニ對シ質問ヲ爲スコトヲ得

第十條　監査員ハ監査シタル事項ニ付當該主務者ニ對シ口頭又ハ書面ヲ以テ辯明セシムルコトヲ得此ノ場合ニ於テハ當該主務

者ハ當該監査事務ノ改善刷新ニ付意見ヲ述フルコトヲ得

第十一條　監査員監査ノ結果不正ノ所爲アルコトヲ發見シ又ハ背規事項ニシテ緊急處置ヲ要スト思料シタルトキハ意見ヲ具シ速ニ省長ニ報告スヘシ

第十二條　監査員前條ノ背規事項中輕微ニシテ直ニ訂正シ得ヘキモノニ付テハ當該主務者ニ注意ヲ與ヘ又ハ其ノ處理ヲ指示ルコトヲ得

第十三條　前條ニ依リ注意又ハ指示ヲ受ケタル事項ニ監査ヲ受ケタルモノ遲怠ナク之ヲ執行シ其ノ顚末ヲ省長ニ報告スヘシ

第十四條　監査員ハ監査ヲ終了シタル場合ハ遲怠ナク意見書ヲ添付シタル監査報告書ヲ省長ニ提出スヘシ

前項ノ報告書ニハ第十二條ニ依リ注意又ハ指示ヲ與ヘタル事項ヲ記載スヘシ

第十五條　本規程中官公署長トアルハ市、縣、旗以外ノ公共團體又ハ之ニ準スヘシキモノニアリテハ其ノ代表者トス

附　則

本規程ハ康德四年一月一日ヨリ施行ス

吉林省公署

監査員證

地方行政監査細目

A、總　務　廳

○總務科監査細目

一、人事關係事項

1、職員勤務狀況

2、定員配置狀況

3、職員素質及給與狀況
4、人事手續狀況
二、統計關係事項
1、統計組織狀況
2、統計上ノ活動狀況
3、期別報告ノ狀況
イ、期別報告書ノ種類
ロ、期別報告書ノ樣式
4、統計計劃狀況
三、宣撫宣傳事項
1、宣撫小委員會組織狀況
2、宣撫小委員會活動狀況
3、協和會結成狀況
4、協和會活動狀況
5、將來ノ宣撫計劃
四、市縣旗三ケ年計劃事項
△經理科監査細目
民政部會計監査要項ニ依ル
△文書科監査細目
一、文書取扱關係者ノ組織狀況
二、文書關係規程ノ整備狀況
三、文書收發事務狀況
1、收文、一般文書、機密文書、金錢其ノ他有價證券等ノ同封物件ノ取扱
2、發文、一般文書、機密文書、金錢其ノ他ノ同封物件ノ取扱

3、收發文書ノ數
4、未決文書調査狀況
5、收發文簿ノ種類及樣式
6、起案及決裁
7、淨書及捺印
四、審査事務狀況、審査機關、審査狀況
五、公報及公示事務狀況、公報事務、公報發行狀況、公示ノ方法及狀況
六、法令ノ運用狀況、法令ノ種類及數、法令ノ理解施設、法令ノ運用狀況
七、行政處分ノ違法、不當ノ點、文事ノ編纂、文書ノ保管、文書ノ整理
八、文書保管事務狀況、借覽
九、當宿室ノ狀況
十、打字ノ統制狀況

B、民政廳關係

△行政科監査細目

要　項

一、義　倉　關　係
二、保　甲　關　係
三、社會事業關係
四、縣官舍關係
五、農事輔導委員會縣分會關係

一、義　倉　關　係
(一)、穀款關係事項
1、積穀ノ徵收狀況
2、積穀ノ貸出狀況

3、現穀款ノ保管狀況
4、積穀ノ整理狀況
5、新徵收辦法ト商工農民並ニ地主小作人ノ負擔狀況
(二)、補助費處理狀況
1、義倉建築費並ニ補助費ノ處理狀況
2、義倉基金補助費ノ處理
(三)、義倉事務關係
1、積穀ニ關スル整理事項
2、新積穀徵收事務
3、新積穀貸出事務
(四)、義倉管理職員關係
1、職員ノ素質、能力、勤務狀態如何
2、職員ノ給與狀況、生活狀況
(五)、倉庫關係
1、倉庫ノ間數及容量ハ最少必要糧穀數量ニ對シ適當ナリヤ
2、新倉庫ノ選定場所ハ適當ナリヤ
3、水火災ニ對豫防施設ノ有無
4、倉庫地基及墻根ノ防濕設備ノ有無
5、通風防雀鼠ノ設備完全ナリヤ
二、保甲關係
(一)、保甲費關係事項
1、保甲費トシテ徵收セル費目名
2、前項各費目ノ負擔狀況如何（賦課ノ對象賦課率）
3、保甲費徵收狀況

4、保甲費支出狀況

(二)、保甲事務關係

1、備附簿書ノ種類並ニ樣式

2、文書簿冊ノ編纂、保管、整理狀況

3、銃器、彈藥、被服其他物件ノ整理保管狀況

(三)、保甲役員關係

1、役員ノ素質能力、勤務狀態

2、役員ノ資格、任免、賞罰方法

3、縣公署トノ連絡狀況

(四)、保甲活動關係

1、保甲組織狀況

2、保甲活動狀況

3、自衛團組織給與狀況

4、保甲青年團活動狀況

三、社會事業關係

1、社會事業ノ種類

2、社會事業ノ活動狀況

四、縣官舍關係

(一)、縣官舍狀況

五、農事補導委員會縣分會關係

1、紛爭事件取扱件數竝ニ解決未解決數

2、紛爭事件ノ解決ニ對スル民衆ノ信賴如何

△財務科監查細目

要　項

一、預算狀況
二、決算狀況
三、歳入狀況
四、歳出狀況
五、簿書狀況
六、出納事務及現金有價證券狀況
七、營造物及財産ノ管理狀況
八、財産ノ賣却、貸與、工事ノ請負、物件ノ賣買、貸借又ハ勞力ノ供給狀況
九、縣市旗債狀況

一、豫算狀況
1、豫算編製方法ノ適否
2、豫算編製ノ時期ノ適否
3、豫算科目ノ流用又ハ科目更正ハ其ノ當ヲ得タルヤ
4、年度經過後ノ追加又ハ更正ノ必要ヲ生ジタルコトナキヤ
5、豫算不用額ヲ生シタル原因ノ當否
6、豫算ノ要領ヲ告示シタルヤ否ヤ

二、決算狀況
1、出納ハ規定ノ月日ニ閉鎖シタルヤ
2、豫算ニ對スル過不足ノ說明ヲ付シタルヤ
3、決算ハ總務科長ヨリ規定ノ期日內ニ縣長ニ提出シタルヤ
4、決算ノ要領ヲ告示シタルヤ
5、其ノ他決算上必要ナル事項

三、歳入狀況
1、歳入ニ關スル契約ハ法定ノ條件ヲ具備セルヤ否ヤ

2、認可ヲ得ザル税ノ賦課徴收ヲナセル事實ナキヤ
3、縣税賦課徴收ハ條例規則ニ違フコトナキヤ
4、課税標準及賦課率ノ適否
5、縣税賦課徴收ニ關スル事項ハ之ヲ公示シタルヤ
6、納税令書竝ニ督促状送達ニ就キ遺憾ナキヤ、指定期日、期限妥當ナリヤ否ヤ
7、同一年度内ニ於ケル賦課額ノ變更又ハ過徴金或ハ錯誤ニ依ル徴收金ノ處理宜シキヲ得タルヤ
8、不均一又ハ一部賦課アラバ其ノ適否
9、房捐及戸別捐ヲ賦課スヘキ地域ノ適否
10、房捐ノ賃貸價格ノ算定方法及賦課率ノ適否
11、滯納處分ノ狀況
12、其ノ他歳入ニ於ケル必要ナル事項
13、市街地ト農村トノ負擔ノ適否
14、保甲費徴收ノ狀況
15、義倉穀款徴收ノ狀況

四、歳出狀況

1、歳出ハ總テ預算ニ依ツテナシタルヤ否ヤ
2、預算目的ニ反セルモノナキヤ否ヤ
3、預算ノ目的ヲ達成スルコト能ハサル事項ニ對シ歳出ノ使用ヲ爲シタルモノナキヤ其他預算ノ使用宜シキヲ得サルモノナキヤ
4、預算ノ豐裕ナルニ乘ジ不用、不急、過當又ハ預算ナキ新規ノ工事ヲ施行シ若クハ物品ヲ購入シタルモノナキヤ
5、經理其ノ當ヲ得ズ爲ニ不用、不急、支出ヲナシタルモノナキヤ
6、預算外ノ縣（市旗）負擔ノ契約ヲナシタルモノノ有無及其ノ當否
7、歳出ニ關スル契約ハ法定ノ條件ヲ具備セルヤ否ヤ
8、縣ヨリ交付シタル補助金ハ其ノ目的達成ニ有效且適當ニ使用セラレタルヤ

9、契約ヲナス場合其ノ方法宜シキヲ得サル爲不經濟ニ陥ラシメタル事實ナキヤ

過年度支出ハ當該年度所屬預算殘額ノ範圍内ニ於テ行ハレタルヤ

預備費支出ハ許可ヲ受ケタルヤ

其ノ他歳出上必要ナル事項

五、簿書狀況

1、簿書ハ凡テ成規ノ樣式ニ適合セルヤ否ヤ

2、簿書ノ編纂及保管ハ適合ナルヤ

3、簿書ノ記帖ハ其ノ必要ノ生シタル都度之ヲナセルヤ否ヤ

4、帖簿ノ計數ハ明確ナルヤ否ヤ

5、規定帖簿ノ整否

甲、歳入歳出明細簿

(甲)、本簿ニ記載セル預算ハ許可ヲ受ケタル金額ト符合セルヤ

(乙)、徵收簿ノ收入額ト歳入明細簿ノ收入額ト符合セルヤ

(丙)、月別收入支出決算報告等ト符合セルヤ

(丁)、收入支出ノ科目ニ誤ナキヤ

乙、現金出納簿

(甲)、前年度剩餘金ヲ繰越シタリヤ

(乙)、本簿ノ收支各累計額ト歳出明細簿ノ各合計額ト一致セサルモノアラハソノ內容及適否

(丙)、會計審査報告書ト符合セルヤ

丙、縣稅及稅外徵收簿

丁、縣債整理簿

戊、財產存沓簿

已、備品存沓簿

六、出納及現金保管ノ狀況

1、出納事務ノ適否

甲、收入金ノ取扱手續ノ適否

乙、審査及決裁ヲ經スシテ支拂ヲナシタルモノナキヤ

丙、歳入歳出ノ所屬年度ニ誤ナキヤ

丁、收支混淆セルモノナキヤ

戊、重大ナル過失若クハ故意ニ誤拂過渡シタルモノナキヤ

已、必要ノ程度ヲ超エ前金拂或ハ概算拂ヲナシタルモノナキヤ又精算遲延セルモノナキヤ

庚、定期合算審査及臨時會計審査ヲ執行セルヤ

辛、證憑書類ノ整否

(甲)、保管整理ノ適否

(乙)、必要條件ヲ具備セルヤ否ヤ

(丙)、科目、金額、其他記載文字ニ誤ナキヤ

(丁)、印紙ヲ貼用スヘキモノニシテ貼用セサルモノナキヤ

(戊)、使途不明ノモノナキヤ

(已)、契約ニ依ルモノハ其ノ契約ニ反スルコトナキヤ

2、物品出納ノ適否

1、物品關係帳簿ノ適否

2、物品關係帳簿及書類ノ樣式及記帳ノ適否

3、物品保管及使用ノ適否

4、購買及拂出手續ノ適否

5、不用品、遺失物、犯人置去品、證據品及沒收品等ノ賣却、沒收處分等ノ適否

6、郵便切手ノ受拂ニハ其ノ料金算定ノ基礎トナルヘキ事由ヲ記帳シアルヤ否ヤ

7、貴重品保管ノ適否

8、修繕工事施行ハ總テ決裁手續ヲ受ケアルヤ材料ノ拂出ニ就テハ總テ受領書ヲ徵シ其ノ用途ヲ記入シアルヤ

9、備品類ニハ總テ刻印又ハ記號等ヲ附シアルヤ

10、官舍設備品ノ適否

11、延滯過怠金ノ徴收ニ關スル事項ノ適否

12、不用品ニシテニ利用シ得ヘキモノヲ其ノ儘放置セルモノナキヤ

13、在庫品ハ出納簿ノ殘高ニ符合スルヤ否ヤ

14、出納簿前年度殘ハ本年度繰越ニ符合スルヤ否ヤ

3、現金及有價證券保管ノ適否

甲、現金保管ハ必要最少限度ニ止メオルヤ否ヤ

乙、預金先ノ適否

丙、現金取扱者ノ身元ハ確實ナリヤ、保證金ヲ徴シ居ラハ其ノ種類價格程度等

丁、現金ハ帳簿ト符合スルヤ否ヤ

戊、歳計外ノ保管金ナキヤ

巳、有價證券ノ保管確實ナルヤ否ヤ

庚、預金證書及貸付金證書類ノ保管確實ナルヤ否ヤ

七、營造物及財產ノ管理

1、營造物、財產ノ管理及使用方法ノ適否

八、財產ノ賣却、貸與、工事ノ請負、物件ノ賣買貸借、及勞力ノ供給等

1、財產ノ賣却ハ省ノ認可ヲ得タルヤ

2、貸與品ノ狀況及其ノ適否

3、一口五百圓以上ノモノニシテ競爭入札ニ附セサルモノアルトキハ其ノ理由ノ當否

4、契約ノ種類及內容ノ適否

5、物件ノ賣買貸借ノ適否

6、勞力供給ノ適否

九、縣(市旗)債

1、縣（市旗）債整理ノ適否

2、許可ヲ受ケスシテ借款ヲナシタルコトナキヤ

△土木廳監杳細目

一、土木豫算關係事項

1、委託工事豫算ノ實施狀況

2、補助工事豫算ノ實施狀況

3、縣費土木費豫算ノ實施狀況

4、縣費土木費豫算ノ計畫事項

二、道路關係事項

1、道路ノ現在狀況

2、道路網ノ整備計畫

三、河川關係事項

1、河川ノ現在狀況

2、河川ノ改良計畫

四、水利關係事項

1、水利事業ノ現在狀況

2、水利事業ノ指導對策

五、都邑關係事項

1、都邑計畫ノ基礎狀況

2、都邑計畫ノ立案狀況

3、都邑計畫事業ノ計畫狀況

△土地科監杳細目

一、土地執照備杳ノ整備狀況

二、執據ヲ以テ換領スヘキ已塡執照ノ未換領狀況

三、未墳發執照ノ保管狀況
四、執照再發行ノ場合ノ執照備査トノ對照審査狀況並ニ保證書類ノ保管狀況
五、土地章程訓令等ノ知識研究並ニ執務狀況
六、土地執照ノ發給土地升科ニ伴フ經費ノ收納狀況
七、右ニ伴フ縣市公署ノ提成收入金ノ取扱狀況
八、鑛業權ノ設定ニ關スル審査狀況
九、其ノ他地籍ニ關スル事項

C警　務　廳

△警察巡閲施行細則

第一條　警務廳長ノ警察巡閲（以下單ニ巡閲ト稱ス）ハ警察巡閲規則ニ依ルノ外本施行細則ニ依ル

第二條　警務廳長巡閲ヲ施行セントスルトキハ日程ヲ定メ示達スヘシ但シ時宜ニ依リ示達ヲナサスシテ施行スルコトアルヘシ

第三條　巡閲ノ示達ヲ受ケタルトキハ別命ナキ限リ警察署ニ在リテハ管内署員ノ半數以上ヲ召集シ置クヘシ
分駐所ハ特別ノ事情ナキ限リ必ス應召スヘシ

第四條　巡閲要領左ノ如シ
一、廳、局(署)長以下幹部ノ名刺差出伺候
二、廳、局(署)長ノ管內一般狀況口頭報告
三、廳、局(署)內外ノ淸潔整頓
四、教育、訓練ノ狀況査閲（點檢、禮式及操練、應問、筆記試驗等）
五、銃器彈藥及給貸與品其他物品ノ檢査
六、留置場ノ檢査
七、警察事務ノ處理狀況査閲（文書、簿冊、庶務及會計ノ狀況）
八、管內情勢調査並ニ之ニ對スル査察、搜査及討伐其他取締狀況
九、勤務及執行務ノ實査
一〇、巡閲官ノ講評

第五條　前條實施中絕エス紀律ノ張弛ヲ監査スルノ外實視事項概ネ左ノ如シ

一、警察區劃、配置及監督區ノ適否
二、敎養、監督及召集等ニ關スル事項
三、訓辭及命令徹底ノ狀況
四、警察處分ノ適否及警察官吏ノ民衆ニ對スル處遇ノ狀況
五、行政警察及消防ニ關スル事項
六、特務警察ニ關スル事項
七、司法警察ニ關スル事項
八、治安恢復工作及匪賊ノ狀況ニ關スル事項
九、衛生警察ニ關スル事項
一〇、保甲實施ノ狀況
一一、法令實施ノ狀況
一二、風俗、民情ノ變遷、生業交通其他部內ノ狀況
一三、警察訓練所ノ狀況
一四、前各號ノ外必要ト認ムル事項

第六條　査閱ヲ受クヘキ文書簿冊ハ各科ニ區別シ給貸與品ハ各人名札ヲ付シ適當ノ場所ニ配列スヘシ
第七條　巡閱官ハ當該廳、局(署)長以下ニ對シ警察ニ關スル諸般調査書類ヲ提出セシムルコトアルヘシ
第八條　巡閱官ハ實務ノ成績ヲ檢閱スル爲必要ト認ルトキハ査察スルコトヲ得
第九條　警察處分又ハ警察事務ノ便否ニ關シ意見ヲ具申スルモノアルトキハ巡閱官之ヲ受理査閱ス
第十條　管內狀況報告ハ口頭ヲ以テスルノ外書類報告一部ヲ徵スヘシ管內狀況報告ニ記載スヘキ事項ハ概ネ左ノ如シ

記

1、管內略圖（局、署、分駐所、派出所、主ナル官衙、商會ノ位置、警邏線路警邏函ノ所在ヲ記入）
2、區劃及配置狀況
3、警察官吏ノ勤務方法竝ニ其ノ實績

4、敎育訓練ノ方法及監督方法ノ狀況
5、紀律維持竝ニ其ノ實施方法
6、執行務竝ニ民衆處遇ノ狀況
7、非常召集其ノ他突發事件ニ對スル警備計畫
8、部內職業別戶口
9、廳舍建物竝ニ必要品整備ノ狀況
10、會計經理及物品保管ノ狀況
11、銃器其他貸與品保管ノ狀況
12、一般民情ノ概要　（民情ノ變遷、現狀）
13、法令實施ノ狀況
14、集團結社刊行物其他特務警察上視察取締ノ狀況
15、外國人ノ狀況
16、反滿抗日匪ノ情勢
17、火災竝ニ水災豫防ノ狀況（附、消防施設ノ狀況）
18、營業者取締ノ狀況
19、銃砲火薬類其他危險物取締狀況
20、司法警察竝ニ違警罰事務ノ狀況
21、受刑者及浮浪者取締ノ狀況
22、保甲制實施ノ狀況及戶口調査實施狀況
23、匪賊情報
24、管內保健狀況
25、阿片及麻薬類取締狀況
26、醫療機關分布狀況
27、特ニ改善又ハ施設シタル事項

28、將來改善又ハ施設ヲ要スル事項並ニ之ニ對スル意見

D實　業　廳

△產業關係監査細目

一、人　事　關　係

1、縣產業關係職員ノ縣下產業ノ實體ニ對スル認識ノ程度

2、產業關係職員ノ定員ト事務量トノ關係

二、縣產業開發方針並ニ計劃內容

三、縣ニ於テ實施セル產業關係事項ノ經過及實績

1、各種貸款事務

2、二荒地復興事業

3、平糶會

4、種子消毒

5、優良種子、種畜ノ普及

6、農事共同施設

7、家畜防疫

8、綠化運動

9、柞蠶飼育事業

四、縣產業施設

1、農事試作場

2、苗圃

3、種畜場

五、縣產業助成機關ノ指導監督狀況

1、農　會

2、商　會

六、庶務機關

1、産業關係文書取扱狀況

2、産業關係調査統計

3、勸業費豫算ノ運用狀況

E 教　育　廳

△教育關係監査細目

一、教育關係職員狀況

1、職員ノ素質狀況

2、職員ノ配置任免賞罰狀況

3、職員ノ信望ノ程度如何

4、職員ノ生活狀態

二、會計及財政關係事項

經理科、財務科、主査事項以外特ニ左記事項ニ就キ監査ス

1、學田ニ關スル事項

一、管理狀況

二、收入及收納保管ノ狀況

三、運用狀況

2、授業料校友會費其他學生ヨリノ徵收金ニ關スル事項

一、徵收狀況

二、父兄富力トノ關係

三、運用狀況

四、管理處理狀況

3、教育廳主管事業關係補助金ニ關スル事項

一、目的ノ本旨ニ適合セリヤ

二、法規違反不適正過誤無キヤ

三、事務文書關係事項

1、文書ノ編纂及保管

2、簿冊ノ取扱竝ニ整理狀況

3、定期報告物ノ報告狀況

四、事業關係事項

1、教育行政全般現況、將來ノ計劃

甲、學校教育

一、學校教育ノ現況ト將來ノ普及計畫竝ニ教育內容ノ改善計畫

甲、就學率ノ現狀及將來ノ計畫

乙、教職員ノ素質、待遇ノ現狀況ニ將來ノ改善計畫

丙、教員ノ思想傾向

丁、教職員異動狀況

戊、小學校教科規程實施狀況

巳、教科書取締狀況

庚、學校ノ整備廢合計畫

二、學校教育經營ノ實際

甲、設備方面

A.學校位置ノ適否

乙、社會教育

一、社會教育機關全般狀況及將來ノ計畫

（機關數及種類、機關ノ組織、經費一覽）

二、圖書館

A位置及設備狀況

Ｂ館長事務員ノ身分、人物、職能狀況
Ｃ藏書ノ類別及部冊數竝ニ內容狀況
Ｄ書籍ノ整理及保管狀況
Ｅ利用ノ狀況
Ｆ圖書購入ノ方針如何
Ｇ經費及其ノ支出狀況

三、民衆教育館
Ａ位置及設備狀況
Ｂ館長及館員ノ身分人物職能狀況
Ｃ經費及支出狀況
Ｄ講話材料狀況
Ｅ民衆ノ集合狀況

四、民衆學校
Ａ修業期狀況
Ｂ教科書狀況
Ｃ學生狀況
Ｄ教師ノ身分及人物職能狀況

五、青年團（若ハ婦女會）
Ａ職員ノ身分及活動狀況
Ｂ團ノ使命ト其ノ活動狀況

丙、古跡名勝天然紀念物
一、保存狀況
二、將來ノ調査方針如何

丁、寺　廟

A建築物ノ沿革及狀況
B所管ノ所在及主管者
C保管維持費狀況及廟產ノ有無
D民衆信仰ノ狀況、社會的活動狀況
E修理及改築ノ程度
F祭典ノ狀況

戊、教　會
A沿革及現狀
B宗旨ノ種別
C所管ノ所在及教會主持者ノ身分
D信者數
E社會活動狀況
F學校經營ノ有無（若シ有ラハ學校經營ノ實際條項ヲ參照シテ之ヲ調查ス）

巳、教　育　會
A會　則
B經費及財產狀況
C役員ノ身分狀況
D事業內容及其ノ活動狀況

庚、其他敎化關係諸團體
A宗　旨
B役員ノ身分及其他ノ狀況
C團員又ハ會員ノ狀況
D活動狀況ト國家及社會トノ關係如何
E,經費及財產狀況

第四章 財政

第一節 市縣旗財政

吉林省管下一市一旗十七縣ノ康德三年度豫算ハ可成的經常經費膨脹ヲ防ギ以テ餘力ヲ事業費ニ投ジ健全財政主義ニヨリ極力經費ノ膨脹ヲ防ギ以テ縣、市、旗財政ノ確立ヲ期セリ。康德三年度市縣旗豫算總額ハ左ノ如シ。

歲入總計	六、〇〇七、二一八圓
經常部計	五、一七〇、九六二圓
1、財產收入	一七六、八七五圓
2、縣(市、旗)稅	三、六九五、六一〇圓
3、其他	一、二九八、四七七圓
臨時部計	八三六、二五六圓
1、歲入欠陥補塡金及國庫補助金	五八九、三六四圓
2、前年度結餘金	一六五、八九八圓
3、其他	八〇、九九四圓
歲出總計	六、〇〇七、二一八圓
經常部計	四、六五二、〇七九圓
1、公署費	一、一〇〇、八五八圓
2、警察費	二、〇二六、四六七圓
3、教育費	八四六、六六六圓
4、土木費	一九、〇八二圓
5、勸業費	二六、九六九圓

6、其　　　　他　　六三二、〇三七圓

臨時部計　　一、三五五、一三九圓

1、土木費　　二一四、八一四圓

2、建築費　　一三八、一九六圓

3、積立金　　三七一、一一一圓

4、其　　他　　六三一、〇一八圓

康德三年度一市、一旗、十七縣ノ豫算總額ハ右ノ如クニシテ之ヲ康德二年度豫算ト比較スルトキハ總額ニ於テ三、〇〇〇、七三〇圓ノ增ニシテ、康德二年度ノ略倍額ナルモ康德二年度ハ會計年度ノ改正ニ依リ六月ヨリ十二月迄ノ六ケ月ナルヲ以テ便宜上康德二年度豫算ノ倍額ト比較スルトキハ豫算總計ニ於テハ略同額ナリ。(第一號表參照)

歲入經常部ノ康德二年度ノソレニ比シ著シク大ナルハ康德二年度ハ會計年度ノ關係ニ因リ税收入極メテ小額ナルニ因ルモノナリ。康德二年度ノ歲入臨時部ニ於ケル一般行政費ニ充當シベキ收入ハ歲入缺陷補塡金四五〇、〇〇〇圓、康德元年度歲計剩餘繰越金三六〇、〇〇〇圓、其他約四〇、〇〇〇圓ニシテ大體康德三年度ト等シク、差額三〇〇、〇〇〇圓ハ縣債償還財源タル平糶貸款ノ回收金ナリ。

歲出ニ於テハ經常部、臨時部共ニ前年度ノ約倍額ニシテ極力經費ノ膨脹ヲ抑壓シタルヲ見受ク。

而シテ康德三年度ニ於テ自給自足ヲナシ得ルモノハ市、旗及永吉、長春、扶餘、楡樹、九台、德惠、伊通、農安、雙陽ノ九縣ニシテ懷德、長嶺、舒蘭、磐石、敦化、額穆、樺甸、乾安ノ八縣ハ歲入缺陷ヲ生ジタリ。

歲入不足額總計五七〇、六六四圓中磐石縣ノ二七〇、六二七圓(集團部落建設補助九七、二〇〇圓ヲ含ム)ガ最大ナリ。

吉林市ハ一般會計ノ他年度當初ニ於テ上水道特別會計(豫算額四九六、七一五圓)商埠地整地事業特別會計一三五、〇五六圓)及七月ヨリ設置セル批發市場特別會計(八七、二五〇圓)ノ三特別會計ヲ有シ、何レモ無難ナル財政狀態ニアリ。郭爾羅斯前旗ハ獨特ナル財政ニテ歲入總額五七一、五二五圓中稅入ハ僅カニ一一、七三二圓ニシテ殘餘ハ財產收入、蒙租收入、其他ヲ以テ歲出ヲ補ヒ尙餘リアリ。

以上ニ康德三年度當初預算ニ依リ各縣市旗ノ財政ヲ概說シタル處ナルモ、三月一日ヨリ治安隊設置ニ伴ヒ、警察行政上特異的存在タリシ縣警察隊ノ改編及康德二年八月公布セラレタル地方稅法ノ施行ニ因リ豫算ノ大變更ヲ爲シタルヲ以テ之ヲ概說スレバ次ノ如シ。

豫算總額ニ於テ當初豫算ヨリ約二〇%ノ增加ヲ見タルガ歳入經常部ノ增四〇三、四二四圓ニシテ此ノ中税ノ增加三二一、六一七圓ハ主トシテ新地方税法實施ニ因ル增收ナリ。歳入臨時部增九三七、五一五圓ノ内譯ハ上年度剩餘金增三二六、二六八圓、額穆、舒蘭、樺甸、磐石、敦化ニ於ケル二荒地復興資金三二五、〇〇〇圓（伊通縣ハ其ノ後ニ於テ計上ス）吉林市屠宰場建築費起債一〇〇、〇〇〇圓及國庫歳入欠陷及其他國庫補助金ノ八五、二一九圓ノ增ヲ主タルモノトス。

歳出經常部增一八二、〇一九圓ニシテ此ノ中警察費ニ於テ前述ノ原因ニヨリ一六一、六九〇圓ノ減、公署費增一八二、三五〇圓、敎育費增七一、八〇三圓ヲ其ノ主タルモノトス。歳出臨時部ニ於テ一、一五八、九二〇圓ノ增ヲ示セルハ土木費ニ於テ一二九、三二七圓ノ增、建築費ニ於テ一九六、三八五圓ノ增、歳入ノ項ニ於テ述ベタル二荒地復興資金轉貸金三二五、〇〇〇圓及不要補助縣ニ於ケル歳入增ニ依ル積立金ノ增一八九、八三六圓ガソノ主タルモノナリ。而シテ本次預算ニ於テ要補助縣タリシ懷德縣ハ不要補助縣トナリ、從ツテ要補助縣ハ前記七縣ナリ。

尚此ノ他康德三年度ニ於ケル重要ナルモノハ治外法權一部撤廢及課税權移讓ニヨリ吉林市、永吉、扶餘、楡樹、德惠、農安長嶺、舒蘭、伊通、乾安ノ一市、九縣ニ亘リ預算ノ追加更正ヲナシタルモ、本省ニ於テハ地方財政上大ナル影響ナク別表ニ示タル如ク一、九一六圓ノ補助ヲ要シタルニ過キス。

其他參考トシテ康德三年度行政補助金交付額及康德元年度以降ニ於ケル歳入中縣税歳出中公署費、警察費、敎育費、ノ各經常部ニ對スル比率ヲ示セバ左ノ如シ。

各年度豫算一覽表

年度		歳入、歳出、豫算總計	經常部	臨時部	備考
大同元年度	入				
	出				
大同二年度	入	四、七七二、六九九	三、七七九、九三五	九九二、七六四	郭前旗ヲ除ク
	出		四、二〇六、〇一五	五六六、五八四	
康德元年度	入	四、九三八、八四〇	四、四一二、五三八	五二六、三〇二	郭前旗ヲ除ク
	出		四、四九二、七六四	四四六、〇七六	（康德二年度豫算總額二二一九、四〇五）

康徳二年度		三、〇〇六、四八八	入 一、八四七、六〇三	出 二、二〇六、七七九	入 一、一五八、八八五	出 七九九、七〇九
康徳三年度		六、〇〇七、三一八	入 五、一七〇、九六二	出 四、六五二、〇七九	入 八三六、三五六	出 一、三五五、一三九
追加更正預算		七、三四八、一五七	入 五、五七四、三八六	出 四、八三四、〇九八	入 一、七七三、七七一	出 二、五一四、〇五九

康徳三年度行政補助金交付額調

縣別	歳入欠陥補助費	特別工作補助費	警察擴充補助費	治匪ニヨル補助費	計	備考
敦化	一九、五〇〇	—	九、五四五	九七八	三〇、〇二三	
額穆	三六、〇〇〇	—	—	二三七	三六、二三七	
磐石	一六五、四七四	四、〇〇〇	—	—	一六九、四七四	
舒蘭	四一、五〇〇	—	—	—	四一、五〇〇	
樺甸	七、九〇〇	二六、〇〇〇	五、六三二	—	三九、五三二	
乾安	—	—	四、八三三	—	四、八三三	
懐徳	—	—	—	七〇一	七〇一	
長嶺	二、三九八	—	—	—	二、三九八	
計	二七二、七七二	三〇、〇〇〇	二〇、〇〇〇	一、九一六	三二四、六八八	

歳入縣税比率表

年度	縣税	其他	備考
康德元年度	八九、五%	一〇、五%	
康德二年度	六八、四%	三一、六%	
康德三年度	八〇、%	二〇、%	
同年度追加更正	八〇、%	二〇、%	

（縣税中地捐ハソノ五七%ナリ）

歳出各款比率表

年度	公署費	警察費	教育費	其他	備考
康德元年度	三〇%	三九%	一六%	一五%	
康德二年度	二四%	五〇%	一九%	六%	
康德三年度	二四%	五二%	一九%	五%	
同年度追加更正	二六%	四六%	二〇%	八%	

（康德元年度「其他」ノ比較的大ナルハ歳計剰餘金ヲ經常部豫備費トシテ一括計上シタルニ因ル）

康德三年度各縣歲入豫算一覽表

縣別	經常部						臨時部							
	由財產所生之收入	使用料及手數料	交付金	納付金	雜收入	縣稅	歲入缺款補塡費	捐助金	滾入金	結餘金	縣債	國庫補助	阿片販賣受付金	土木費
永吉	八、八八八	二、三九六	四、五五〇	五、二八〇	八二、一一三	三三九、五七七	—	—	—	一三、三三六	—	五、一一六	二、五五〇	—
長春	六、一〇三	一三、四六九	三、一〇〇	—	一三、六五九	二五五、一五〇	—	—	三、九九八	三五、八三六	—	—	—	—
扶餘	三、四三三	一三、八二五	三、九〇〇	六六四	一、一五〇	三三〇、〇七〇	—	二、〇〇〇	四一、四六一	一一八、三二四	—	二九、八五五	—	—
楡樹	四、四〇三	一〇、〇七〇	四、〇〇〇	—	三七、四〇一	三七二、九六三	—	—	—	三五、八一〇	—	二、七三三	—	—
懷德	二、七五八	一三、六〇七	四、〇〇〇	—	四一、〇五三	三七三、四八四	—	—	—	—	—	六、二二〇	—	—
九台	五三、八五六	六、五八四	二、八〇〇	五、七八四	二、二〇九	二九〇、九〇七	—	—	—	一〇三、二九〇	—	一、五八三	—	—
德惠	一、〇八〇	五、二八一	二、〇五七	—	三五、七八七	三三九、九七九	—	五、二六八	一〇、八五〇	五七、九六五	一	三三、三〇三	—	—
磐石	一、三四四	一三、六六六	一、七五一	一、二〇〇	三一、一〇三	一〇四、九二七	三八、九七五	—	一、三三四	—	一五、〇〇一	一六、一一〇	—	三、二五〇
伊通	一九、三八九	六、六九七	二、九五〇	—	三八、九三七	二八一、六七五	—	五、〇〇〇	三、一九〇	—	三	一〇、四四八	—	—
農安	五、二〇〇	四、五八五	一、六五〇	—	三二、六五七	二三六、五五七	—	—	—	七三、八三六	—	一、〇八八	—	—
長嶺	二、一五〇	七三三	三五〇	—	一五、六〇七	七五、三二一	一七、四五一	—	—	—	—	六、二二〇	—	—
舒蘭	四、〇五〇	五、〇四五	三、一一八	—	三三、〇八九	一五〇、一三〇	八七、四二八	—	—	—	九二、五〇一	九、一二六	—	—
雙陽	九、六三七	二、九六七	二、九〇五	一、四七六	一五、九八四	二三三、三二八	—	一、七〇〇	三五〇	一〇、〇〇〇	—	一、六二六	—	—
敦化	五〇三	三、七三〇	一、六七五	—	一七、九六三	九一、六三四	五七、二五五	—	—	一八、〇七四	三、五〇〇	八、八八七	—	—
額穆	一、七五六	六、三九八	一、三七五	—	一三、七五〇	一〇四、一六五	一〇〇、六九七	—	—	—	四〇、〇〇〇	一三、三三三	—	—
樺甸	七六九	一〇、二〇六	一、七三一	八、六二〇	二五、五五三	一七二、一九九	三〇、七一四	—	一三、二三五	—	四五、〇〇一	一六、六三五	—	—
乾安	七、〇〇〇	一、一七九	七、一六〇	—	八九一	五六、三五三	—	—	—	八、〇〇〇	—	二、六三三	—	—
計	一二九、三二四	一三〇、四二七	四九、〇七二	二三、〇二四	五七六、八一三	三、六五七、二六六	三三二、五二〇	一三、九六八	一〇二、三〇二	四七二、三五一	一九六、〇〇七	一六三、九六三	二、五五〇	三、二五〇

康德三年度各縣歲出豫算一覽表

縣別	經常部 祭祀費	公署費	警察費	教育費	土木費	社會事業費	衛生費	屠宰場費	電話局費	勸業費	其他	合計	臨時部 土木費	建築費	公債費	補助費	調查費	其他	合計
永吉	二〇〇	九二、三四三	一九五、三四二	四八、四四五	一、六〇〇	—	五五〇	—	六、五五一	二、〇〇〇	六、五〇二	三五三、五三三	六、〇〇〇	四、一〇〇	二六、六二五	一六〇	一、〇〇〇	六二、四四六	一〇〇、三三一
長春		一七一、八五九	—	九八、八一〇	二、六〇〇	—	七〇一	五、二九五	—	七、三六七	二六八、一四〇	五五四、七七二	六〇、〇〇〇	二九、八三六	四、三一七	七、六〇〇	一、五〇〇	一五〇、三九二	二五三、六四五
扶餘	四〇〇	七九、九〇八	一三八、二四四	七一、三八二	—	一、三〇〇	四四〇	一、九二五	三、五六四	八〇〇	三、〇八一	三〇〇、九四三	六一、五四五	六、五〇〇	—	—	一、五〇〇	一八二、〇六四	二五一、六〇九
楡樹	四〇〇	八七、九四九	一六〇、八五八	七三、三七四	三、〇〇〇	五、〇八二	四、一四〇	二、七九七	五、四一〇	六、一一八	三、〇〇四	三五〇、一三一	一三、六三九	一六、三一三	—	七一〇	一、六二一	八五、〇六七	二一七、三三九
懷德	三八七	八三、九六〇	一四二、六三二	八五、四九一	四、〇八二	—	三、八〇二	二、五〇八	五、九七八	三、一八三	三、七五二	三三三、八四四	—	一、五〇〇	一〇四、五八二	—	—	二一、一八五	一二七、二六七
九台	四〇〇	七九、六二二	一一五、一二三	七三、五三九	—	—	三三〇	二、〇八八	一、八七〇	三、一九〇	三、三六四	二七九、三四三	四〇、〇〇〇	六三、〇六〇	—	八〇二	一、八二三	七九、九八四	一八五、六六九
德惠	四〇〇	六五、八一四	九九、二〇〇	九八、四四八	一、八〇〇	一、一七八	一、六〇〇	二、五六四	四、七二八	三、〇四二	三、〇〇五	二九〇、七七九	二四、五九三	—	五七、七九六	—	七〇八	三六、六九九	一一九、七九六
磐石	四〇〇	五四、九三九	一三八、七七四	三三、八九六	一、〇〇〇	—	二五〇	一、〇七〇	七、七五三	一、一三四	二、五〇四	二四一、八〇九	一、七八〇	—	六五、〇〇一	六一、四七〇	九〇〇	二〇六、五〇〇	三三五、六五一
伊通	四〇〇	六〇、四九七	一〇九、一六七	四七、八九一	—	一、四八八	六五〇	二、六〇七	七、七二六	二、七五四	六、五一九	二三九、六九九	一六、二〇五	八、四〇〇	八、三五二	一、〇七七	—	九二、五八六	一二六、六二〇
農安	四六〇	五五、七七三	一一五、四二三	四六、八七九	—	—	五〇〇	一、三八五	六、四八六	二、一三五	三、〇九六	二三三、〇三六	一〇、〇〇〇	七、八七三	一八、三六七	四三〇	—	八五、八六八	一二二、五三八
長嶺	一三〇	三四、三八一	四八、七〇八	一四、八九八	—	—	四〇〇	—	一、七〇三	三	一、四〇四	一〇一、六一五	—	四五〇	八、四六四	—	一、三〇〇	六、〇〇〇	一六、二一四
舒蘭	四〇〇	五四、九二〇	一三一、九六一	二九、九五四	九〇〇	—	二四〇	一、七六〇	四、一〇〇	三	三、五〇五	二二六、七四三	七、六三〇	—	七六、六一四	—	一、〇〇〇	八二、五〇〇	一六七、七四四
雙陽	二四四	四九、七〇五	一〇七、八四二	二六、二三三	—	—	二、〇四〇	—	三、二七四	二〇三	二、三四八	一九一、九〇九	九、三五九	—	—	—	二、三八〇	五五、二三五	六六、六九四
敦化	三一六	四四、六三三	八二、一四二	三三、〇三八	—	二、〇〇〇	三〇〇	八二六	一、八六三	三〇〇	二、〇〇三	一五五、四三三	三六、四一五	—	三九、三一三	—	一、三〇〇	三三、八八〇	七六、八〇九
額穆	四〇〇	五八、五一八	九九、七七六	三二、六三五	一、〇〇	九六〇	—	一、六一九	五、五七八	三〇〇	三、〇〇四	二〇〇、七九一	四、七五〇	—	三〇、〇〇一	—	五、九三〇	四〇、〇〇一	八〇、六八二
樺甸	一一〇	五一、三八四	一三九、二三四	二八、九八一	—	四、八五八	一五〇	一、一六八	三、八二二	三〇〇	三、一七五	二三二、一八一	二〇、三三五	—	二六、〇〇一	—	一、三〇〇	四五、〇〇一	九二、六三七
乾安	一八〇	二六、六三七	四二、八二八	六、三五二	—	—	一〇〇	—	二、九六九	四五〇	一、三五四	八〇、八六〇	—	三五〇	—	—	—	二、〇〇六	二、三五六
計	五、一一八	一、〇五一、八一九	一、八五七、二三九	八〇五、二三五	一四、九八二	一六、七六六	一六、一五四	二七、六一四	七三、三二〇	三三、三七二	三八六、七六〇	三、九九六、三五九	三〇九、一四二	一三八、二八一	四五五、三三一	七二、一五〇	二二、〇五三	一、一七七、八二四	二、一七四、八七九

第二節 地方債

康德參年度中主務大臣ニ於テ許可サレタル吉林省市縣旗債ハ縣債タル二荒地復興資金轉貸金起債及市債タル吉林市屠宰場改築費起債及吉林市中央卸賣市場建設資金起債ノ三債合計五拾五萬圓ニシテ之ヲ市縣債別ニ說明ス。

第一項 縣債

二荒地復興資金轉貸金起債ハ二荒地ヲ復興シテ地方產業ヲ開發シ民力ヲ涵養シ併セテ縣財政ノ確立ヲ計ル目的ヲ以テ省下伊通縣以下六縣ノ二荒地面積二萬九千四百八拾晌餘ニ對シ總額四拾萬圓ヲ轉貸スヘク起債セリ。起債要綱及縣別起債額ハ左表ノ如シ。

二荒地復興資金轉貸金起債要綱

一、起債金額　四拾萬圓
二、起債目的　二荒地復興資金轉貸金
三、借款利率　年利七分以內
四、借入先　滿洲中央銀行
五、借入時期　康德參年三月三日
六、償還期限　据置期間ハ借入ノ時ヨリ康德四年度迄
自康德五年至康德六年一月末日二ケ年年賦償還トス但シ財政ノ都合ニ依リ繰上償還ヲナシ償還年限ヲ短縮シ又ハ低利債ニ借替ヲ爲スコトヲ得
內樺甸縣ノ償還期限自康德四年至康德六年一月末日三ケ年年賦償還トス
七、償還財源　資金回收金

第二項　市　債

吉林市屠宰場改築費起債ハ康德元年七月吉林市警察廳ヨリ移管サレタル屠宰場ノ不完全ナル設備ヲ擴張整備スヘク起債又吉林市中央卸賣市場起債ニ生活ノ必需品タル新鮮食料物ヲ豐富ニシ廉價ナル配給ヲ行ヒ市民生活ノ安定ヲ期スル爲中央卸賣市場ヲ建設スヘク起債サレタルモノニシテ要綱左ノ如シ。

吉林市屠宰場改築起債要綱

一、起債金額　拾萬圓
二、起債目的　舊屠宰場改築費
三、借款利率　年利六分
四、借　入　先　新京朝鮮銀行
五、借入時期　康德三年度内
六、償還期限　据置康德三年度一ケ年
　　　　　　　自康德四年十二月二十五日五ケ年々賦償還トス
　　　　　　　至康德八年十二月二十五日五ケ年々賦償還トス
七、償還財源　屠宰場使用料同手數料屠宰捐

吉林市中央卸賣市場建設資金起債要綱

一、起債金額　八萬圓正
二、起債目的　中央批發市場建設費及投資金
三、借款利率　年利六分
四、借　入　先　新京朝鮮銀行
五、借入時期　康德三年度内
六、償還期限　据置康德三年度一ケ年
　　　　　　　自康德四年十二月二十五日五ケ年々賦償還トス
　　　　　　　至康德八年十二月二十五日五ケ年々賦償還トス

七、償還財源　市場使用料

1、尚康徳參年十二月末現在各市縣債ハ別表ノ如シ。

上水道起債金四萬七千圓ハ從來滿洲中央銀行ニテ管理經營セル吉林上水道ヲ吉林市ニ接收スル爲要シタル資金ヲ康徳二年度ヨリ中銀ヨリ借入セルモノニシテ康徳四年度ヨリ五ケ年年賦償還スルモノトス

2、事變前借款中樺甸縣ノ壹萬壹千九百九拾九圓九拾六錢ハ民國十八年四月及大同元年十二月、吉海鐵路投資金及縣印刷費トシテ舊永衡官銀號及同印刷局ヨリ借入セルモノ同懷徳縣ノ三萬五千圓ハ民國二十年行政費ノ不足ヲ補充スル爲東三省官銀號ヨリ借入セルモノ同シク、長嶺縣ノ七萬六千九百貳拾參圓七錢ハ事變前ノ接濟農民春耕貸款資金ニシテ以上三起債共債權ハ中銀ニ引繼カレ康徳四年度ヨリ十ケ年年賦償還スルモノトス

3、私帖回收資金ハ事變前乾安縣ニ於テ濫發セル流通券ヲ回收スル爲中銀ヨリ借入セルモノニシテ之ガ利息ハ國庫負擔スルモ元金ハ康徳四年度ヨリ五ケ年年賦償還スルモノトス

4、農耕資金轉貸金ハ康徳二年度ニ於テ窮乏最モ甚シキ敦化縣以下六縣ノ自作及小作農者ニ春耕資金トシテ轉貸スヘク中央銀行ヨリ借入セルモノニシテ之カ償還ハ康徳二年度ヨリ回收資金ヲ以テ三ケ年年賦償還スルモノトス

吉林省各縣市債金額總括表

康徳三年十二月三十一日現在　民政廳財務科

項目／縣別	上水道起債金額	中央卸賣市場起債額	屠宰場起債額	事變前借款額	農耕轉貸資金起債額	康徳三年二荒地起債額	私帖回收資金起債額	合計
吉林市	四七〇、〇〇〇、〇〇	八〇、〇〇〇、〇〇	一〇〇、〇〇〇、〇〇	—	—	—	—	六五〇、〇〇〇、〇〇
永吉	—	—	—	—	—	—	—	—
額穆	—	—	—	—	—	四〇、〇〇〇、〇〇	—	四〇、〇〇〇、〇〇
敦化	—	—	—	—	四〇、〇〇〇、〇〇	三二、五〇〇、〇〇	—	七二、五〇〇、〇〇
樺甸	—	—	—	一一、九九九、九六	四〇、〇〇〇、〇〇	四五、〇〇〇、〇〇	—	九六、九九九、九六
磐石	—	—	—	—	三五、〇〇〇、〇〇	一一五、〇〇〇、〇〇	—	一五〇、〇〇〇、〇〇
伊通	—	—	—	—	五〇、〇〇〇、〇〇	七五、〇〇〇、〇〇	—	一二五、〇〇〇、〇〇

雙陽	—	—	—	—	—	—	—	—
九台	—	—	—	—	—	—	—	—
長春	—	—	—	—	—	—	—	—
懷德	—	—	—	五七、〇〇〇、〇〇	—	—	—	五七、〇〇〇、〇〇
長嶺	—	—	—	七六、九三三、〇七	—	—	—	七六、九三三、〇七
乾安	—	—	—	—	—	—	三、三五〇、〇〇	三、三五〇、〇〇
扶餘	—	—	—	—	—	—	—	—
農安	—	—	—	—	—	—	—	—
德惠	—	—	—	—	八〇、〇〇〇、〇〇	—	—	八〇、〇〇〇、〇〇
榆樹	—	—	—	—	—	—	—	—
舒蘭	—	—	—	—	八〇、〇〇〇、〇〇	九三、五〇〇、〇〇	—	一七三、五〇〇、〇〇
郭前旗	—	—	—	—	—	—	—	—
總計	四七〇、〇〇〇、〇〇	八〇、〇〇〇、〇〇	一〇〇、〇〇〇、〇〇	一三三、九三三、〇七	三三五、〇〇〇、〇〇	四〇〇、〇〇〇、〇〇	三、三五〇、〇〇	一、五〇[illegible]、[illegible]七[illegible]、〇七

第三節　現行地方稅概要

滿洲國成立後舊東北政權時代ノ紊亂セル稅制ヲ整理統一シ財政的中央集權ノ確立ヲ期センガ爲メ現行稅捐ハ其ノ徵收機關ノ如何ヲ問ハズ從來中央並ニ省政府ノ歲入ニ屬セシモノハ總テ之ヲ國稅トシ、其ノ他ハ之ヲ地方稅トシ、市縣及ビ設治局ノ收入ニ歸セシ（大同元年九月十九日財政部訓令第七十六號）ムル事トシ以テ國稅地方稅ノ區分歸屬ヲ明ニシ、暫時舊來ノ稅種稅率ヲ踏襲實施シ來タリシモ康德三年八月地方稅法竝地方稅法施行規則ノ公布ヲ見ルニ至リ、茲ニ略地方稅制體係ヲ整フルニ至レリ。

即チ之カ制定ノ根本主旨ハ左ノ各項ニ依ル。

第一　目　的

現行地方税ハ概ネ舊政權時代ノ制度ヲ踏襲シタルモノニシテ國家的統制ヲ缺キ、不統一甚シク複雜多岐ニ亘ルノミナラズ主トシテ課徴ノ便宜重點ヲ置キ、目的課税乃至目撃課税ニ墮シタルヲ以テ負擔ノ普遍公正ヲ失スル著シキモノアルニ鑑ミ之カ整理改善ヲ圖リ一面國民負擔ノ公正ト制度ノ整備統制ヲ期シ、他面地方財政ノ健實ナル進展ニ資スルト共ニ以テ日本人課税問題解決ノ促進ヲ期セントス。

第二　方　針

一、負擔ノ普遍公正ヲ圖ル爲適當ナル新税ノ設定又ハ改廢ヲ行フコト、但シ急激ナル變動ヲ避クルコト。
二、國税制度ノ調整ヲ期スルコト。
三、國税附加税及獨立税制ノ併用制トスルコト。
四、歲入ノ確保ヲ期スルト共ニ國民ノ權利ノ伸長ヲ圖ルコト。
五、一般的法規ヲ制定ノ國家的統制ヲ期スルコト。

第三　要　領

一、地方税法竝同施行規則ヲ制定シ地方税ニ關スル一般的法制ト爲スコト。
二、地方税ノ體系ハ國税附加税及特別税ノ併用制トシ。
國税附加税ハ營業税附加捐及其ノ他法律ニ定ムルモノ（現在ハ木税附加捐鑛業税附加捐）特別税ハ地捐、房捐、戶別捐、雜捐ノ四種目ニ限ルコト

1、營業税附加捐
營業ニ對スル課税ハ附加税ニ限ルコトトシ、其ノ制限率ハ之ヲ百分ノ五十以內トシ、特別ノ必要アル場合ニ於テハ民政部大臣竝財政部大臣ノ許可ヲ受ケ、制限外課税ヲ爲スヲ得シムルコト。

2、地　捐
國税地税整理ノ完成ニ至ル迄之ヲ特別税トシ、之カ賦課徴收ニ付テモ從前ノ例ニ依ルヲ原則トシタルコト。

3、房　捐

土地負擔トノ公正竝市街地ト農村負擔トノ均衡保持ノ爲房捐ヲ設定シ、賃貸價格ヲ標準トシ賦課スルヲ原則トシタルコト。

4、戸別捐

負擔ノ普遍公正ヲ期スル爲戸別捐ヲ設定シ、資力ヲ課税標準トシ、賦課スルヲ原則トシタルコト。

5、雜　捐

最モ複雜多岐ニ亙ル雜捐ノ課税種目及賦課方法ノ統制竝改廢ヲ行ヒ、不動産取得及觀覽ニ對スル雜捐ヲ設定スルコトトシ車、船、漁業、屠宰等ノ六種目ヲ法定雜捐トシ、法定外必要ナルモノノ設定ハ許可ヲ受ケシムルコト。

三、賦課徵收方法ノ改善

賦課ノ適正ト納税成績ノ向上ニ資スル爲賦課ニ關スル命令ノ交付ヲ原則トシタル外督促手數料及延滯金ノ徵收、徵收義務者ノ法定、納税管理人ノ設定、書類ノ公示送達臨檢竝財政罰等ニ關スル事項ニ付規定シタルコト。

四、歲入ノ確保

納税義務ノ承繼竝納税者經濟上ノ信義ヲ失墜スルニ至リタル場合ニ於ケル地方税ノ繰上ケ徵收滯納者ニ對スル强制執行竝先取得權等ニ關スル事項ニ付規定シタルコト。

五、行政救濟

地方税ノ賦課徵收ニ關スル處分竝滯納處分ニ關シ審査ノ請求又ハ訴願ノ提起ヲ認ムルコトトシ、納税義務者又ハ徵收義務者ニ對スル處分ノ公正ヲ期シタルコト。

六、地方税ノ監督

地方税ノ監督ハ民政部大臣竝財政部大臣ニ於テ行フヲ原則トシタルコト。

七、賦課ニ關スル細則ノ制定

賦課ニ關スル細則ハ縣市ヲシテ定メシムルコトトシ當分ノ間許可ヲ受ケシムルコト。

八、整理實施

營業税附加捐及地捐ニ關スル事項ハ康德二年度分ヨリ房捐戸別捐及雜捐ニ關スル事項ハ康德三年度分ヨリ之ヲ適用ス

以上ニ依リ本省ニ於テハ更ニ各市縣ノ地方的實狀ヲ勘考シ、市縣税條例ヲ制定シ康德三年度分ヨリ之ヲ實施シタリ。

卽チ税種目及税率ハ左ノ如シ。

稅種目體系

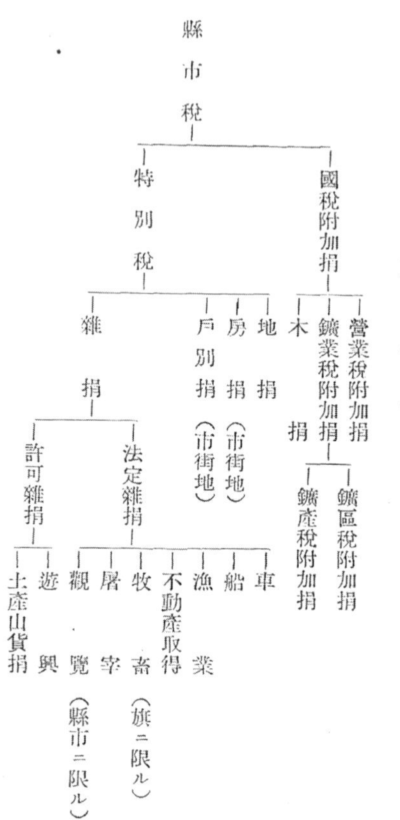

吉林省地方稅率一覽表

康德三年十二月調

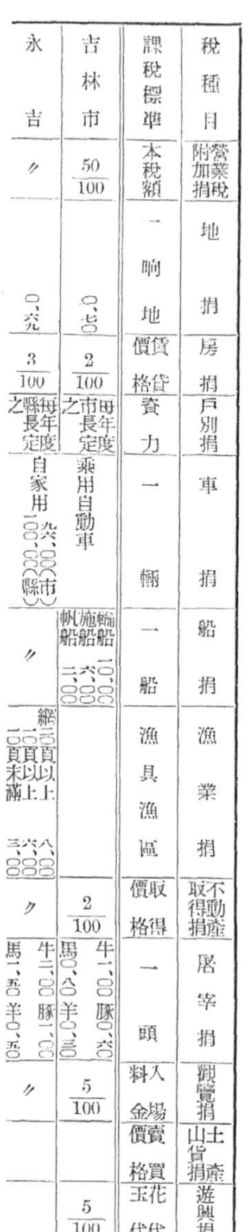

稅種目	課稅標準	吉林市	永吉
營業稅附加捐	本稅額	50/100	〃
地捐	一晌地	〇、七〇	〇、六九
房捐	賃貸價格	2/100	3/100
戸別捐	資力	毎年度市長之定	毎年度縣長之定
車捐	一輛	乘用自動車	自家用 一六、〇〇（市）一〇〇、〇〇（縣）
船捐	一船	輪船 一〇、〇〇 施船 六、〇〇 帆船 三、〇〇	〃
漁業捐	漁具漁區		網 三〇頁以上 八、〇〇 一〇頁以上 六、〇〇 一〇頁未滿 三、〇〇
不動產取得捐	取得價格	2/100	ク
屠宰捐	一頭	牛一、〇〇 豚〇、六〇 馬〇、八〇 羊〇、三〇	牛三、〇〇 豚一、〇〇 馬一、五〇 羊〇、五〇
觀覽捐	入場料金	5/100	〃
土產山貨捐	賣買價格		
遊興捐	花代玉代	5/100	

	1	2	3	4	5	6	7	8	9	10	11
長春	〃	〇、八四	〃	〃			〃	〃	〃		
扶餘	〃	〇、四四	〃	〃	〃	漁網 大三、〇〇 小一、〇〇 漁場 三里一〇、〇〇 一里五、〇〇	〃	〃	〃		
楡樹	〃	〇、五四	〃	〃			〃	〃	$\frac{2}{100}$		
懷德	〃	上一、四六 下一、三四 中一、四〇 減〇、六〇	〃	〃			〃	〃	$\frac{7}{100}$		
九台	〃	〇、八五	〃	〃			〃	〃	$\frac{5}{100}$		
德惠	〃	〇、九七	〃	〃	〃	漁者一人 四、〇〇	〃	〃	〃		$\frac{5}{100}$
磐石	〃	一、二六	〃	〃			〃	〃	$\frac{2}{100}$		$\frac{3}{100}$
伊通	〃	〇、八〇	〃	〃			〃	〃	〃		
農安	〃	〇、八〇	〃	〃	〃	甲等網 六、〇〇 乙等網 四、〇〇	〃	〃	$\frac{5}{100}$		
長嶺	〃	一、〇〇	〃	〃			〃	〃	〃		
舒蘭	〃	〇、八五	〃	〃	〃	漁網面積 三〇〇米ノモノ 三〇、〇〇 六〇〇 一六、〇〇 三〇〇 八、〇〇	〃	〃	〃		$\frac{5}{100}$
雙陽	〃	一、〇〇	〃	〃			〃	〃	$\frac{2}{100}$		
敦化	〃	〇、七七	〃	〃			〃	〃	$\frac{7}{100}$		$\frac{3}{100}$

- 營業用 六〇、〇〇
- トラック 六〇、〇〇
- 靈柩車 六〇、〇〇
- 馬車
- 乘用 自家用 一四、〇〇 營業用 一六、〇〇
- 貨物用 一二、〇〇
- 手挽車 三、〇〇
- 人力車 自家用 六、〇〇 營業用 四、八〇
- 自轉車 二、四〇
- リヤカー付 三、〇〇
- 自動自轉車 一八、〇〇
- サイドカー付 二四、〇〇
- 農業大車
- 一套立 一、〇〇
- 二套立 二、〇〇
- 三、四套立 四、〇〇
- 五套立以上 六、〇〇

額穆	〃	〇、八五	〃	〃		〃	大網 二、〇〇〇 中網 七、〇〇〇 小網 三、〇〇〇	〃	〃	$\frac{2}{100}$		$\frac{3}{100}$
樺甸	〃	〇、七七	〃	〃		〃	曳網會網 五、〇〇〇 撒網 二、〇〇〇 魚捐每架 四、〇〇〇	〃	〃	$\frac{7}{100}$	$\frac{4}{100}$	$\frac{3}{100}$
乾安	〃	〇、四二	〃	〃				〃	〃	〃		
郭前旗												

次デ康德三年六月十日日本帝國ノ治外法權一部撤廢ニ依リ課税權ノ移讓ヲ見七月一日ヨリ在滿日本人ニ對シテモ地方税法其ノ他地方税ノ賦課徵收ニ關スル法令ノ一切ヲ行使スルコトトナリタルガ之ガ適用ノ條件左ノ如シ。

一、全額課税

1、國税附加捐

2、地　捐

3、雜　捐

二、税率輕減課税

1、房捐及戶別捐

康德三年度及四年度　當該地方官憲ノ定ムル税率ノ四分ノ一

康德五年度及六年度　同　　　　四分ノ二

康德七年度　　　　　同　　　　全　額

2、法人ニ對スル房捐

康德三年度　當該地方官憲ノ定ムル税率ノ三分ノ一

康德四年度　同　　　　三分ノ二

康德五年度　同　　　　全　額

第五章　產業、經濟

第一節　農林業

第一項　概說

吉林省ハ總面積一一、二七七、〇〇〇陌、人口四、八九五、〇〇〇人ヲ擁シ一市十七縣一旗ヨリ成ル而シテ今土地利用狀況大觀スルニ

可耕地　四、六一九、〇〇〇陌　既耕地　二、六八七、五四九陌
　　　　　　　　　　　　　　　未耕地　一、九三一、四五一陌

不可耕地　六、六五八、〇〇〇陌（山林、沼澤、河川等）

ニシテ相當廣大ナル未耕地ヲ擁セル上ニ連年ノ匪禍水災ニ依リ既耕地ニシテ廢耕地トナレルモノ多ク康德二年度ニ於テ其面積二二〇、〇〇〇陌ヲ算セリ。

農戶數ハ五四九、八〇八戶ニシテ全省戶數ノ七五％ヲ占メ內自作農約四八％、自小作農約二二％、小作農約三〇％ニシテ一戶當耕作面積平均約四、九陌ヲ示セリ。

農作物ノ大宗ハ大豆、高粱ニシテ粟、包米、小麥之ニ亞ク、近時朝鮮人移民ノ激增ト共ニ水稻ノ栽培漸ク盛トナレリ此ノ外特用作物トシテハ煙草、麻、蘇子等ヲ擧ケ得ベシ。

次ニ全省ヲ通シ地勢、治安、產業、住民ノ素質並縣財政等ノ見地ヨリ觀察スルトキハ東部六縣地方（敦化、額穆、樺甸、磐石、舒蘭、伊通）ト其ノ他ノ西部地方トニ分ツコトヲ得今其ノ特異性ニ就キ概況スルハ左ノ如シ。

（一）地勢上ヨリ見タル特異性

東部六縣地方ハ哈爾巴嶺、張廣才嶺、老爺嶺、牡丹嶺等ノ山脈南北ニ走リ其間ヲ牡丹江、第二松花江貫流シ、敦化地方ノ如キ海拔五百米以上、日照時數、無霜期間短ク、夏期往々ニシテ大濃霧襲來スル等農作上不利多キ氣象上ノ特異性ヲ有スル地帶ヲ包含シ、概シテ山岳、丘陵多ク、西部地方ノ如キ平地帶トハ全ク其ノ趣ヲ異ニセリ。

（二）治安上ヨリ見タル特異性

東部六縣地方ハ前述ノ如ク山岳森林地帶多キヲ以テ治安ハ西部地方ニ比シ著シク不良ナリ。

即チ康德二年春頃迄ハ拉賓線東部地區、額穆縣嶺東地區及敦化、額穆、樺甸三縣境地區並樺甸縣第五區等ハ全ク匪賊ノ勢力範圍內ニ在リ縣行政權ノ及バザリシ地域存シタリ。

而シテ康德二年秋以來日滿軍警ノ治安工作ニ依リ著シク肅淸セラレタリト雖尙西部諸地方ノ治安狀態ニ及バザルナリ。

(三)產業上ヨリ見タル特異性

西部諸地方ハ平野地帶ニシテ農業單一經營ナルモ東部諸地方ハ大森林ニ圍繞セラルル關係上森林、牧野多ク多角的農業ヲ經營スルニ便ナル環境ニ在リ。

(四)住民ノ素質上ヨリ見タル特異性

1、東部地方住民ハ關內ヨリノ直輸移民ニシテ山東出身者多ク且ツ移住年次ハ西部住民ニ比シ新シ。

2、東部地方ハ西部地方ニ比シ小作人多ク移動性多ク、從テ愛鄕心薄ク、隣保共助ノ美風稀薄ナリ。

3、東部地方ハ不在地主多ク、且ツ治安不良ナリシ爲ニ荒地多ク、一戶當耕作面積少ク、從テ農家ノ富ノ程度ハ一般ニ低シ。

4、東部地方ハ西部地方ニ比シ文化程度著シク低シ、卽チ部落安寧ヲ表徵スル廟ノ如キモ西部地方ニ比シ少シ。

(五)縣財政上ヨリ見タル特異性

以上ノ如キ原因ニ依リ東部地方ノ各縣ハ農民ノ課稅負擔力弱ク從テ縣財政ハ自給自足ノ域ニ達セス、何レモ要補助縣ナリシ關係上當省ニ於テハ省ノ標榜スル治安第一主義遂行上重點主義ヲ採リ、專ラ主力ヲ東部各縣ノ治安恢復、農民生活ノ安定工作ニ注ギ來レリ。

然レトモ康德四年度ニ於ケル地方費設定ニ依リ全省ヲ通シ各縣財政上ノ均衡ヲ保有スルコトトナリタルヲ以テ產業開發上ニモ從來ノ如キ跛行的施設ヲ緩和シ得ルコトトナレリ。

今過去一ケ年ニ於ケル主ナル實施事項ニ就キ概說スレハ次ノ如シ。

第二項　產業開發三ケ年計畫

吉林省ニ於テハ省政三ケ年計畫ヲ樹立シ康德三年度ヨリ之ヲ實施スルコトトナリタルヲ以テ當省實業廳ニ於テハ曩ニ樹立シタル吉林省農山村振興方針中左ノ事項ヲ省政三ケ年計畫中ニ織込ミ實施スルコトトナレリ。

1、農民ノ精神作興

省及縣ニ農村振興委員會ヲ設置シ、先ツ農村振興ノ重點ヲ農民ノ精神作興ニ置ク。

2、指定模範村ノ建設並擴大

實業部ニ於テ計畫セル指定模範村ヲ各縣ニ建設シ、共同施設及副業ノ奬勵、病蟲害ノ豫防、驅除、優良種子ノ配付等ヲ行ハシメ先ツ農民ノ生活安定ニ重點ヲ置キ、次テ其ノ生活向上ヲ計リ以テ他ノ隣接部落ヲシテ之ニ倣ハシメ、漸次共ノ經濟生活ヲ向上セシメントス。

3、農會ノ改善

農會ハ新制度確立迄暫行農會會則令ヲ作成シ之ニ依リテ農會ノ改組ヲ行ヒ以テ縣農政機關ノ側面的補助機關トシテ活動セシメントス。

4、勸業機關ノ普及充實

A 省勸業機關

(1) 省立農事試驗場

主トシテ改良大豆及改良粟ノ省原種圃トシテ經營シ、尚主要作物、蔬菜園藝、工藝作物等ニ就キ試作及簡易試驗ヲ實施ス。

(2) 省立農民修練所

各縣ヨリ模範農民ヲ推薦セシメ、省立農事試驗場内ニ收容シ、農場ヲ通シタル實地訓練ヲナシ、土ニ親ム勤勞精神ノ涵養ニ努メ農村ノ中堅分子ヲ養成セントス。

(3) 省立苗圃

綠化運動並農村備林造成用苗木ノ育成ニ當ル。

(4) 省立種畜場

優良種畜ノ增殖ヲ計ル。

B 縣勸業機關

(1) 縣模範農場

在來ノ縣農事ノ試驗場ハ有名無實ノモノ多キヲ以テ之ヲ改組シテ模範農場トナシ場內ニ農業部、苗圃部及畜產部ヲ設ケ直接農事ノ指導機關タラシムルト同時ニ滿洲國農產開發五ケ年計畫遂行上必要ナル優良種苗、種畜ノ生產ニ當ル。

(2) 縣農民修練所

省立農民修練所ト同樣ノ趣旨ヲ以テ農民修練ヲ行フ。

(3) 縣農會

在來ノ農會ハ農事試驗場同樣有名無實ノモノ多キヲ以テ之ヲ改組シ、政府ノ勸業施設ニ對スル側面的補助機關トシテ活動セシム。

第三項　優良種苗種畜ノ普及配付並種子消毒

1、優良種子ノ普及

康德三年度ニ於テハ實業部訓令ニ基キ改良大豆、改良粟ノ普及配付ヲ左ノ如ク實施セリ。

(イ) 改良大豆

第一次採種圃耕作成績

縣名	耕作面積	種子播種量	生產種子量	耕作手當金額	
				單價(陌當)	金額
永吉	二〇、六四陌	二、三六八瓩	三六、六二五瓩	一六、〇〇	三三〇、二四
扶餘	二三、六九	一、四六四	一五、七六六	一四、〇〇	二五六、二〇
伊通	一九、一六	一、三七三	一五、六七二	一五、〇〇	二七六、〇〇
樺樹	五六、八〇	三、五六〇	一〇二、四一四	一六、〇〇	七一二、〇〇
九台	五〇、一〇	三、一一二	二五、六六五	一四、〇〇	五四四、六〇
舒蘭	二三、二〇	一、七七六	五、八〇四	一三、〇〇	二八八、六〇
懷德	五、〇〇	三四四	六、二〇〇	一五、五〇	六六、六五
長春	五、〇〇	四〇八	三、九九八	一五、〇〇	七六、五〇
農安	三三、七七	二、九二〇	二九、〇一一	一五、〇〇	五四七、〇〇

第二次委託採種圃耕作成績

縣名	耕作面積	種子播種量	生産種子量	交換可能量
永吉	三二五、九〇陌	三七、五六八瓩		四三六、六〇〇瓩
扶餘	三〇七、〇〇	三三、二八〇	二三八、七一五	一八二、九七二
伊通	三三三、五〇	二二、一六〇	三〇四、二四四	二二五、五二八
樺樹	八四四、五〇	五六、五六〇	一、三一六、四二八	八二二、六二八
九台	八一五、〇〇	四九、五六八	二七〇、二一七	一七〇、三〇〇
舒蘭	三五三、〇〇	二八、二四〇	一四三、九八一	一一五、一二五
懷德	六五、三〇	五、一二五	二六、一一六	二三、五〇四
長春	九一、三〇	六、四六四	一〇五、一〇六	八四、〇八五
農安	五二五、〇〇	四六、四〇〇	二、二三三	一、六八三
長嶺	七〇、五〇	五、六四〇	三八、六三八	三〇、九一一
德惠	二五七、四〇	一五、九四四	九四、九四七	一五、九四二
雙陽	三〇六、八〇	二三、五六〇	二四七、四三六	二八七、二七一
合計	四、二九五、二〇	三一九、五三六	二、七七七、五〇一	三、三七六、五九九

長嶺	四、五〇	三六〇	三、六四六	一五、〇〇	六七、五〇
德惠	一六、二二五	一、〇〇〇	一〇、一〇五	一四、〇〇	一七五、〇〇
雙陽	一九、二〇	一、五〇四	二七、九三五	一六、〇〇	三〇〇、八〇
合計	二七五、六一	二〇、一八八	二八二、八四一		三、六四一、五九

（ロ）改良粟

委託採種圃耕作成績

縣名	耕作面積	播種種子量	生産種子交換量	耕作手當 單價（百瓩）	耕作手當 金額
永吉	三七七、六〇陌	四、〇六八瓩	一二五、八〇〇瓩	〇、三〇	三七七、四〇
扶餘	一一三、〇九	八〇〇	一一、七七六	〃	二五、三三
伊通	二五五、〇〇	三、〇三二	七七、九六一	〃	二三三、八八
磐石	四四〇、〇〇	四、七〇四	三、五八〇	〃	一〇、七四
九台	一五六、七〇	二、〇六八	六九、五〇〇	〃	二〇八、五〇
長春	三七〇、〇〇	四、一一三	九五、八七八	〃	二八七、六三
雙陽	八六、二八	一、〇二四	四五、九九四	〃	一三七、九八
德惠	三四一、八〇	一、四九三	二五、三五一	〃	七六、〇五
農安	一四七、〇〇	三、〇〇四	一二一、六一四	〃	二六四、八四
懐德	二二六、〇〇	一、〇一二	六、二一〇	〃	一八、六三
楡樹		三、〇四四			
合計	三、四一七、〇〇	二七、六三〇	五八三、六六四		一、七五〇、九八

2、苗木配付（帝政紀念綠化運動）

康德三年度ノ綠化運動ハ從來ノ形式的行事ヲ改メ、一般大衆運動トシテ擧行スルコトトシ、省城ニ於テハ四月十九日日滿官民學生等約一萬五千人參加砲台山ニ**からまつ**三萬五千本ヲ植栽セル外各縣ニ對シテハ宣傳ポスター、パンフレット苗木三十五萬本ヲ配付シ更ニ各縣保甲ヲ督勵シテ一人一本主義ヲ以テ植樹ヲ奬勵セリ。

3、種畜ノ貸付

康徳三年度ニ於テハ畜産奬勵ノ爲次ノ如キ施設ヲナシタリ。

(1) 養豚改良施設及實績

養豚ハ農家經濟上俾益スル所大ナルヲ以テ特ニ養豚奬勵指導ニ努メ之ガ改良增殖ヲ計ランガ爲九台、額穆、永吉、農安、乾安、雙陽、磐石等各縣ニ對シ國有種豚ヲ左表ノ如ク無償貸付セリ。

(イ) 縣別貸付種豚現在頭數及繁殖頭數

縣別	種豚現在頭數			繁殖頭數			摘要
	牡	牝	計	牡	牝	計	
九台	一〇	二	一二	四九六	三五九	八五五	繁殖頭數ハ在來種ニ交配シタル生産雜種
額穆	五	—	五	三七七	三九五	七七二	
永吉	六	二	八	七〇五	九四五	一、六五〇	
農安	五	—	五	一、九五二	一、二〇五	三、一五七	
乾安	三	—	三	三一	三七	六八	
雙陽	二	—	二	—	—	—	實業部ヨリ直接貸付
磐石	五	—	五	七四	六四	一三八	
計	三六	四	四〇	三、六三五	三、〇〇五	六、六四〇	

(ロ) 國庫補助購入種豚ノ增殖奬勵

次表ノ各縣ニ對シ國庫補助購入種豚ノ繁養ヲ奬勵シ、養豚改良繁殖ニ傾注セシメタリ、改良用種豚ノ增殖狀況ハ次表ノ如シ。

縣別	牡	牝	計	摘要
懐徳	一五		一五	種類（バークシヤ）種
九台	五	五	一〇	〃
額穆	五	五	一〇	〃
樺樹	七	三	一〇	〃
伊通	五	五	一〇	〃
長春	三	四	七	〃
扶餘	三	四	七	〃
計	四三	二六	六九	

(2) 牧草增產奬勵

家畜ノ優良飼料增產ヲ圖ル爲左ノ各縣ニ「ルーサン」種子ヲ無償配付シ、牧草ノ增產ニ努メタリ、其ノ成績次表ノ如シ。

縣旗名	ルーサン種子配付量	播種面積	收穫量	摘要
九台	三〇瓩	一、五陌	九二〇瓩	
樺樹	一五	一	九、二五〇	
永吉	一五	一	五〇〇	
懐徳	二五	二		水害ノ爲收穫ナシ
磐石	五〇	〇、七		配付全量ヲ播種セズ一七、五瓩ヲ播種セルニ發芽良ナルモ播種期遲キ爲草丈小ニシテ收穫セズ
郭爾羅斯前旗	二〇	〇、五		越冬試驗ノ爲收穫セズ

(3) 産馬改良指導奬勵

農産經營並ニ國防資源ノ涵養充實ヲ圖ル爲國有改良種馬ヲ九台、農安、長春、雙陽等ノ各縣ニ無償貸付シ、馬産改良指導奬勵ヲ行ヒタリ。

九台縣	一頭	農安縣	二頭
長春縣	一頭	雙陽縣	一頭
郭爾羅斯前旗	一頭		
計	六頭		

(4) 二荒地復興ニ伴フ家畜ノ移入

二荒地復興ニ伴ヒ必要家畜ヲ次表ノ通移入シ、農村ノ更生振興ニ努メタリ。

縣名	牛	馬	摘要
伊通	一二〇	三三五	
磐石	二八八	四二六	
樺甸	一七八	一二〇	
舒蘭	二三一	二一八	
額穆	一二二	―	
計	九三九	一、〇九九	

4、種子消毒

種子消毒ハ康德二年度ニ於テモ高粱、粟ニ就キ實施セルモ農民ノ理解充分ナラス豫期ノ成果ヲ收メ得サリシニ鑑ミ康德三年度ハ充分準備ヲ整フヘク豫メ各縣ノ擔任者ヲ省ニ召集シ、本部派遣ノ講師ヨリ病蟲害豫防驅除ニ關スル講習ヲ受ケシメ、且ツ充分宣傳ノ上永吉縣外十四縣ニ對シ左ノ如ク實施セリ。

吉林省種子消毒實施表

縣名	消毒種子量 高粱	消毒種子量 粟	播種面積 高粱	播種面積 粟	備考
永吉	一〇八、七一五瓩	一一二、〇四〇瓩	八、〇〇三陌	一〇、六三六陌	
額穆	三、七〇九	一二、一二六	一九七	一、一八二	
敦化		一〇、一〇四		六九〇	
磐石	六、五二三	三、二六五	二八三	三五八	
伊通	七、〇三五	七、四一八	二七三	五九〇	
雙陽	一、四〇七	七、六九六	六、四九〇	八、八〇八	
九台	一〇、七四四	一五、一五八	七一五	一、八四一	
長春	二六、〇九二	一四、六九二	一、二七三	二、三四九	
懷德	六〇、四九七	二四、四八六	三、七六三	三、三四〇	
扶餘	五、二四四	六、五三〇 黍二、五三八	六三六	一、二〇二 黍四二四	
農安	一〇、九九九	一〇、二六一 黍一、七七七	九四六	一、〇二四 黍一三三	
德惠	二四、九四一	一二、五九三	一、三五六	一、二五一	
楡樹	五三、五九〇	四八、二五六	一、一五九	一、四五七	
舒蘭	一三、八一三	八、二七九	四五九	六〇三	
合計	三三三、三〇九	二九七、一一九	二五、五五三	三五、八七八	

吉林省康德三年度種子消毒實況及所要費用明細表

縣別	消毒場所	實施日期		消毒種子石數(新石) 高粱	粟	其他	計	播 高粱
永吉	第一、二、三、五區各甲ノ一部	四、一〇—四、二五日	一六日	一六六六、四九	一六六二、四二		三三二八、九一	一〇八五九、〇〇
懷德	第六區各甲	四、二〇—五、一日	一二日	八〇〇、七五	五九〇、八五		一三九一、六〇	五一〇五、八〇
長春	第一區各甲	四、一—四、二七日	二七日	三九〇、五五	二四〇、二一		六三〇、七六	三八五五、〇〇
楡樹	第一區五甲全部	四、一〇—四、二四日	一五日	二三六、五四	二三三、〇六		四六九、六〇	一五七三、〇〇
九台	第二區六甲全部	四、一六—五、二日	一七日	一五八、四三	二四四、七八		四〇三、二一	九七〇、二〇
德惠	第一、二、三、四ノ一部、五、六區		二七日	一八四、〇〇	一五九、六三		三四三、六三	一八四〇、〇〇
雙陽	第一區各甲、二區齊家屯、六區模範村	四、六—五、一日	二六日	二三三、一七	一二六、三七		三五九、五四	八八〇、二〇
舒蘭	白旗屯、小城、水曲、舒蘭	四、一八—四、二三日	五日	二〇七、四六	一三六、二〇		三四三、六六	一〇〇〇、〇〇
農安	第一區各甲ノ一部	四、一六—五、二七日	四二日	一四四、三五	一七七、六二	五二、一一	三七四、〇八	一五四〇、〇〇
額穆	烏林、下杉松、新站之一部	四、一三—五、二日	二〇日	四八、九四	一七六、八四		二二五、七八	一三六七、八〇
伊通	伊丹鄉、靠山鎮、樂山鎮	四、二四—五、一〇日	一七日	一〇〇、六七	一〇八、九〇		二〇九、五七	三七〇、〇八
扶餘	第六區各甲之一部	四、一〇—四、二六日	一七日	六五、五九	八七、八二	三二、五〇	一八五、九一	八六三、〇〇
敦化	城內保及南黃泥河子	四、一八—四、二三日	五日		一五三、一一		一五三、一一	
磐石	第一、二、三、四、五區之一部	四、二〇—五、一日	一二日	九八、〇七	五三、二五		一五一、三二	三六三、八五
計				四三三五、〇一	四一五一、〇六	八四、六一	八五七〇、六八	三〇五八七、九三

種苗桃（續）	粟	一四四三一、〇〇	四五三一、六〇	二〇七三、八〇	一九七六、九〇	二四九八、五一	一六九八、〇〇	一一九五、一〇	四四一、〇〇	一六六八、〇〇	一、三三六、三〇	八〇一、〇五	一八三一、〇〇	九三六、〇〇	四八六、三三	三五六九三、二九
	其他									二〇〇、〇〇			五七五、〇〇			七七五、〇〇
	計	二五、二九〇、〇〇	九、六六七、四〇	五、八九七、八〇	三、五四九、九〇	三、四六八、五一	三、五三六、〇〇	二、〇七五、三〇	一、四四一、〇〇	三、四〇八、〇〇	一、六〇四、〇〇	一、一七一、一三	三、〇六九、九〇	九三六、〇〇	八七〇、一八	六五、九四六、二三
縣ヨリ申請金總額	旅費	一〇三、八五	三〇、〇〇	一六四、二六	一五〇、〇〇	六三、八〇	七四、〇〇	五二、〇〇	一三七、八〇	四〇、〇〇	三五、八五	八、〇八	三九、〇〇		三八、五〇	九三七、一六
	人夫費	六九、〇〇	二六、八〇	二九、六〇	三〇、〇〇	五三、八〇	三七、〇〇	三六、〇〇	三〇、八〇	七、五〇	二三、三〇	一〇、五〇	三三、三〇	三〇、〇〇	六、三〇	三八三、七〇
	道具費	二六、〇〇	一八、〇五	二四、六〇	一二、六〇	三六、四四	二四、九〇	四、八〇	一四、四五	三三、五六	七三、九〇			一九、〇五	一八、二〇	三〇六、五五
	雜費	一七三、三〇	一八、〇〇	三三、四〇	三六、〇〇	三八、〇〇	四〇、〇〇	五一、六〇		〇、八〇	三〇、三〇	三、〇〇	六、六〇	三九、八二		四三六、八二
	宣傳費	二六、〇〇	五、〇〇				三〇、〇〇	一五、六〇		六五、〇〇	四四、〇〇				二九、三〇	二〇四、九〇
	計	四〇〇、一五	九九、八五	二四一、八八	二二七、六〇	一九一、〇四	二〇五、九〇	一六〇、〇〇	一七三、〇五	一三六、八六	一九五、二五	二一、五八	四八、八〇	八四、八七	九二、三〇	二二六九、一三
査定額		二〇〇、〇〇	一〇〇、〇〇	一五〇、〇〇	一五〇、〇〇	一三〇、〇〇	一五〇、〇〇	一六〇、〇〇	一七三、〇〇	一三六、八六	一九五、〇〇	五〇、〇〇	五〇、〇〇	一〇〇、〇〇	一〇〇、〇〇	一、八四五、八六

第四項　指定模範村ノ設置

康徳二年度ニ於テハ九台、磐石、雙陽、楡樹、伊通ノ五縣ニ各一ケ所宛設置シ、實業部ヨリ補助費ヲ得之カ指導改善ヲ計レリ三年度ニ於テハ新ニ敦化、扶餘、長春ノ三縣ニ各一ケ所ヲ増設シ二年度ヨリ繼續ノ分ニ對シテハ各一千圓、三年度新設ノ分ニ對シテハ六百圓ノ助成金交付ヲ受ケタルヲ以テ主トシテ販賣組合補助費、指導員養成費、共同採種圃費、共同農具購入費、共同作業場費、共同副業奬勵費等ノ共同施設費ニ充當セリ。

第五項　二荒地復興

吉林省ニ於ケル農耕地ハ建國後ノ打續ク天災匪禍ニ依リ康徳二年度二二萬陌ノ二荒地ヲ生ジ、收穫量ニ於テ三〇萬瓲價格一〇〇萬圓ノ減收ヲ來シ爲ニ國税地方税其他國家收入上多大ノ影響ヲ來セリ。

然ルニ今ヤ日滿軍警ノ絶大ナル努力ニ依リ地方治安モ概ネ囘復ノ曙光見エ來リタルニヨリ此ノ機會ニ於テ地方産業ヲ開發シ民力ヲ涵養シ併セテ縣財政ノ確立ニ資スル爲管内二荒地復興ヲ實施スル事トナリ、復興辦法並復興資金辦法ヲ作成二荒地復興計劃ヲ樹立シ中央政府ト再參折衝ノ結果康徳二年末迄ニ復興辦法並ニ全般的計劃承認セラレ康徳三年度復興資金四〇萬圓ヲ中央銀行ヨリ融資スルコトヽナリタルヲ以テ、初年度ニ於テハ東部地方額穆、敦化、樺甸、伊通、磐石、舒蘭等六縣ノ二荒地二三、〇〇〇陌ノ復興ヲ圖ルコトニ決定實施計劃ヲ作成直チニ實施ニ着手セリ。

即チ本年度ハ前掲指定各縣ノ復興面積並復興資金融資額ノ割當決定ヲ了シ、直チニ各縣ヲシテ起債手續ヲ採ラシメ縣ニ於テ購買不利ナル二荒地用役畜及種子ハ省ニ於テ一括購買シ上配布スルコトトセリ。

役畜ノ中牛ハ實業部畜産科ニ馬ハ軍政部馬政局第二科ニ購買方ヲ依囑シ、省ヨリモ之ニ參加シ二月下旬ヨリ四月末迄ニ大凡豫定ノ如ク牛一、〇〇〇頭、馬一、五〇〇頭ヲ調達配布セリ。又大豆一、〇〇〇石、高粱二、〇〇石、包米五〇〇石、大麥一、〇〇〇石、小麥三〇〇石、馬鈴薯三萬斤、蕎麥七六〇石、小豆一八〇石等ノ農産物種子ハ省ニ於テ一括大興公司ニ依託購買ノ上之ヲ配付セリ。

之等役畜及種子ノ輸送費ハ相當多額ヲ要スルヲ以テ省ニ於テ滿鐵鐵道部及鐵路總局ニ運賃減免方交渉ノ結果本事業ノ趣旨ヲ諒トシ側面的援助ノ意味ヲ以テ特ニ運賃半減ノ便宜ヲ與ヘラレタル爲約一〇、〇〇〇圓ノ運賃節減ヲナスコトヲ得、本計畫進捗上多大ノ効果ヲ收メタリ、復興資金融資ニ際シテハ概ネ牌ヲ單位ニ復興資金借款會ヲ組織セシメ連帶保證ニテ役畜種子及農具等ノ現物ヲ以テ貸付ヲ行ヒタリ。

更ニ借款會ハ甲ヲ單位ニ二荒地復興實行組合ヲ組織セシメ、營農其ノ他ノ指導ヲナシ本事業ノ遂行ヲ輔導スルト共ニ將來協同組合ノ素地ヲラシムルコトシ、收穫期ニ於テ共ノ第一着手トシテ該實行組合ニ生産大豆ノ共同販賣ヲ爲サシムル爲共同出荷ヲナサシメタリ。

本事業ハ一般地主ノ歸農自力復興ヲモ促シ計劃地域六縣ノ作付面積ヲ對比スルニ康徳二年度ニ比シ本年度ハ約四萬陌ノ增加ヲ示スニ至リ本事業ハ豫期以上ノ成果ヲ收メツヽアリ。

第六項　柞蠶奬勵

農山村副業ノ一トシテ柞蠶飼育ヲ採リ入レ以テ農業經營ノ多角化ヲ圖ルト共ニ放置セラレアル資源ノ開發ニ資センカタメ康徳三年度計畫ヲ立テ實業部ヨリ種繭購入補助費二〇〇圓、縣費負擔移民費一縣一、五〇〇圓ヲ以テ磐石、伊通兩縣ニ南方柞蠶飼育地方ノ熟練農家十戸ヲ移住セシメ之ヲ一縣當五戸宛柞蠶飼育ニ便ナル集團部落内ニ住居セシメ初年度種繭及蠶場ヲ無償貸與シ飼育セシメタルニ左ノ如ク實績ヲ示セリ。

初年度ハ入植地ノ環境ニ馴レザリシ爲メ降雹其ノ他ノ障害ノタメ十分ナル成果ヲ擧ケ得ザリシモ兩縣共飼育可能ナルヲ以テ更ニ一層ノ努力ヲ以テ飼育ニ熟練セバ經營上有利ナリト思料セラル、尙附近農家ニ於テモ飼育ヲ希望スル者簇出スルニ至レリ

磐石縣柞蠶移民概況表

氏名	原籍	現住所	年齢	家族數	耕作面積	備考
劉德元	蓋平	大楡樹村	五四歳	九口	四晌	
吳金芝	〃	〃	五六	六	〃	
王占魁	〃	仙人洞屯	四九	九	〃	
姜永國	〃	〃	五三	七	〃	
吳立本	〃	〃	四八	五	〃	
計				三六	二〇	

磐石縣柞蠶移民康德三年度春秋飼育收穫表

氏名	飼育場所 春季	飼育場所 秋季	春蠶 飼育量	春蠶 收穫量	秋蠶 飼育量	秋蠶 收穫量	備考
劉德元	仙人洞山	仝上		六、五〇〇粒			
吳金芝	〃	〃		八、五〇〇			
王占魁	〃	〃		二五〇			
姜永國	〃	〃		二、三〇〇			
吳立本	〃	〃		二五〇			
計				一七、八〇〇			

伊通縣柞蠶移民概況表

氏名	原籍	現住所	年齢	家族數	耕作面積	備考
張忠源	蓋平	靠山鎭	四四	六	一晌	
運廣有	〃	〃	三七	五	〃	
魏喜榮	〃	大平橋	三一	四	三	
張玉環	〃	〃	三〇	七	〃	
賈立夫	〃	〃	三〇	二	〃	
計				二四	一二	

伊通縣柞蠶移民康德三年度春秋飼育收穫表

氏名	飼育場所		春蠶		秋蠶		備考
	春季	秋季	飼育量	收穫量	飼育量	收穫量	
張忠源	靠山鎭	靠山鎭	卵子	四、五七〇粒	三、五〇〇粒	五〇〇粒	一把半剪子位ノ種卵
運廣有	〃	〃	〃	〃	〃	〃	〃
魏喜榮							樹勢不良ノ爲春季秋季トモ養蠶セズ
張玉環						—	〃
賈立夫							〃
計				九、五〇〇	七、〇〇〇	一、〇〇〇	

第七項　農事講習會ノ開催

各縣滿系實業股職員、農會員等ニ對シ農事講習會ヲ左ノ如ク開催セリ

1、省農事講習會

會　期　自七月十五日至二十二日　七日間

會　場　省立農事試驗場

講習科目　農政、農產、林政、畜政、作物病理、農用藥劑家、畜防疫、作物蟲害、苗圃、家畜防疫實習等

講習人員　各縣實業股長、技士、科員、農會主事、其他

一旗十六縣三十一名

講　師　實業廳農務科及農事試驗場職員十四名

2、各縣農事講習會

（イ）雙陽縣

會　期　自十二月二日至八日　七日間

會　場　東山青年訓練所

講習科目　建國精神、農政一般、農事改良、農家經濟、產業方針、農村金融、農會

講習人員　保甲ノ篤農家五四名

講　師　實業部員一名、實業廳員一名、縣技士等

（ロ）楡樹縣

會　期　自十一月二十九日至十二月三日　五日間

會　場　模範農場

講習科目　家畜防疫、種子消毒、農村副業、農業常識、林業

講習人員　保甲ノ篤農家四五名

講　師　實業廳員一名、縣實業股長、技士等

（ハ）實業部農產物害蟲防除講習會

春期農産物害蟲防除講習ヲ受ケタル縣職員ニ對シ更ニ現地實地指導ヲナセリ

會　期　十一月二十八日二十九日　二日間

會　場　吉林省公署實業廳内

講習科目　主要農産物害蟲ノ一般生態及習性並被害狀況、害蟲防除方法、農用藥材器具ノ使用法

講習人員　永吉縣外十四縣ノ實業股長及技士

講　師　實業部員

第八項　農事補導委員會ノ設置

本省内ニ於ケル日滿農民間ノ諧和ヲ助長シ、且ツ一切ノ紛爭ヲ豫防シ又ハ紛爭ヲ調停スルヲ目的トシテ康德三年五月吉林省農事補導委員會ノ設置ヲ見タリ、更ニ長春、永吉、農安、懷德、德惠、雙陽、額穆、九台ノ省下八縣ニ分會ノ設立ヲ見、目的遂行ニ努メツツアリ。

(一)、主　旨

日滿農民ハ克ク諧和協調ノ意ヲ體シ日滿兩國不可分一體ノ關係ヲ如實ニ具現スルヲ要ス、特ニ民族ノ異ナルヤ人情風俗相同シカラサルノミナラス往々ニシテ利害相通セサルコトアリ、動モスレバ紛爭ヲ生シ其諧和協調ヲ害スルノ恐レナシトセス、惟フニ本邦建國以來移殖民ノ各地ニ定住シ農耕其他各種ノ業務ニ從事スル者年ト共ニ增加シ益々其ノ憂アリト言フヘシ。

此レニ鑑ミ日滿各機關ノ協力ニ依リ吉林省農事輔導委員會ヲ設置シ本省ニ於ケル日滿農民間ノ諧和ヲ助長シ紛爭ノ原因アレハ之ヲ除去シテ紛爭ヲ未然ニ防キ一度紛爭起ラハ之カ圓滿ナル解決ヲ計リ之ヲ輔導シテ愈々日滿不可分一體ノ實ヲ擧ケ其福祉ヲ圖ラムトス。

(二)、輔導委員會ノ目的並機構

一、輔導委員會ハ本省ニ於ケル日滿農民間ノ諧和ヲ助長シ且一切ノ紛爭ヲ豫防シ且其ノ紛爭ヲ調停スルヲ目的トス

二、輔導委員會ハ省ニ置キ縣ニ縣分會ヲ置ク

三、委員會及縣分會ハ各々委員長一名、委員若干名ヲ以テ構成ス

委員長及委員ハ日滿兩國關係機關ノ職員ヲ以テ之ニ充テ所屬機關ノ長官之ヲ命ス
四、委員會ニ幹事若干名ヲ置キ日滿兩國關係機關ノ職員ヲ以テ之ニ充テ所屬機關ノ長官之ヲ命ス
五、委員長ノ選任ハ委員ノ互選ニ依リ之ヲ決定ス
六、委員會ハ綜合的輔導ニ當リ縣分會ハ各所管地方ノ輔導ニ當ル

吉林省農事輔導委員會章程

第一條　本委員會ハ吉林省農事輔導委員會ト稱ス
第二條　本委員會ハ吉林省在住日滿人ノ農事經營ヲ輔導シ之ニ關スル一切ノ紛爭ハ豫防シ且其ノ紛爭ヲ調停スルヲ以テ目的トス
第三條　本委員會事務所ハ吉林省公署民政廳ニ置ク
第四條　本委員會ハ委員長及委員若干名ヲ以テ之ヲ組織シ、委員ハ各所屬長官之ヲ命ス
第五條　委員長ハ委員ノ互選ニ依リ之ヲ決定ス
第六條　委員ハ左記機關職員ヲ以テ之ニ充ツ

特務機關	一名
總領事館	二名
民會	一名
省公署	五名
省治安維持會	一名
協和會	一名

第七條　委員長ハ會務ヲ總理シ會議ヲ召集シ其議長トナル
委員長事故アルトキハ委員長ノ指名スル委員其ノ職務ヲ代理ス
第八條　本委員會ニ顧問若干名ヲ置クコトヲ得
第九條　本委員會ニ幹事若干名ヲ置キ各所屬長官之ヲ命ス

第十條　幹事ハ委員長ノ指揮ヲ承ケ會務ニ從事ス
本委員會ノ下ニ縣分會ヲ置ク
縣分會章程ハ別ニ之ヲ定ム

吉林省農事輔導委員會〇〇縣分會章程準則

第一條　本分會ハ吉林省農事輔導委員會〇〇縣分會ト稱ス
第二條　本分會ハ縣內在住日滿人ノ農事經營ヲ輔導シ之ニ關スル一切ノ紛爭ヲ豫防シ且其ノ紛爭ヲ調停スルヲ以テ目的トス
第三條　本分會事務所ハ縣公署ニ置ク
第四條　本分會ハ委員長及委員若干名ヲ以テ組織シ委員ハ各所屬長官之ヲ命ス
第五條　委員長ハ各委員ノ互選ニ依リ決定ス
第六條　委員ハ左記機關職員ヲ以テ之ニ充ツ

日本領事館	一名
縣公署	三名
治安維持會	一名
協和會	一名
民會	一名
農務會	一名
關係保長	一名

第七條　委員長ハ會務ヲ綜理シ會議ヲ召集シ其ノ議長トナル
委員長事故アルトキハ委員長ノ指名スル委員其ノ職務ヲ代理ス
第八條　本分會ニ幹事若干名ヲ置キ各所屬長官之ヲ命ス
幹事ハ委員長ノ指揮ヲ承ケ會務ニ從事ス

第二節　鑛　業

吉林省ノ東半ニハ鑛物ノ出產少カラス、鑛業法施行サレ以來康德三年十二月迄ニ鑛業權設定ノ申請ヲナシタルモノ永吉縣內十九件、舒蘭縣內二十七件、伊通縣內二十件、九台縣內三件、雙陽縣內九件、磐石縣內十七件、樺甸縣內十一件、額穆縣內七件、農安縣內三件、合計一百十六件、此ノ中已ニ鑛業權ノ設定許可ニナリタルモノ十四件アリテ、尙將來治安ノ確保ト交通ノ便ヲ得ハ本省內ニ於ケル斯業ハ大イニ見ルヘキモノアリト思料セラル。

鑛業權設定一覽表

市縣名	申請件數	設定件數	鑛區總面積	鑛種及件數	摘要
永吉縣	一九	三	八、八六一、九六陌阿	石灰 一四、鐵 二、煤 二、金 一	中三件面積不明
額穆縣	七	一	二、二三一、〇三	煤 四、金 一、	
樺甸縣	一一	三	八、三〇九、二二	金 九、亞鉛(鉾) 一、錫 一、	
磐石縣	一七	三	四、四七四、一六	石灰 九、鉛 一、亞鉛(鉾) 一、煤 一 銅 三、金 一、雲母蛭石 一、	中七件面積不明
伊通縣	二〇	七	九、二一一、五七	石灰 一九、不明 一、	中八件 〃
雙陽縣	九	一	三、二九三、六三	石灰 二、石棉 一、煤 三、耐火粘土 三	中一件 〃
九台縣	三	一	五、八四五、〇八	煤 三、	

縣名	地址	鑛業地籍	鑛區面積	鑛署文號	鑛種	鑛業權者	設定年月日
永吉縣	馮家溝、洪嚴哈塘、八家子	新京區一三號	二三條四、五段	二單位區四九三、七九	五三九	鐵	滿洲鑛業開發株式會社	
	八家子北溝八家子	新京區一三號	二四條四、五段	四九三、七九	五五五	鐵	〃	
	蔣家窯、范家溝石灰窯子蔡家溝	新京區一四號	一二條一一、一二段一三條一二、五段	七四、七八	二三〇	石灰石	大同洋灰公司	
	石灰窯子前石家嶺子	新京區一三號	一七條一二、一三段一八條一二、一三條一九條一二、一三段二〇條一三、四四條二一條一三、一四段	一一單位區一、七二六、六四	二三四	石灰石	〃	
	李碗山、興隆店土門子、二道溝	新京區一四號	八條九段	一單位區二四八	二三三	石灰石	〃	
	二道溝西山	新京區一四號	九條九段	四分之一單位區六二、二	一七五	石灰石	吉林商埠地九經路五八號閔百川	康德一一、一一、一三
	長崗嶺西通氣上溝	新京區一四號	七條九段甲	六二、二	一七六	石灰石	尙儀街五號莽耕三	〃
	七區五道溝	新京區一五號	一六條三段	二四九、四	三	石灰石	商埠地三經路三〇號韓玉書	

農安縣	三	―	四九一、四三	石灰一、金二、	中二件面積不明
舒蘭縣	二七	―	一八、三七一、九二	煤二六、耐火粘土一、	
計	一二六	一七	八〇、〇八九、九九	金一六、銅三、鐵二、鋅一、鎢一、鉛一、煤四〇、石灰石四、耐火粘土四、雲母蛭石一、不明一、	面積不明二件

縣名	地址	鑛業地籍	鑛區面積	鑛署文號	鑛種	鑛業權者	設定年月日
永吉縣	芹菜溝、雙樹溝 葦厦子溝	新京區一五號 一七條一〇、一一 一二、一三段	四單位區 九九八、四六	一三三	石灰石	大同洋灰公司	
	西通氣上溝 犂碗山村	新京區一四號 七條九段	一單位區 二四八、八	一二五	〃	新京六馬路五號 王占元	
	七區 曹家溝 石頭河子	奉天區七號 一二一條一四段 一三二條一四段	二單位區 五〇四、九八	二一七	〃	福田醇介	
	藥子溝	新京區一三號 一一九條五段 一二〇條五段	二單位區 四九二、八六	六二九	煤	滿洲鑛業開發株式會社	
	楊樹河子 東溝	新京區一三號 一一九條六段 一二〇條六段	二單位區 四九二、〇〇	六二〇	〃	〃	
	范家屯前窰	新京區一四號 一三條一三段甲	一單位區 六二、九	八三	石灰石	〃	
	額赫穆口子東山	新京區九號 一四條一八段	四分ノ一單位區	九二九	〃	高永超	
	三區 後石家嶺子 小馬虎頭	新京區一三號 一二二條一四段 一二三條一四段	四九四、一〇	二〇三	〃	大同洋灰股份有限公司	三、九、七
	八區 楊木溝、柳樹溝	新京區一四號 一一九條一七段 一二〇條一七段	四九七、二六	三〇五	金	滿洲採金株式會社	
	七區 范家屯前窰			八三	石灰石	大同洋灰股份有限公司	
	石家嶺			三八四	〃	〃	
計	一九		八、八六一、九六				

縣名	地址	鑛業地籍	鑛區面積	鑛署文號	鑛種	鑛業權者	設定年月日
額穆縣	北大秧	寧古塔區二四號 五條五、六、七段 六條五、六、七段 七條六段	一七五、二六	四八三	金	天展守正	

縣名	地址	鑛業地	地籍	鑛區面積	鑛署文號	鑛種	鑛業權者	設定年月日
額穆縣	小關門嵧子	新京區五號	一二條四段、一三條四段、一四條四、五段、一五條四、五段	六單位區 一四九四、七四	七〇九	煤	滿洲鑛業開發株式會社	
	兩家子、下參營南荒地	新京區五號	一六條三、四、五、六段、一七條三、四、五、六段	八單位區 一、九九三、二一	一三一〇	〃	〃	
	兩家子、盤子溝、干溝子、白廟子、盤糖溝舊街	新京區五號	一八條三、四段、一九條三、四段、二〇條三、四段、二一條三、四段、二二條三、四段	八單位區 一九九三、六三	一三六四	〃	〃	
	西北岔（爾多河）	寧古塔區二四號	七條五段、八條五、六段、九條五、六段、一〇條五段、一一條五段	一、七二四、八二	一三六五	金	滿洲採金株式會社	
	二區蘇子溝、池水溝口子、堡花吉嶺子、蔡糖溝	新京區五號	一九條一、二段、二〇條一、二段	一四九三、六二	一六九六	煤	滿洲鑛業開發株式會社	
	頭道溝附近	寧古塔區二五號	二八條二段、二九條一、二段	七六六、九八	一七八九	金	滿洲採金株式會社	
計	七			三、三三一、〇三				

縣名	地址	鑛業地	地籍	鑛區面積	鑛署文號	鑛種	鑛業權者	設定年月日
樺甸縣	公郎嶺	海龍城區七號	一二條二段、一三條一、二段	七五四、九七	四四〇	金	滿洲採金株式會社	三、一一、一
	拌子梁	海龍城區六號	一六條一六段、一七條一六、一七段	七五三、八八	四三九	〃	〃	
	滾馬河梨樹溝	海龍城區一一號	六條一三段、七條一三段	一單位區 一五〇三、一四	五五九	鋅	滿洲鑛業開發株式會社	三、一〇、二〇

樺甸縣	小木箕、錯草溝	海龍城區六號 四條一二、一三段 五條一三段	七五三、一四	五五八	金	滿洲鑛業開發株式會社 張弧	
	頭道溝 王八脖子	海龍城區二號 一〇條八段 一一條七、八段 一二條七、八段 一三條七段	一五三、三三	三三三	〃	天辰守正	三、一〇、三
	大浪柴河	白頭山區二一號 一三條一六段 一四條一六段	五〇五、二四	三二一	〃	滿洲採金株式會社	
	公郎嶺	海龍城區七號 一一條一段	二五一、六二	二〇九	〃	〃	
	柳樹河子	海龍城區七號 一三條四段 一四條四段	五〇三、六三	一一九	〃	〃	
	五區西北岔	白頭山區一七號 一〇條八、九段 一一條八、九段	一、〇〇八、四八	三九五	銻	〃	
	官街二區柳樹河子北方	海龍城區七號 一四條三段 一五條三段	五〇三、五〇	一九二	金	〃	
	大王池	海龍城區七號 一九條六、七、八段 二〇條八、九段	一、三六〇、三〇	一九二四	金	〃	
計	一二		八、三〇九、二四				三

縣名	地址	鑛業地籍	鑛區面積	鑛文署號	鑛種	鑛業權者	設定年月日
磐石縣	赤楡頂子	海龍城區一一號 一二條一八、一九段 一三條一八、一九段	四單位區 一〇〇五、一六	五五七	〇	滿洲鑛業開發株式會社	
	牛心頂子	海龍城區一一號 二五條八段 二六條八段	二單位區 五〇四、八	三九三	石灰石	芝崎光雄	
	黑瞎溝 羊圈頂子	新京區二〇號 七條二〇段 八條二〇段 九條二〇段	三單位區 七五〇、五七	七四	〃	大同洋灰公司 兒玉國雄	
	西五家子、雙頂山、杏水泉子	海龍城區一六號 四條一段	一單位區 三五〇、三六	九五三	煤	滿洲鑛業開發株式會社	三、六、二〇

磐石縣	圖嶺、子	海龍城區一一號	二五條一六段	三五一、二七	一二五〇	銅	榎本富太郎	
	圖嶺			一〇一、二〇	四七一	〃	滿洲中央銀行	三、四、二五
	石咀			一〇一、二〇	四七五	〃	〃	三、四、二五
	大眼泉	海龍城區一一號	二九條一四段	三五一、一三	一三〇〇	金	滿洲採金株式會社	
	張仙大溝	海龍城區一一號	八條一六段	三五一、二七	一三六〇	雲母 珪石	榎本富太郎	
	崗岔山、西崗岔山、北崗岔山				四三	石灰石	大同洋灰股份有限公司	
	二區 小城子				七七	〃	〃	
	二區 小東龍、大梨樹河				一二九	〃	〃	
	六區 仙人洞、五個頂子				一四三	〃	〃	
	二區 石虎洞				一四三	〃	〃	
	一區 磨磐山、小荀子蕎麥				一四四	〃	〃	
	六區 氷窖				一四五	〃	〃	
	三區 西錯草溝、赤楡頂子	海龍城區一一號	一二條一六、一七段 一三條一六、一七段	四單位區 一〇〇五、三	一九三	鉛	滿洲鑛業開發株式會社	
計	一七			四、四七四、一六				三

縣名	地址	鑛業地籍	鑛區面積	鑛署文號	鑛種	鑛業權者	設定年月日
伊通縣	莽子溝西屯	奉天區七號 一一條七、八段 一二條七、八段 一三條六、七、八段 一四條六、七段	九單位區 二、二六四、三五	一三七	石灰石	滿日合辦滿洲洋灰株式會社	
	大黑山 范家溝 石家嶺	新京區二五號 二四條八、九段 二五條八、九、一〇段 二六條九、一〇段 二七條九、一〇段 二八條九、一〇段 二九條九段	一二單位區 二、九九三、四三	七八	〃	大同洋灰公司	
	伊丹鄉西大嶺娘々廟後山	新京區二五號 九二條一五段	二四九、八五	六二九	〃	郭皆楷	
	六區曾家溝屯	奉天區七號 二三條一三段	三五三、四三	七〇五	〃	橋爪通	三、六、二六
	伊丹鄉西大嶺娘々廟後山	新京區二五號 九條一五段乙	四分ノ一單位區 六三、四六	三三五	〃	岡本薫	
	趙家溝、袁家溝 孫家石灰窰子溝	奉天區七號 一一條五、六段 一二條五、六段	一、〇〇七、六六	六〇四	〃	滿洲小野田公司	三、九、二〇
	後云磐溝 六區李家屯	奉天區一號 二七條一五段丁	六三、八〇	六二五	〃	〃	〃
	七區高臺子		四八、九四		石灰石		
	凍青樹 楊家窰 鍾家老屯	奉天區一號 一七條六段 一八條六段 一九條六段 二〇條六段	四單位區 一、〇〇三、四〇	一〇九四	〃	滿日合辦滿洲洋灰股份有限公司	三、八、三一
	(伊通四區石灰窰子)(雙陽)孫家溝	新京區二〇號 二九條一四段 三〇條一四段	二單位區 四九九、五六	一〇九九	〃	岡本薫 羽柴鍊太郎	三、八、二五

縣名	地址	鑛業地籍	鑛區面積	鑛署文號	鑛種	鑛業權者	設定年月日
伊通縣	七區長嶺子廟溝	奉天區七號 一八條七段 一九條七段	二單位區 五〇四、〇四	五三三	石灰石	梁振綱	二、五、八七
	七區孫家石灰窰溝 趙家溝	奉天區七號 一三條六段乙	六三、九九	一〇七二	〃	小野田洋灰股份公司	三、八、六
	五區張油坊村	奉化區五號 六條一三段	一單位區 二四九、七三	一二四八	〃	野島茂幸	
	二區劉家屯村 孤廟山			六二三	〃	林鶴皐	
	六區何家屯 甲廟嶺屯			六二七	〃	滿洲小野田洋灰股份有限公司	
	六區程家屯			六三三	〃	〃	
	六區四台子村 程家屯			六三三	〃	滿日合辦滿洲洋灰股份公司	
	前石灰窰子 白家子			八三	〃	大同洋灰股份有限公司	
	六區四台子村 楊家窰			一三六	〃	滿日合辦滿洲洋灰股份有限公司	
	六區孟家店 程家屯			一四一	〃	芝元正次郎	
計	二〇		九、三二一、五七				七

縣名	地址	鑛業地籍	鑛區面積	鑛署文號	鑛種	鑛業權者	設定年月日
	化木林子	新京區二〇號 二五條二〇段甲	六三、五四	六一三	石綿	滿洲鑛業公司	

縣名	地址	鑛區地籍	鑛業面積	鑛署文號	鑛種	鑛業權者	設定年月日
雙陽縣	三區五家子、平埠子	新京區二〇號 四條一四段	二四九、七三	六二八	石灰石	松井常三郎	
	五區城草溝、娘々廟	新京區二四號 五條一七段 六條一七段	二單位區 四九七、三六	一〇〇八	煤	滿洲鑛業開發株式會社	
	五區李家窪子、孫家屯、陶家屯・城草溝	新京區二四號 五條一五、一六段 六條一五、一六段	四單位區 九九四、二	一〇〇七	〃	〃	
	五區段家屯、王家屯、李家窪子、逯家嶺、劉家溝	新京區二四號 六條一四段 五條一四段	二單位區 四九六、八四	一一二	〃	〃	
	六區亮子南溝	新京區一九號 一五條六段	一單位區 二四七、八八	一〇五六	耐火粘土	〃	
	六區板橙窩棚	新京區一九號 二〇條六段	一單位區 二四七、八八	一五〇七	〃	〃	
	五區下坡子、聶家屯	新京區一九號 一二條一八段 一三條一八段	二單位區 四九七、四〇	一六九四	耐火粘土	滿洲鑛業開發株式會社	
	六區胡家屯、花信子			一二八	石灰石	大同洋灰股份有限公司	
計	九		三、二九三、六三				
九台縣	柳家溝		三、三七四、九三畝	一二八	煤	岡田榮太郎 李煥章	
	上九台、剌拉屯、河尙窩棚、和尙窩棚	新京區一八號 一〇條一〇、一一段 一一條一〇、一一段	四單位區 九八七、三三	一五〇五	〃	滿洲鑛業開發株式會社	
	二道南溝、城廠溝、城草溝、頭道溝南溝	新京區一八號 六條一五、一六段 七條一五、一六段	六單位區 一、四八三、九三	一九三〇	〃	〃	

縣名	地址	鑛業地籍	鑛業面積	鑛署文號	鑛種	鑛業權者	設定年月日
計	三		五、八四五、〇八				

縣名	地址	鑛業地籍	鑛業面積	鑛署文號	鑛種	鑛業權者	設定年月日
農安縣	西泉溝子 坡羅溝子	奉化區二號 二〇〇條一四段 二〇〇條一五段	四九一、四三	四三三	煤	滿洲鑛業開發株式會社	
	伊通河畔			三九九	砂金	小林多吉	
	前兩家子 丁家窩舖 南五里界 潭家窩堡 馬家子 魏家屯農安			四四一	金	滿洲採金株式會社	
計	三		四九一、四三				

縣名	地址	鑛業地籍	鑛業面積	鑛署文號	鑛種	鑛業權者	設定年月日
舒蘭縣	楊木崗	新京區二號 二七條一三、一三段 二八條一三、一三段	一、九九三、三〇	四三三	煤	滿洲鑛業開發株式會社	
	上營	新京區三號 一八條一三段 一七條一三段	四九三、九六	四三四	〃	〃	
	〃	新京區三號 一六條一二段	三四六、九二	四三七	〃	〃	
	四家房	新京區七號 四條一五段 五條一五段	四九一、五〇	四三八	〃	〃	
	四家房 三道河子	新京區七號 四條一六段一七段 一八段	三單位區 一三七、六五	四三六	〃	〃	
	朱家窩棚	新京區一七號 一四條一九、二〇段 一三條一九段	七三八、一三	五五六	〃	〃	

舒蘭縣

三區 四道河子	新京區二號	一六條九段、一七條九段	四九〇、六六	六二八	煤	滿洲鑛業開發株式會社
蛤螞塘、小石丁子	新京區八號	一三條六、七段、一四條六、七段	九六、一四	六三三	耐火粘土	〃
高台子、七方半、楡樹門	新京區二號	一五條五段、一六條四段	七三五、一二	六三三	煤	〃
姜家歲子、韓家窩棚	新京區七號	四條一三、一四段、五條一三、一四段	九八三、五八	六三二	〃	〃
黃家窩棚	新京區八號	一二條八段、一三條八段	四九三、二八	六二七	〃	〃
大頂子	新京區七號	二條一五、一六、一七段、三條一五、一六、一七段	六單位區 一、四七四、九〇	六七三	〃	〃
二道河子	新京區二號	二九條一三、一四、一五條、三〇條一三、一四、一五段	六單位區 一、四七四、八七	一一七	〃	〃
〃	新京區七號	七條一六段、八條一七段	三單位區 七三七、五八	七一〇	〃	〃
小石頭河、長春嶺、三道溝子、三ケ頂子、荒岡、高台子、萬寶山	新京區二號	三條一一、一二段、四條一一、一二段、五條一一、一二段、六條一一、一二段、七條一一、一二段、八條一一、一二段	二單位區 二、六九二、九三	七〇六	〃	〃
馬鞍山	新京區三號	一五條一八、一八段	二單位區 四九四、七三	三九五	〃	〃
上營	新京區三號	一七條一一、一二段、一八條一一、一二段	九八七、五〇	三九二	〃	〃
一區 蛤螞河子	新京區七號	一二條二〇段、一三條二〇段	六單位區 一、四七六、二四	一〇四九	〃	〃
三道河子	新京區八號	一二條一二段、一三條一二段			〃	〃
二道河子	新京區七號	五條一六、一七、一八、一九段、六條一六、一七、一八、一九段	八單位區 一、九六七、二四	一〇四八	〃	〃

舒蘭縣	一區 十五奎頂子 八道嶺子	新京區七號	四條一九、二一〇段 五條二一〇段 六條二一〇段 七條二一〇段 八條二一〇段 九條二一〇段	七單位區 一、七三三、五六	二一三	煤	滿洲鑛業開發株式會社	
	三區 太平山	新京區二號	二三條七段 一四條七段	二單位區 四九〇、二八	一〇〇六	〃	〃	
	福家屯	新京區七號	一條一三、二四、二五段 一條一六、二七段	五單位區 一、三三八、七四	三〇六	〃	〃	
	四區 六道河子 五道河子	新京區二號	二四條一〇、一一段 二五條一〇、一一段 二六條一〇、一一段 二七條一〇、一一段	八單位區 一、九六三、四八	三〇四	〃	〃	
	四區 四合堡 永合屯	新京區二號	一六條六、七、八段 一七條六、七、八段 一八條六、七、八段	九單位區 三、三〇六、七四	一、三〇三	〃	〃	
	四區 萬寶山	新京區二號	一四條三段 一五條三段 一六條三段	三單位區 七三四、七六	一、三五八	〃	〃	
	一區 三道河子 二道河子	新京區八號	一二條三、四段 一三條三、四段	四單位區 九八五、三三	一、七九〇	〃	〃	
	後長林子	新京區二號	一八條五段	一單位區 三四五、六三	一九六	〃	〃	
計	二七			二八、三七一、九二				

◉說明

一、鑛業權者ニハ鑛業權設定申請中ノモノト設定許可アリタルモノトアリ、設定許可アリタルモノハ下欄ニ設定年月日ニ記ス

一、設定年月日ハ鑛業監督署ニ於ケル許可及登錄年月日ナリ

一、鑛區面積ハ陌ヲ以テ單位トシ一晌(中)ヲ七、二阿ト換算ス

一、鑛署文號ハ以テ土地科所管ノ原簿索引ノ便ニ資セリ

一、本調査書ハ康德三年十二月十一日現在ニ於テ作成ス

第三節 商工業

第一項 概説

農商ハ車ノ兩輪ノ如ク之カ兩者ノ圓滿ナル政策ノ運營助長發展コソ滿洲國產業開發ノ關鍵タラスンハアラス。若シ之カ一度經營ヲ誤タンカ、生產消費ノ均衡ハ破レ國家ノ經濟政策ハ忽ニシテ破碇ニ直面スヘシ。

吉林省ハ事變前ニ於テ極メテ非民主的ナル舊軍閥ノ手ニ依リ即チ永衡官銀號ナル金融資本金ニ依リ、油房、粮棧、製粉、製織、燒鍋、釀造、石炭、雜貨、錢鋪等アラユル事業ヲ統制管理經營シ、農產品ノ大宗タル大豆其他主要穀物ノ買占マテ手ヲ延ハシ、一般商工民ノ進展スヘキ余地サヘ與ヘラレス、全ク萎微不振ノ極ニ達セン有樣ナリキ。

然ルニ王道滿洲國成立ト共ニ之等壓制搾取壟斷機關ハ忽ニシテ解消サレ、商工民ノ自由公正ナル製造工業或ハ商取引ノ經營ヲナシ得ラルヽコトヽナリタルカ、何分積年ノ疲弊甚シカリシト建國匆々治安ノ不確立或ハ數次ノ天災ニ依リ禍セラレ、各縣何レモ未タ正常ナル商工業ノ進展ヲナシ得ルニ至ラス。

依テ康德三年度ニ於テハ先ツ商工業部門ノ基本調査ヲ行ヒ、其ノ全面的概要ヲ研究認識ナシ、徐ニ將來ニ對スル諸政策ヲ立案計畫ナシ、順次易ヨリ難ニ實行ニ移シ圓滿ナル吉林省產業經濟ノ發展ニ資セントセリ。

今本年度吉林省各市縣ニ於商工概況ニ付述ブレハ左ノ如シ。

即チ本省康德三年度各縣商工業狀況ハ昨年度ニ比シ、農家ノ買力漸增ニ隨ヒ、全般的ニハ活氣附キ來レルガ如シ。

即チ各縣鎭ヲ中心トセル商工業者ノ賣上高表ニモ示セルカ如ク（別紙參照）

長春縣、額穆縣、敦化縣、磐石縣、長嶺縣、乾安縣、扶餘縣、農安縣、德惠縣、舒蘭縣ハ昨年度ヨリ一割余ノ增加ニテ今後治安ノ確立整備ト共ニ好景氣ノ招來モ大イニ期待サレ得ヘシ。

次ニ其ノ他ノ各縣モ漸次景氣上昇ノ傾向ニアリ。

只吉林市ハ特產出廻リ減少ニ依リ又懷德、伊通、雙陽等ノ諸縣ハ水害其他惡材料ニ災ヒセラレ、商內比較的面白カラサリシ京吉ノ中心地ヲ控エ居ルタケ今後漸次堅實ナル步ミヲ辿ルモノト豫想サル。

吉林省市縣商工業種別賣上高表

市縣名	康德三年度 商業	康德三年度 工業	康德三年度 合計	康德二年度 商業	康德二年度 工業	康德二年度 合計	增減 金額	增減 比率
吉林市	一一、三六五、九二四	八、二〇九、〇三二	一九、五七四、九五六	一四、五六一、五五七	八、一七七、〇三〇	二二、七三八、五八七	－ 三、一六三、六三一	一四%
永吉縣	三、二九九、六四六	七三一、三八四	四、〇三一、〇三〇	二、六七五、六七五	六六四、九九六	三、三四〇、六七一	＋ 六九〇、三五九	一七%
額穆縣	一、八三〇、五三四	二四六、三八六	二、〇七六、九二〇	一、四五八、八五三	一六一、六九七	一、六二〇、五五〇	＋ 四五六、三七〇	二二%
敦化縣	一、四九六、〇〇〇	四一一、四一三	一、九〇七、四一三	一、一九九、四九二	三四〇、九九七	一、五四〇、四八九	＋ 三六六、九二四	二〇%
樺甸縣	一、三八三、四三〇	一六二、五一八	一、五四五、九四八	一、一〇七、八〇六	一四三、三五六	一、二五一、一六二	＋ 二九四、七八六	一九%
磐石縣	一、三五七、五九三	二〇九、四九〇	一、五六七、〇八三	九九一、九六八	三一七、四七六	一、三〇九、四四四	＋ 二五七、六三九	一六%
伊通縣	六四三、九六二	一八三、四四六	八二七、四〇八	六六七、七四六	一七三、九八七	八四一、七三三	－ 一四、三二五	二%
雙陽縣	九九一、五八七	一六七、五一四	一、一五九、一〇一	九五八、五三二	一九〇、一六〇	一、一四八、六九二	＋ 一〇、四〇九	一%
九台縣	七、九四三、二八〇	二六三、四九八	八、二〇六、七七八	六、七九二、五五三	三〇三、七七三	七、〇九六、三二六	＋ 一、一一〇、四五二	一三%
長春縣	一、二六〇、〇〇四	三〇〇、一七三	一、五六〇、一七七	八九九、一一一	三一九、一六七	一、二一八、二七八	＋ 三四一、八九九	二〇%
懷德縣	二、六九六、〇四八	六三六、六九一	三、三三二、七三九	二、八〇六、八三三	五四五、二二二	三、三五二、〇五五	－ 一九、三一六	四%
長嶺縣	四二三、五二一	一四〇、三七三	五六三、八九四	三二三、六九九	一一八、六一九	四四二、三一八	＋ 一二一、五七六	二二%
乾安縣	三二四、四五六	一四二、二五八	四六六、七一四	二六四、八六二	七七、四三四	三四二、二九六	＋ 一二四、四一八	二七%
扶餘縣	一一、四三五、二四四	一、五五三、二八五	一二、九八八、五二九	九、〇六一、一七八	八〇六、〇七九	九、八六七、二五七	＋ 三、一二一、二七二	二四%
農安縣	二、五八一、三六四	七七五、二四五	三、三五六、六〇九	一、七四九、五六九	五四五、〇六六	二、二九四、六三五	＋ 一、〇六一、九七四	三二%
德惠縣	四、四七五、五八四	九六三、九六七	五、四三九、五五一	二、八二一、〇八六	七四〇、〇〇三	三、五六一、〇八九	＋ 一、八七八、四六二	三四%
楡樹縣	二、三五四、四五三	二、五四七、八七三	四、九〇二、三二六	一、九二九、三四一	二、四九九、六四三	四、四二八、九八四	＋ 四七三、三四二	九%

舒蘭縣	六三八、六六二	一〇九、六六九	七四八、三三一	三九四、三三〇	八二、二三五	四七六、四四五	十 二七一、九〇六	三六%
合計	五六、四四七、三〇二	一七、八五〇、二二五	七四、二九七、五二七	五〇、六六四、〇四一	一六、〇二五、九〇七	六六、六八九、九四八	十 七、六〇七、五七九	一一%

第二項　商會ノ指導改善

商會ハ商工業ノ發展助長ヲナシ、業者相互ノ福利增進ヲ圖ルヲ以テ目的トセルモ從來ハ會員タル商工民ノ爲何等積極的ニ働キシコトナク、甚シキハ地方ニ於ケル搾取機關的存在タルモノモ尠カラサリキ、依ツテ商會ヲシテ舊來ノ陋習ヲ打破セシメ、內部ノ改革ヲ斷行スルト共ニ眞ニ商工民ノ爲メ諸種ノ事業ヲモ計畫實施セシメ以テ地方商工業ノ發達ニ資セシメントセリ。

(1) 商會豫算制度ノ確立

從來商會豫算ニ就テハ地方商民ノ自治團體タル關係上全然放任セラレ居リタルカ其ノ結果會長始メ各役員ハ民四、商會法ニ依リ名譽職ニモ拘ラス車馬費ノ名目ヲ以テ收入會費ノ大半ヲ消費スル者サエアル狀態ナリ。

依テ本年度ヨリハ商會指導監督ノ立場ヨリ之カ豫算制度ノ確立是正ヲナシ、一般冗費ヲ省キ、商民ノ負擔ヲ輕減スルト共ニ進ンテハ地方獨特ノ新規事業ヲ考究振興ナサシメントセリ。

(2) 有能職員ノ採用

商會ノ機構組織ヲ改善シタリトスルモ之カ運用ハ人ニ在リ、況ンヤ新規事業ノ計畫又ハ地方特殊產業ノ開發助長ニハ從來ノ如キ老朽職員ニテハ何等ノ進步モ期待ナシ得サルヲ以テ新智識ノ有能職員ト更迭セシメ商會事務ノ刷新ヲ期ス。

(3) 日人囑託員ノ招聘

現在吉林、扶餘等ハ既ニ日人專門家ヲ囑託ナシ多大ノ成績ヲ收メ居ルヲ以テ農安、張家灣、樺甸等比較的大ニシテ重要性アル商會ニ對シテハ可及的速ニ部ニ呈請シ、日人囑託員ヲ招聘セシメ、商會ノ合理的運用並地方商工業ノ指導ニ當ラシメントスル方針ヲ採レリ。

尙之カ經費ノ關係ニテ專任者ヲ置ク能ハサル商會ニ於テハ二、三商會聯合シテ招聘スルモ宜シク或ハ在留日本商工業者中ヨリ信用、學歷、經驗ノ豐富ナルモノニ委囑スルモ亦可ナルコト、セリ。

(4) 新式簿記並商業日語ノ普及

我國ニ於ケル一般商店ハ未タ舊來ノ商習慣ニ依ルモノ多ク帖簿ノ如キモ大福帳ノ如キ流水賬一冊ニテ經營ナシ居ルカ斯クテハ日々ノ營業收支損益等把握スヘルモアラス。漸ク節期末ニ至リ其ノ成績フ明カニシ、其ノ缺損ニ於テモ豫測シ對策ヲ講ジ得サル恨アリ。

亦商取引上最モ關係深キ對日商業觀念モ深カラサルニ依リ、商會ニ新式簿記及商業日語ノ講習會ヲ開催セシメ以テ之カ認識ヲ深メ商店經理ノ合理化明朗化ニ資セリ。

第三項　日滿商工協會ノ指導

吉林ニ於ケル日滿商工業者ハ夙ニ時勢ノ要求ト本省實業廳ノ指導斡旋トニ依リ大同三年三月二十四日全國ニ率先シテ吉林日滿商工協會ナルモノヲ設立セリ。

以來隨時隔意ナキ懇談ヲ交ヘ融和和睦ヲ圖ルト共ニ將來ノ發展策ヲ講究以テ共存共榮ノ目的ニ進ミ漸々其ノ効果ヲ收メツヽアリ。

即チ右會則ナルモノハ

第一條　本會ハ吉林日滿商工協會ト稱ス

第二條　本會ハ日本側商工會、滿洲國側總商會工務總會ノ會員有志ヲ以テ組織ス

第三條　本會ハ在吉林日滿商工業者相互ノ融和提携ヲ圖リ以テ共存共榮ノ實ヲ擧グルヲ目的トス

第四條　本會ノ事務所ハ當分ノ間吉林總商會內ニ置ク

第五條　本會ノ主ナル事業ハ左ノ如シ

一、吉林日滿商工業ノ發展ニ關スル懇談會開催

二、吉林日滿商工業振興ニ關スル方策ノ建議

三、日滿官廳ノ諮問ニ對スル答申

四、吉林日滿商工業ニ關スル會報ノ發行

五、各地日滿商工團體トノ連絡

第六條　本會ニ左ノ役員ヲ置ク

一、名譽會長　　貳　名　（日滿各一名推戴）

一、名譽副會長　貳　名（同　　、右）
一、顧　問　若干名
一、理　事　長　貳　名（日吉林商工會々長 滿吉林總商會々長）
一、理　　事　拾貳名（日滿各六名選出）
一、常任幹事　貳　名（日滿各一名）

第七條　役員ノ任期ハ壹ケ年トス
第八條　本會ノ總會ハ毎年三月開催スルモノトス
第九條　本會ノ維持費ハ日本側商工會、滿洲國側總商會、工務總會ノ補助金又ハ各方面ノ補助金及寄附金ヲ以テ之ニ充ツ
第十條　本會々則ノ變更ハ役員過半數出席セル役員會ノ決議ニ依リ之ヲ定メ總會ニ報告スルモノトス

斯ノ如ク日滿商工業團體ヨリ夫々委員ヲ撰出シ、吉林經濟界發展ニ關スル諸政策ヲ研究討議セシメ眞ニ打ツテ一丸トナル精神的結合ヲナス。所謂日滿一德一心ヲ如實ニ示シツヽアリ。
例ヘバ日滿商工協會ノ要望ニ依リ實現セシ具體的ナルモノトキハ

一、吉林日本商工視察團ノ組織
二、吉林市中央卸賣市場ノ設立
三、吉林產業獎勵館ノ設置

等眞ニ商工民ノ向上發達ニ資セシモノ尠カラズ。
此ノ外之カ主體トナリ、本省實業廳ノ援助ニ依リ正ニ實現ヲ見ントスルモノニ

一、吉林都市金融合作社ノ設立
二、吉林日滿輸入組合ノ組成

等アリテ吉林市經濟發展ノ爲メ其ノ理想ニ精神シツヽアルハ實ニ他都市ニ誇ルベキモノトス。

第四項　新制度量衡ノ普及實施

新制度量衡法ハ康德元年三月一日ヨリ發布施行セラレタルモ當時ノ民度ニテハ急速ニ新制度量衡器ノ使用普及ヲ期シ得ザルヲ以テ六年二月末迄ノ五個年間ノ猶豫期間ヲ設ケ同期間內ニ偏境地方ニモ充分習熟馴致セシメントスルモノナリ。

本省ハ我カ國交通、經濟、文化ノ中樞地域ニ位シ總テノ産業施設ハ着々其ノ效果ノ擧ケタリ、殊ニ右猶豫期間モ二個年ヲ經過シ居ルヲ以テ本年度ハ之カ宣傳普及工作ニ全力ヲ擧ケテ邁進シ、吉林市ニ於テハ既ニ十二月一日ヨリ新制度量衡ノ實施ヲ見ルニ至レリ。

本省實業廳ノ本件ニ關スル主ナル諸工作左ノ如シ。

(1)吉林省内土地關係新舊度量衡單位換算率協定會議

(イ)期　日　康德三年一月二十日

(ロ)會　場　省公署會議室

(ハ)出席者　權度局、吉林省公署（總務廳、民政廳、警務廳、教育廳、實業廳）吉林高等法院、吉林地方法院、吉林稅務監督署

(ニ)提案ノ主旨

A、關係機關、吉林省内地積及距離ノ新舊度量衡單位換算率協定ニ關スル事項

B、換算率統一ニ關スル事項

C、換算率近似値ニ關スル事項

(ホ)協議決定事項

A、吉林省行政各官署ハ協定換算率ニ依リ事務ヲ處理スル事

B、省ヲ一率換算率ニスルコト

（但シ郭爾羅斯前旗ヲ除ク）

C、換算率協定

(2)新制度量衡法施行ニ週年記念事業

度量衡記念日ヲ期シ新制度ノ趣旨ヲ徹底セシムル爲次ノ如キ工作ヲナセリ

(イ)期　日　康德三年三月一日

(ロ)場　所　吉林市民衆運動場

(ハ)宣傳工作員　實業廳、市公署、總商會、計一〇名

(ニ)宣傳要領

A、講演（度量衡概要）
B、詢問指導
C、自由計量（計量人員二百五十餘名）
D、新器展覽
E、新器無料交換

(3)北山廟會ニ於ケル新制度量衡宣傳
（イ）期　日　六月十六、七、八、九日（娘々祭）
（ロ）場　所　北山上玉皇閣前
（ハ）宣傳工作人員　權度局、實業廳、吉林市公署、協和會、總商會、販賣人、計二十三名
（ニ）宣傳要領
A、講演（度量衡概要）
B、詢問指導
C、新器展覽
D、自由計量（計量人員八百九十餘名）
E、目測、目計量懸賞募集
F、映畫並講演
G、音樂隊自動車ニ依ル宣傳ビラノ配布

(4)新制度量衡器ノ規格改正案ニ對スル處置打合會議
期　日　七月四日
會　場　吉林總商會
出席者　權度局、實業廳、市公署、總商會、販賣者
要　領　新制度量衡各器規格改正案ニ對スル處置ニ關シ詳細ナル打合ヲナセリ

(5)吉林市新制度量衡器使用實施ニ關スル協議會
期　日　康德三年九月二十一日

場　所　吉林市公署會議室

出席者　實業廳、吉林市公署、吉林警察廳、吉林專賣署、吉林稅捐局、協和會吉林市本部、吉林總商會、日本領事館
吉林鐵路局、日本商工會議所、民衆敎育館、各度量衡器販賣人

（イ）協議提案ノ要旨

A、實施期ニ關スル事項

B、轉換準備期ニ關スル事項

C、轉換期ニ於ケル宣傳ニ關スル事項

D、取締ニ關スル事項

E、其他附帶事項

（ロ）協議決定事項

A、康德三年十二月一日吉林市新制度量衡器使用實施期日トナスコト

B、十月、十　月ノ二ケ月ヲ轉換準備期間トナスコト

C、十月二日ヨリ宣傳週間ヲ實行スルコト

D、取締ニ關シテハ警察廳ニ於テスルコト

E、宣傳要領ノ決定（詳細ハ宣傳週間ノ項參照）

(6)吉林市新制度量衡器宣傳週間

期　日　康德三年十月二日、八日

宣傳工作員　權度局、實業廳、市公署、警察廳、專賣署、協和會、鐵路局、計器公司、敎育館、總商會、各販賣者、合計二十八名

宣傳要領

（イ）一般宣傳

A、各新聞紙ニ掲載（宣傳及實施事項）

B、市內要所ニ看板ヲ以テ掲示並ポスターノ貼付

C、廣告ビラノ配布

D、音樂自動車ニヨル散布

E、市內各學校並警察署ヨリ各家庭ニ配付

（ロ）實地宣傳

二班ニ分チ全市ニ宣傳ヲナス

設置事項

（イ）講演（實施共他ニ關シ）

（ロ）詢問指導

（ハ）新器展覽

（ニ）自由計量

（ホ）目測目計量懸賞募集

（ヘ）宣傳映畫及幻燈

（ト）新器無料交換

(7)度量衡器及計量器無許可販賣者取締

期　日　康德三年十月八、九日

取締員　權度局、實業廳

事　項　度量衡器並計量器無許可販賣者取締ヲナシ、度量衡器及計量器若干ヲ押收シタリ

(8)新制度量衡普及講習會開催

康德三年十一月十五日　吉林市各小學校教員　計九十八名

康德三年十一月十六日　各商工業代表者及保甲長　計一二三名

康德三年十一月二十日　各漢醫、藥種商、雜貨商　計一五八名

場　所　吉林總商會會議室

講　師　吉林省公署實業廳度量衡係

講習內容

（イ）度量衡法制定ノ理由

（ロ）度量衡法ノ內容
（ハ）度量衡法規
（ニ）度量衡使用必須
（ホ）計量法

(9)藥用衡器換算率協議會

期　日　康德三年十二月二日
場　所　吉林總商會會議室
出席者　實業廳、市公署、漢醫及藥種商、合計一二五名
協議內容　藥用衡器換算率ニ關係具體的且詳細ニ協議ヲナセリ

康德三度吉林省市縣工業一般狀況調查表

營業類別（製造廠・經理・從事員・資本金・賣上額／市縣地方別）		總 工廠	總 從事員
1	米麵製造	一〇四	五八七
2	油類製造	一七三	一、四五八
3	酒類製造	六九	三、四三二
4	醬類製造	六八	四〇八
5	糖菓製造	四七	三七三
6	木器製造	二七三	一、五八三
7	金銀製造	一八三	一、〇三九
8	紡績及染業	一〇四	六五三
9	印刷及製紙	八九	一、〇三五
10	洋服及便服製造	三八	一、〇九三
11	皮革製造	一五八	六五六
12	玻璃製鏡業	一六	三三
13	鐵器製造	三八	一、二六〇
14	磚瓦製造	一二四	一、二三三
15	照像業	三三	三八
16	鞋製造	四四	三五九
17	氈製造	一三	六九
18	帽製造	七	三五
19	粉豆房業	一二五	三八〇
20	臙子製造	一	二〇
21	臘燭製造	四	二八
22	其他工業	一二四	五八
合計		二、七三三	一五、八五

計		吉林市				永吉縣			
資本金	賣上額	工廠	從事員	資本金	賣上額	工廠	從事員	資本金	賣上額
三、一九二、九〇五	二、二三三、二六四	一	六	三、〇〇〇、〇〇〇	一、三〇五、四八〇	四	五	一、二〇〇	九〇五
四九〇、〇八六	五、二六〇、四一六	二六	二六三	二〇四、〇〇六	三、八〇〇、一三三	一〇	三三	六、一〇〇	八四、八〇七
八五一、八六〇	四、三三五、四五四	四	一五九	一二、四〇〇	四三〇、一七三	一	一二	七、五〇〇	一九四、六三九
一三、九二〇	三六八、一七三	一三	一一九	六三、九九〇	一八〇、九九五	七	三三	二、〇〇〇	一三、五二五
四六、一二五	一四二、四三三	一八	一六〇	二六、三二〇	二二〇、九三三	一	一	二〇〇	五四六
一四〇、七三八	六八八、九一五	二四	一九二	一七、九九三	六九、九四〇	一三	三三	三、一〇〇	一六、九一三
一九六、〇九〇	一、三三四、六四一	一〇	二八五	八二、三三五	六八八、五七七	一二	三七	六、六五〇	二五、八二一
二一六、一七五	五四二、七一六	二七	二五〇	八九、〇七五	三六八、一二四	八	一八	一、三五〇	三、八六三
八二、〇八〇	四〇七、一九二	二〇	四八四	五六、三九〇	二三八、八二〇	二	七	二〇〇	九二六
六五、一〇九	三二七、三四六	四七	四〇八	四四、五七四	二三四、一一〇	一七	三〇	一、七四五	四、一八六
六五、三九五	二六八、五七三	九	五四	一四、四五〇	五二、六七六	七	三	一、五〇〇	五、三七八
一五、五三〇	一三七、四〇五	七	六六	八、五八〇	一〇五、七二一				
六三、四〇〇	四九六、六一三	五三	三七五	一七、六五〇	一八九、一四五	二五	六九	二、六〇五	三九、六七七
二一五、三二〇	三六三、九四九	二五	一八八	一一、一七〇	六六、七三六	三三	七〇九	八四、五七〇	二三三、六四二
三、四四九	三三、〇七六	九	四四	四、〇〇五	一七、六五八	一	二	一五〇	一二六
五八、七七〇	二四七、二五二	一五	一七五	五〇、五五〇	一八二、八八五	一	三	五〇〇	四一二
二、五二〇	三一、七八〇	一〇	八三	一、九五〇	三〇、七八三	一	三	一〇〇	一二七
一三、〇〇〇	四一、〇九四	五	四一	一三、二〇〇	三九、四六三				
四四、六三〇	一九三、七一五	八	三六	一、一三〇	四七、五〇一	七	一三	九〇〇	一、三五六
一、五〇〇	一三、七六〇	一	一〇	一、五〇〇	一三、七六〇				
一、三五〇	四三、八五〇	二	一〇	四〇〇	三四、一三四				
三七、五四三	三九〇、六〇九	五	一五五	一七、五〇〇	九二、三一七	四	九	一、一五〇	二四、五五三
五、七三四、四七二	一七、八五〇、三三五	三三九	三、八六三	三、八二八、一二八	八、三〇九、〇三三	一五三	一、〇二五	一二二、五二〇	七二二、三八四

額穆	工廠	三	一四	一	五	二	六	二	一	四	一四	七	二	二二	三	三							五	九四
	從事員	一七	五〇	三	三	五	二三	五	三	二七	五七	一三	九	六〇	二四	八							二	三五五
	資本金	三、〇〇〇	一三、〇〇〇	一七、〇〇〇	七、五五〇	二〇〇	七〇〇	一、四〇〇	一〇〇	三、一五〇	一、四五〇	七〇〇	四〇〇	三、八六〇	四五〇	一、〇五〇							三八〇	五四、三九〇
	賣上額	五三、五六八	七七、六七〇	一四、五四五	三、三五五	七二〇	七、三七〇	二、七二〇	六二〇	九、六二〇	一〇、三三三	一、三三〇	三、五七三	二九、〇〇六	三、二二七	九二九							三、九六三	二四六、三八六
敦化	工廠	六	一二	三	四	一	五	四		五	七	七	一	一四	一〇	四	三		二	九		一	五	一一二
	從事員	三六	八一	一八	四三	一七	六八	二五		三三	一八	三三	六	九八	七九	一四	六		二	二七		二	一〇	五五九
	資本金	一、〇〇〇	三六、〇〇〇	七、五〇〇	一二、〇〇〇	三、〇〇〇	五、八五〇	九、一〇〇		一、九〇〇	八〇〇	一、七〇〇	四〇〇	六、八〇〇	八六〇	二、三〇〇	三〇〇		八〇〇	一、〇六〇		五〇	一、三五〇	九二、三三〇
	賣上額	一三、一四五	二四、〇八二	三三、三三五	三五、三二七	二、〇四〇	七、四四九	六三、六七〇		一〇、五九九	二、八二〇	三、〇四七	一、一三〇	二三、六八八	六、七八五	一、五二八	一、六八〇		一、六三三	六、三六七		五四〇	一五、七八六	四二一、四一三
樺甸	工廠		三	三	三	一	三	三	三	三	三	一		三		三				二		一	一	三六
	從事員		一四	八〇	一〇	二	七	二	一三	二三	三	四		一三		一二				五		六	五	二二五
	資本金		九〇〇	四〇、〇〇〇	四、四〇〇	一〇〇	三〇〇	三、〇〇〇	五〇〇	六〇〇	五〇〇	二〇〇		三〇〇		一、三〇〇				三〇〇		九〇〇	五〇〇	五六、六〇〇
	賣上額		一五、一九七	一〇三、一六八	八、六〇三	六〇〇	七〇三	二、八九六	二、三一四	六、三五五	九二〇	四二九		一、四四四		三、一二六				三三三		九、三一五	四、四〇四	一六〇、〇五六

磐石	工廠	三	一	三	二		一四	三	六	二	一〇	七	一六		一	二		二五	八六
	從事員	三	一四	一二〇	九		四五	一二	三六	五	四九	三三	五六		二	一六		七八	四九六
	資本金	八、二四〇	三、〇〇〇	三四、三六〇	一、〇〇〇	一、六〇〇	三、五四五	一、六〇〇	一、三〇〇	三六〇	六四〇	三、三五〇	一、二四〇		五〇〇	五〇〇		三、三六〇	五八、七九五
	賣上額	五五〇	二九、六七六	九七、一八五	二、八九三		三三、九〇五	一九、六三八	九、〇七一	一〇〇	五、四七八	八、八五九	一〇、四六五		二五〇	二、〇〇〇		五、四三三	二〇五、四九〇
伊通	工廠		二	二			六	四	七	四	七	四	三	一		二		五	四〇
	從事員		一八	一二四			三六	一二		一三	一九	一三	九	五		九		一三	二五七
	資本金		二、五〇〇	三七、六〇〇			一、八八〇	一、五五〇		三七〇	八〇〇	四〇〇	四二〇	五〇〇		三五〇		四八〇	四六、八五〇
	賣上額		二〇、八三〇	一〇〇、〇〇〇			四〇、二五一	二、三七五		一、四四七	二、六〇四	二、三三五	二、一四八	一、五二〇		二六一		六九五	一八三、四四六
雙陽	工廠	八	三	二	一		四	四	二	一	五	六	四	二	二		七	六	五七
	從事員	九	一〇	五三	二		一八	八	六	一五	一四	一二	一〇	六	三		八	一二	一八三
	資本金	七五〇	三、〇〇〇	一、五〇〇	八〇〇		三、二〇〇	四、三〇〇	二、二八〇	一、〇〇〇	六四〇	一、〇五〇	五〇〇	二〇〇	七五〇		八一〇	一、三〇〇	三、九八〇
	賣上額	一八、四八〇	一六、七一七	六三、一八三	八七九		三、〇三八	二八、二三三	五、九九五	八、〇〇六	九九五	五、五二五	二、三一七	四七五	七六三		二、九八三	九六五	一六七、五一四

九台	工廠		五	一	五	二一	五〇	一	九	二八	一六		七	一三			一	七	一六四
	従事員		四一	四	二八	一五七	一三八	一	五四	一〇四	六〇		二五	一七			三	一九	七四一
	資本金		五、〇〇〇	五〇〇	一、八五〇	七、四五〇	一三、〇〇〇	八〇	二、三三〇	二、三三〇	五、三三〇		一、三二五	一、七〇〇			三〇〇	四三〇	五〇、二三五
	賣上額		二八、二三〇	二、七四〇	四、三二六	六六、七九一	一〇一、〇四四	一二五	三三、三〇八	九、一七八	三三、三二九		一、一八〇	二、六四〇			三六一	一、三三〇	二六二、四九八
長春	工廠	一	五	二		六	一〇	五	一	八	一〇		二				二	二	七五
	従事員	一三	二五	八七		一四七	二五	三五	二八	一八	二五		三三				三	三	四二九
	資本金	一、五〇〇	五、五〇〇	三一、〇〇〇		一三、九五〇	一、八三〇	一、六〇〇	一、〇〇〇	七〇〇	一、一五〇		一、八三〇				二五〇	二〇〇	六〇、五三〇
	賣上額	八、六六六	四五、二四一	一二七、二七九		七三、九九八	九、四九一	一〇、七五四	六、一五四	五、七九九	一三、六六七		九、六八八				四八二	二七六	三三〇、一七五
懐徳	工廠	一〇	一二	四	二	二三	一〇	八	九	八	一六	二	一六	六	四	六	一〇	二	一四八
	従事員	五九	五〇	八一	三三	一三三	四八	四九	五八	二四	八四	六	六三	三一	九	三三	二〇	五七	八一四
	資本金	八、九五〇	五、六〇〇	八、一〇〇	二、四〇〇	四、一〇〇	五、八五〇	一、五〇〇	二、〇〇〇	六〇〇	四、一三〇	三〇〇	一、五九〇	一、〇八〇	五四〇	六〇〇	五三五	一、四六〇	四九、五三五
	賣上額	三〇、五三三	六六、〇三六	一四三、八六六	四五、四四二	五〇、四四五	一〇九、一六六	一八、四三九	一七、五五四	五、〇六五	五六、二三六	六、四二七	二三、八九四	五、二五〇	一、一六九	五、六四二	四、三二七	一八、五五四	六三六、六九二

長嶺	工廠	六	一	一		六	五	二	二	五	四		一〇	一				六		四九
	從事員	一二	五	六		二六	六	五	一一	一二	一五		三四	一四				一三		一五九
	資本金	一四、九〇〇	五、〇〇〇	五〇、〇〇〇		二、六〇〇	四九〇	二五〇	五〇〇	三五〇	五五〇		一、四三〇	四〇〇				一、七八〇		七八、二五〇
	賣上額	六、四〇八	二五、五九九	五二、〇五〇		一四、三六七	五、二四九	一、九〇九	一、九九三	三、六六五	四、三四一		五、二九五	九、七二〇				九、七七七		一四〇、三七三
乾安	工廠		三	二	一	四	三	一	二	四	二		七			一		八		三八
	從事員		二五	六五	二	一九	七	三	七	一八	四		二七			二		一八		一九七
	資本金		二、七〇〇	三〇、〇〇〇	一〇〇	一、一五〇	三〇〇	一〇〇	五〇〇	四八〇	四〇〇		八〇〇			一〇〇		六〇〇		三七、二三〇
	賣上額		二七、五四七	八七、九八七	一〇〇	一五、五三二	一、一八四	三〇〇	二四〇	四六〇	六四〇		七、四〇九			三三〇		五四〇		一四二、二五八
扶餘	工廠	二六	一九	八	一五	四七	二〇	一六	九	二五	二七	一	三七	一五	一	四	二	三六	八	三二六
	從事員	三〇一	二二三	三八四	六七	二七五	一四六	一一八	一一三	一〇四	一三二	一〇	一五七	七二	四	三	六	一三四	一四六	二、四一二
	資本金	六七、〇六五	四二、九五〇	一〇五、〇〇〇	九、九五〇	一四、五五〇	二〇、二二五	三、一一〇	二、五〇〇	一、八七〇	三、五一五	七五〇	八、六〇〇	二、二八〇	五〇〇	四〇〇	四六〇	一〇、九七〇	五、二六八	三一七、九七三
	賣上額	四六四、五五五	一二三、四二五	二九九、八四一	三三、三五〇	一二三、七三五	九五、九八八	五三、七六七	二八、九九三	三三、〇〇九	四〇、二八五	一五、九五三	六八、三二七	九、四九八	二六〇	一、四四六	八七〇	九四、三〇三	八六、七七〇	一、五五三、二六五

農安	工廠		二三	八	二	二四	二九	九	五	五	二六	二三	二	二三	一〇		五	二四		二三四
	從業員		一〇七	一八二	一四	九六	二一八	五五	三〇	五五	一三四	一〇四	一六	九二	四三		四三	八七		一、二七四
	資本金		六二、三〇〇	八一、七〇〇	三、五〇〇	一六、三二五	二六、二〇〇	一三、八九〇	二、九五〇	三、七〇〇	五、九〇〇	一三、六三〇	四、八〇〇	三、八四〇	五、一五〇		三、〇〇〇	二五、二七〇		二七一、三三五
	賣上額		一五六、二四八	三三七、七九九	四、七六四	一七、五九一	六三三、一四三	一六、四三八	三二、五〇四	一五、五七三	九、三三〇	二七、六三七	四、二二七	一五、二七〇	九、三九九		四三、四八五	三、八五九		七七五、二四八
德惠	工廠		二	四	三		一五	一三	九	五	八	五		七	一五		二	三	二五	一一六
	從事員		二三	一三四	二三		九三	六〇	五三	一三	二五	二六		二四	一三四		八	九	一六一	八〇九
	資本金		一〇、八〇〇	四一、六〇〇	一、五八〇		三、八五〇	六、八〇〇	九八〇	五〇〇	九四〇	一、二五〇		二、四〇〇	六、六五〇		一、二七〇	七一五	一、三九五	八九、七三〇
	賣上額		三七、六六六	六五三、五一六	二〇、六二三		五九、二九〇	五四、〇六一	三三、〇五八	一、九三四	四、七五一	一〇、六五二		四九、三三八	二〇、七八〇		一、八二三	七四〇	二五、六四八	九六三、九六七
楡樹	工廠	二三	二九	一七	六		三三	一七	一〇	二五	二	八	一	一六		四	四		一五	一九六
	從事員	一一七	一七三	七七七	二六		一二六	七三	四一	五五	九	四五	八	八九		一八	二九		六〇	一、六七四
	資本金	八六、七三〇	八二、五三〇	二三三、〇〇〇	二、八〇〇		三、九九〇	一三、九〇〇	三、〇〇〇	四、七〇〇	三〇〇	五、一五〇	一〇〇	七、七五〇		一、二五〇	一、二〇〇		三、七五〇	四五九、一五〇
	賣上額	三九、一二七	四六、一九七	一、五四四、九三五	七、一四四		五九、五四四	七七、七五三	三、九七三	二五、〇九二	五四三	三、七八六	一、四四〇	一六、三三三		三、九一七	七、二〇〇		一〇、八九二	二、五四七、八一五

																							計
舒蘭	工廠	四	四	四			三	四		三	四	一			五	一	一					三	三六
	従業員	三	一七	一三六			一〇	八		八	八	三			一七	九	三					四	二三七
	資本金	五七〇	三、三〇〇	三五、一〇〇			三五〇	一、〇〇〇		五〇〇	六〇〇	一五〇			四五〇	三〇〇	一〇〇					一三〇	九、五五〇
	賣上額	一、九〇五	三六、〇六六	四一、一三三			三、三三一	三、九九三		五、六六八	四、一八八	一、八〇七			五、一六七	一五、一九七	三、三六八					三、〇〇七	一〇九、六六九

備考　1，康徳三年春節、端午節、仲秋節ノ三季節ニ於ケル各市縣商會ノ定期經濟報告書ニ依リ集計作成セリ

康徳三年度吉林省市縣商業一般狀況調査表

市縣名 \ 種別 \ 營業別		百貨業	下雑貨業	洋貨及京貨	藥材及藥店	糧穀米商業	餜品餅貨業	五金器業	紙烟業	書籍文具業	估衣業	鞋帽業	鐘表業	魚肉業	石炭業	木材業	山行皮張業	茶葉店	煤油火柴	合計
總計	商家	一、一三四	六八二	一八二	六七九	二五九	五三三	一〇〇	九八	六三	一〇九	八四	九一	一七三	一七	三六	四九	九	一九	四、四四三
	店員	九、九六六	一、八九五	八二〇	三、〇〇八	三、四〇五	二、六七六	五〇七	三六七	二六八	四一八	二八七	二三三	四九〇	一四三	一九三	一五四	四三	一〇三	二三、九一九
	資本金	三、五五五、八三三	一四三、八一五	一六七、四五八	六五一、九五四	七四三、七三九	四〇一、八一五	一一三、九三五	八五、九四五	四四、五三〇	七〇、七四五	四三、四三〇	二六、三〇一	二四、七四〇	三八、三九五	一〇四、三三〇	三三、六三〇	二〇、一〇〇	四九八、七三〇	五、八五四、二八一
	賣上額	一八、〇一四、〇六六	三、八八六、四四五	一、四五〇、六五五	一、八九一、二〇七	一九、七二四、〇一八	四、二六〇、一八三	八五五、六六九	二、四〇三、一七〇	四三二、三六八	五九五、五五八	二五三、七八五	一一一、五〇〇	四九五、五九五	三三九、二九六	八九三、一五五	一八三、八七八	一〇三、四三五	六八七、〇三七	六六、五五九、〇〇九

吉林市	商家	二九	二八	一〇	二〇	三三	二八	二一	二四	七	一四		三三	一四	二	二〇	九	七	一〇	三〇九
	店員	九〇八	一〇二	一三三	二八六	三三三	一二七	一八四	一三三	四九	一〇二		五六	六三	三	一三〇	二五	三八	六八	二、九九三
	資本金	三七七、二八〇	八、九二四	五五、一〇〇	二六九、〇三〇	一六七、四一五	一三三、八〇〇	六三、二一五	四三、六七五	一三、七〇〇	三四、八〇〇		一五、一七〇	三三、五二〇	七、〇〇〇	八八、一三〇	六、五〇〇	一九、三五〇	四九四、〇〇〇	一、八二〇、五四九
	賣上額	二、二九九、七八三	一九九、四〇四	五〇二、一〇〇	三三一、七四九	二、〇八八、一二四	一、八六六、二九七	四八五、三五七	一、〇七八、三三三	一五七、八〇九	三六六、三三六		六七、七九六	七二、〇九一	六三、九七八	八六四、〇三〇	二八、八六四	一〇〇、二三〇	六六四、六八五	二、二六五、九二四
永吉	商家	八六	七八		五八	五	三七	二三	一七	四	二	二三	一	一五				一		三三八
	店員	五三五	一七〇		一六二	一六	一五五	一三	三三	一三	二〇	一八	二	三				一		一、一四七
	資本金	一三〇、五一五	二六、三五〇		二五、八六三	五、四〇〇	一〇、二九〇	一、五五〇	三、二九〇	一、〇一〇	一、九三〇	一、九七〇	一〇〇	三、六六〇				一五〇		二〇一、〇七七
	賣上額	一、六三五、一八九	二五三、七五八		一四七、〇一七	一、〇八三、一九五	一二五、二四九	一三、八二七	二五、三九三	九、一六三	六、〇九七	九、〇九九	一、七三三	九、七四五				一七三		三、二九九、六四六
額穆	商家	九三	一四九		三三	一八	三	二	四	五	一七	一〇	四	一五						三七九
	店員	三五〇	三一〇		九七	九九	七六	二六	九	一三	四〇	一五	九	三						一、〇七五
	資本金	七七、八三〇	二七、三六六		九、二六〇	二〇、〇五〇	七、〇四〇	三、六五〇	四〇〇	一、四〇〇	四、五五〇	一、四〇〇	四〇〇	一、五五五						一五四、九〇二
	賣上額	七七、九三三	三三三、八〇四		四六、〇九九	五四八、三一二	七九、四〇八	一八、〇六八	四、四三〇	五、七六〇	二六、八二四	二一、六六〇	六、〇〇四	三二、三四四						一、八三〇、五三四

																		計
敦化	商家	七五	六六	五	一六	六	一八	五	一	四	一〇	一	九	九	三	一	六	[illegible]
	店員	三三六	八六	三	一七〇	四二	六〇	二五	四	一三	二四	二	二三	一六	九	二	八	六四七
	資本金	七六,七五五	九,五三〇	五,四〇〇	一五,二五〇	一九,一〇〇	一〇,六五〇	三,三〇〇	三,〇〇〇	一,三〇〇	四,七〇〇	三〇〇	三,七〇〇	四三〇	三,〇〇〇	一,〇〇〇	一,三四〇	一五四,五五五
	賣上額	四五一,八七八	八四,二四三	三,二〇四	四五,〇四七	五四五,八六七	九一,四四〇	一〇,七四四	一九四,六四七	七,一一六	三三,六一六	六,〇一九	四,七八八	六,五〇〇	八〇二	九九	一,一二六	一,四九六,〇〇二
樺甸	商家	一六	八	二	八	二	三		一	一	三		二	四			一	五七
	店員	二九二	四九	三	一〇〇	三六	三三		一四	四	二三		六	一八			二	五八七
	資本金	一〇三,五五〇	九,一〇〇	三,〇〇〇	一六,一〇〇	九,〇〇〇	六,五〇〇		一〇,〇〇〇	一五〇	一,〇〇〇		六〇〇	九〇〇			五〇〇	一五八,一〇〇
	賣上額	七九五,九五四	一三三,四二七	三,九七七	七三,三六二	四〇〇,八〇九	五〇,六四七		二五,四三七	八六五	三,〇〇〇		一七五	三,三五七			三,四三五	一,六八三,四三〇
磐石	商家	三三	三三	七	一九	七	一四	二		二	四	一	六	一			二	一三八
	店員	三四〇	一〇四	三九	八六	六七	一二九	六		三三	一四	五	二三	四			五	八六四
	資本金	六七,五〇〇	一三,六八〇	六,七〇〇	二三,九五〇	八,九〇〇	一〇,三九〇	七五〇		三,五〇〇	三,〇〇〇	三〇〇	三四〇	二〇〇			四〇〇	一三五,六二〇
	賣上額	四三五,〇七〇	一六三,八八八	六八,〇五〇	四七,五〇四	二五六,五八八	一五五,八六三	三,三〇四		二四,三六七	三,二六九	一,三五〇	三,三四〇	四,八〇〇			五,三〇〇	一,二六二,五九三

伊通	商家	三	二六	八	二	六	二	五		三	四	三	三	四				一〇四
	店員	二〇三	七〇	四八	六九	三五	八〇	二		一〇	九	九	四	一九				五六〇
	資本金	二、二四〇	八、〇四〇	八、三〇〇	一三、八五〇	三、一〇〇	七、八〇〇	一、三〇〇		一、〇〇〇	六五〇	三五〇	二〇〇	一、七〇〇				四八、四一五
	賣上額	三〇、九二四	二四、三〇四	四〇、四七九	四五、五六九	七九、五五六	一〇三、八六三	六、九七八		一五、三八六	三三、三三八	一、一七九	八八三	二、四八五				六四三、九六三
雙陽	商家	二〇	四	五	一三	四	一三	一	三					五			三	七八
	店員	二三	一四	二	三五	二九	三六	三	三					六			三	一七三
	資本金	四九、〇〇〇	三、四五〇	三、九〇〇	七、三三〇	八、五〇〇	七、三五〇	一〇〇	一六〇					四五〇			二〇〇	八〇、四四〇
	賣上額	五七一、八六七	三一、〇六五	一四、五四〇	四九、七〇五	三六八、〇〇〇	六九、七四〇	一、一〇〇	一、八五〇					一〇、四八八			三、三〇〇	九九一、五八七
九台	商家	八九	三	三	一三五	七	一二六	八	一七	一	三	四	九	二六	三		一	四六三
	店員	八四一	一七六	一〇〇	一八八	一三三	二九一	二七	三四	二	一〇	三五	二七	六八	二		三	二、一二五
	資本金	二五、一八七	四四、〇五〇	一四、七五〇	二〇、三三三	四一、五〇〇	二七、五七〇	二、四〇〇	一、四二〇	一〇〇	一、〇〇〇	一、四三〇	九五六	三、九七〇	三、〇〇〇		七〇〇	一九六、三三五
	賣上額	一、八七八、八〇四	[illegible]	[illegible]	一四一、〇六〇	二六五、四三〇	六四三、九二三	二六、三三三	一〇、〇〇一	五、三三七	五、一三三	二、三八八	三、六三三	六六、五二四	三二、三三三		四、三二三	七、九七七、五〇四

長春 商家	長春 店員	長春 資本金	長春 賣上額	懐徳 商家	懐徳 店員	懐徳 資本金	懐徳 賣上額	長嶺 商家	長嶺 店員	長嶺 資本金	長嶺 賣上額
六八	五〇二	九五、三四〇	八三六、三三七	三四	三四八	三三、二〇〇	六六一、〇九四	二六	一五〇	四〇、一一〇	二九二、二〇四
四〇	九一	一三、七四〇	一四九、三二七	三三	二四	一二、七三〇	二九七、三三四	二	六	一、〇〇〇	一三、八三七
八	一六	二、四七〇	一四四、四九九	一〇	七九	六、一〇〇	一六六、三三九	四	九	二、四〇〇	一六、八四六
四〇	一七四	一九、八九〇	一三三、三三五	三四	一六五	八、〇八〇	七四、四四〇	九	三四	四、三〇〇	三〇、一六三
三	一四	七〇〇	一六、一九六	三三	八六	一〇、八〇〇	八三〇、一三五	一七	三三	三、五一四	七、七五五
三三	七二	八、五五〇	九二、九八一	三六	一六四	一三、五九〇	二七九、三〇五	六	三二	四、六三五	四八、五三〇
二	四	四〇〇	一、三三五	三	一五	一、七〇〇	四〇、五二九				
				一	二	一〇〇	九一〇	一	一	一〇〇	一、一二九
六	一一	三、二〇〇	一八、三三三	九	二九	二、四九〇	二七、七二四				
一	一二	六〇	九八〇	四	三三	一、五五〇	四一、一〇九				
二	一三	三〇〇	六〇六	一四	五八	三、七〇〇	二六、六〇五				
				一	一	五〇	三、五九三	二	六	三五〇	一、〇〇七
一	一	二〇〇	一、九二六	一〇	四三	三、六五〇	六三、三〇六				
				三	四	九五	五九五				
三	一四	九八〇	四、六八九	三	一七	三〇〇	二、五〇〇				
				一	三	六〇〇	三、〇五三				
								六	一六	三三〇	一、九四〇
二〇三	九〇二	一四五、七三〇	一、二六〇、〇〇四	一九八	一、一五二	九七、七六五	二、五九六、〇四八	七三	二八六	五六、四三九	四二一、五三二

乾安	商家	一三	一〇	五	八	六	七	三						九					六一
	店員	九五	二〇	一四	三〇	一三	三三	一〇						三					二二五
	資本金	一六,九三〇	一,九五〇	二,〇〇〇	一,九三〇	八〇〇	二,六〇〇	五〇〇						四八〇					二七,一九〇
	賣上額	二六八,九〇五	四,一三五	四,〇〇四	一七,一八八	二,三九六	二六,〇六四	八九六						九八〇					三二四,四五六
扶餘	商家	九七	六四	三六	四九	七四	五三	二五	三	四	一七	二	一五	二五	四	一四	一四	一	五一五
	店員	一,三〇八	二〇三	一四〇	二五八	五八五	三六一	一四七	七三	二八	五三	四五	二八	九八	二三	六二	六三	八	三,三七四
	資本金	四三二,九二〇	九,九四八	三五,六〇〇	四八,四五〇	三三三,八二〇	三六,四三〇	一四,八七〇	一五,九〇〇	四,一〇〇	八,九五〇	八,九〇〇	一,九三五	八,三六〇	一,〇〇〇	一五,一〇〇	一九,三〇〇	二,五〇〇	八八六,九四三
	賣上額	二,四八九,一七八	三七九,八九九	一五三,九九七	一九七,〇三五	七,一七二,〇七四	九一,一八三	一七六,七四〇	三四,四七三	一六六,一七八	一五六,〇九〇	三三,八六六	五,五四七	一二六,一二九	一九,一二九	八,二〇六	一二三,七七七	三,五〇〇	一三,四四六,九五〇
農安	商家	一六八	六六	六	六八	三三	六〇	五		四	八	一〇	一三	一三					五五六
	店員	一,四八九	一五五	四三	三七〇	六九	六八三	一四		三三	三五	六七	六	九					三,三三三
	資本金	四三二,一五五	一四,六八五	二三,一〇〇	六三,三五〇	一六九,三〇〇	六六,七〇〇	一,三五〇		六,八〇〇	四,九〇〇	三,一七〇	八〇〇	一,三〇〇					七九四,三五五
	賣上額	一,五六八,八二三	一〇〇,三三三	三六,五〇〇	一六八,三三三	六三六,三三三	三三四,三三三	六〇三		一六,六三四	一四,〇六〇	三九,六〇〇	三,〇〇〇	四〇〇					[illegible]

德惠	商家	七五	一〇	九	三四	一〇	三八	三	六	六	二	七	八	八	三	三	二	二二四
	店員	四四九	四八	三八	一四七	一〇六	一〇七	一八	三八	二四	六	三三	三三	二六	一五	一〇	一〇	一、一八七
	資本金	一〇九、七〇〇	一三、八八〇	六三八	一二、九〇〇	三四、〇五〇	一七、五八〇	七、五四〇	一、四三〇	三、一〇〇	六〇〇	一、一七〇	一、三五〇	三、七七五	三〇〇	三、一〇〇	三、〇〇〇	二三〇、三九三
	賣上額	一、〇八二、七〇〇	三八五、四六七	七六、五〇六	八二、三〇九	一、七五〇、八七七	二四九、八六六	四〇、八六四	六五二、〇三〇	五〇、〇一七	五、三〇七	一〇、四〇六	六、四八八	五二、四〇五	一六、五三三	六、九〇六	六、九一三	四、四七五、五八四
楡樹	商家	一三五	一七	三三	七八	三三	四二		四	五	九	四	四	八		四		三六八
	店員	一、三六七	四五	一二五	四三六	一四九	三四		一九	一五	四七	一九	一八	二〇		一四		二、四六八
	資本金	三九、七四六	五、四〇〇	一九、一七〇	六四、三六〇	一三、三〇〇	三五、九六〇		六、一〇〇	三、〇五〇	四、〇〇〇	一、八〇〇	一、三五〇	一、四〇〇		一、四〇〇		四八五、八六六
	賣上額	一、四七四、六三三	三〇、三二三	八〇、三六三	一八八、五二〇	三二一、六六六	一三〇、九一八		七一、二九三	八、五八〇	二〇、二九五	七、九七三	一、三六〇	八、九四五		九、七六〇		二、三五四、四五三
舒蘭	商家	六六	六四	一〇	四二	四	三五	二	七	二	二	五	三	一四	二			二五八
	店員	三八一	一三四	一四	一三三	一三	八〇	四	一〇	四	三	二二	五	三五	六二			七六二
	資本金	四七、九〇〇	二一、九〇〇	八三〇	九、九五〇	五、七〇〇	四、四〇〇	六〇〇	四五〇	八〇〇	七〇	六五〇	三五〇	一、三〇〇	二五、〇〇〇			二〇九、八五〇
	賣上額	二五三、九六三	九〇、三六〇	四九、三三六	六三、七八六	五、六六七	四〇、三〇七	一、一三八	三、三三二	六、四二四	三九六	三、四六四	二、八〇五	一二、七三四	一〇七、〇六二			六二八、六八六

備考　1.　康德三年春節、端陽節、仲秋節ノ三節季ノニ於ケル各市縣商會ノ定期經濟報告書ニ依リ集計作成セリ

吉林省屬各市縣旗舊制度量衡器對新制度量衡器米突法暨尺斤法比較換算率表（康德三年七月製）

類別	度						量						衡					
器別	裁尺一尺		大布尺（尺或半窄）		營造尺一尺		一升		五升半斗		一斗		鈎盤秤一斤		秤一兩		戥天秤一兩	
地別	米突法（糎）	尺斤法（尺）	米突法（糎）	尺斤法	米突法（糎）	尺斤法（尺）	米突法（立）	尺斤法（斗）	米突法（立）	尺斤法（斗）	米突法（立）	尺斤法（斗）	米突法（瓦）	尺斤法（斤）	米突法（瓦）	尺斤法（兩）	米突法（瓦）	尺斤法（兩）
吉林市	三四、六〇	一、〇三八	七八、六八	二、三六〇（半窄）	三一、六〇	〇、九四八	二、四四〇	二、四四〇	一三、三〇	一、三三〇	二四、六〇	二、四六〇	五三〇、〇	一、〇六〇	三三、二五	〇、六六五	三五、〇〇	〇、七〇〇
永吉縣	三四、九七	一、〇五〇	七四、〇〇	二、二二〇	三一、六四	〇、九四九	二、五五七	二、五五七	一三、七八	一、三七八	二五、五七	二、五五七	五五二、〇	一、一〇四	三四、四四	〇、六八九	三四、〇〇	〇、六八〇
額穆縣	三五、〇〇	一、〇五〇	三〇、〇〇	〇、九〇〇（尺）	三一、四七	〇、九四五	二、七二〇	二、七二〇	一三、五五	一、三五五	二七、二〇	二、七二〇	五三三、五	一、〇六七	三三、四四	〇、六六七	三二、三二	〇、六四五
敦化縣	三四、六八	一、〇四〇	二五、六〇	〇、七六八	三一、三〇	〇、九四〇	二、七〇〇	二、七〇〇	一三、三〇	一、三三〇	二七、〇〇	二、七〇〇	五四九、〇	一、〇九八	三四、一一	〇、六六六	三六、〇〇	〇、七二〇
樺甸縣	三四、二一	一、〇二六	七四、九九	二、二四〇（窄）	三一、三〇	〇、九四〇	二、九二〇	二、九二〇	一四、五五	一、四五五	二九、二〇	二、九二〇	五四九、五	一、〇九九	三四、四四	〇、六八七	三五、〇〇	〇、七〇〇
磐石縣	三四、六八	一、〇四〇	五三、四五	一、六〇〇（窄）	三一、三〇	〇、九四〇	三、六五五	三、六五五	一八、二五	一、八二五	三六、五〇	三、六五〇	五五五、〇	一、一一〇	三三、四四	〇、六六九	三五、〇〇	〇、七〇〇
伊通縣	三四、六八	一、〇四〇	五三、八六	一、六〇〇	三〇、三〇	〇、九一〇	三、四〇〇	三、四〇〇	一七、〇〇	一、七〇〇	三四、〇〇	三、四〇〇	五五〇、〇	一、一〇〇	三四、六八	〇、六六七	三六、〇〇	〇、七二〇
雙陽縣	三四、六八	一、〇四〇	七四、九九	二、二五〇（窄）	三〇、八〇	〇、九二五	三、四五〇	三、四五〇	一七、三〇	一、七三〇	三四、五〇	三、四五〇	五五五、〇	一、〇五五	三三、八二	〇、六七六	三六、〇〇	〇、七二〇
九台縣	三四、九七	一、〇五〇	五三、四五	一、六〇五（窄）	三一、四七	〇、九四〇	三、三六六	三、三六六	一六、三三	一、六三三	三三、六六	三、三六六	五三七、五	一、〇七五	三三、七七	〇、六六九	三六、〇〇	〇、七二〇
長春縣	三四、六八	一、〇四〇	五三、八六	一、五七五	三一、三七	〇、九四五	三、一四〇	三、一四〇	一五、七〇	一、五七〇	三一、四〇	三、一四〇	五三六、〇	一、〇五五	三三、八八	〇、六七七	—	—
懷德縣	三四、七〇	一、〇四一	五三、八六	一、六〇〇	三一、六四	〇、九五〇	三、四五〇	三、四五〇	一七、二五	一、七二五	三四、五〇	三、四五〇	五五五、五	一、〇七七	三四、九九	〇、六九三	三六、〇〇	〇、七二〇
長嶺縣	三五、〇〇	一、〇五〇	五三、九九	一、六六〇	三一、三〇	〇、九四〇	三、三六〇	三、三六〇	一六、八〇	一、六八〇	三三、六〇	三、三六〇	五四〇、〇	一、〇八〇	三三、七五	〇、六七五	三六、〇〇	〇、七二〇
乾安縣	三四、六八	一、〇四〇	五三、九九	一、六六〇	二五、三一	〇、七六〇	三、六〇〇	三、六〇〇	一八、〇〇	一、八〇〇	三六、〇〇	三、六〇〇	五五九、〇	一、〇七〇	三三、四四	〇、六六九	三五、〇〇	〇、七〇〇
扶餘縣	三四、九七	一、〇五〇	二六、六七	〇、八〇〇	三一、四七	〇、九四五	二、七〇〇	二、七〇〇	一四、一〇	一、四一〇	二八、二〇	二、八二〇	五四〇、五	一、〇八一	三三、八八	〇、六七六	三五、〇〇	〇、七〇〇
農安縣	三四、六八	一、〇四〇	五三、九九	一、六〇〇	三一、三七	〇、九四一	三、三三〇	三、三三〇	一六、六五	一、六六五	三二、七四	三、二七四	五五九、五	一、一一九	三四、九七	〇、六九九	三七、〇〇	〇、七四〇
德惠縣	三四、六八	一、〇四〇	四九、九五	一、五〇〇	三〇、四七	〇、九一五	三、一七〇	三、一七〇	一五、六五	一、五六五	三一、七〇	三、一七〇	五二〇、〇	一、〇四〇	三二、七〇	〇、六五四	—	—

榆樹縣	二四、八三	一、〇四五	三〇、九七	〇、九三〇	二九、六四	〇、八四〇	三、三三〇	三、三三〇	一六、六〇	一、六六〇	三三、二〇	三、三三〇	五五〇、〇	一、一〇〇	二四、三八	〇、六八七	三五、四〇	〇、七〇八
舒蘭縣	二四、六三	一、〇四〇	—	—	三一、九〇	〇、九五八	三、四〇〇	三、四五〇	一七、二〇	一、七二〇	三四、四〇	三、四四〇	五三三、五	一、〇四五	三三、六六	〇、六五三	—	—
郭爾羅斯前旗	二四、六三	一、〇四〇	三一、九五	一、五六〇	三一、三〇	〇、九四〇	三、四〇五	三、四〇〇	一七、三五	一、七三五	三四、五〇	三、四五〇	五五五、〇	一、一一〇	二四、六九	〇、六九四	—	—

吉林省屬各市縣旗新舊度量衡換算比較表

（康德二年五月製）

種類＼地別	度：新尺合舊尺	度：舊尺合新尺	度：新里合舊里	度：舊里合新里	面積：新畝合舊畝	面積：舊畝合新畝	面積：新天合舊天	面積：舊天合新天	量：新升合舊升	量：舊升合新升	衡：新斤合舊斤	衡：舊斤合新斤
吉林市	〇、九六〇	一、〇四〇	〇、八八〇	一、一三〇	一、三四〇	〇、七六〇	一、三四〇	〇、七六〇	〇、四一〇	二、四四〇	〇、九四三	一、〇六〇
永吉縣	〇、九五二	一、〇五〇	〇、八七七	一、一四〇	一、三〇二	〇、七六八	一、三〇二	〇、七六八	〇、三九一	二、五五七	〇、九一九	一、〇八八
額穆縣	〇、九五〇	一、〇五三	〇、八八二	一、一三四	一、三九九	〇、七一四	一、三九九	〇、七一四	〇、三六九	二、七一〇	〇、九三七	一、〇六七
敦化縣	〇、九六〇	一、〇四一	〇、七三五	一、三六七	一、二〇〇	〇、八三三	一、二〇〇	〇、八三三	〇、三七〇	二、七〇〇	〇、九一〇	一、〇九八
樺甸縣	〇、九七〇	一、〇三〇	〇、八八六	一、一二八	一、四一四	〇、七〇六	一、四一四	〇、七〇六	〇、三四二	二、九二〇	〇、九〇九	一、〇九九
磐石縣	〇、九六〇	一、〇四〇	〇、八六八	一、一五二	一、三五六	〇、七三七	一、三五六	〇、七三七	〇、二七四	三、六五〇	〇、九四〇	一、〇七〇
伊通縣	〇、九六〇	一、〇四〇	〇、七五八	一、三一九	一、一〇〇	〇、九一〇	一、一〇〇	〇、九一〇	〇、二九四	三、四〇〇	〇、九〇九	一、一〇〇
雙陽縣	〇、九六〇	一、〇四〇	〇、九〇〇	一、一一〇	一、四六〇	〇、六八〇	一、四六〇	〇、六八〇	〇、二九〇	三、四五〇	〇、九五三	一、〇五〇
九台縣	〇、九五二	一、〇五〇	〇、八八二	一、一三四	一、三九九	〇、七一四	一、三九九	〇、七一四	〇、三〇六	三、二六六	〇、九四八	一、〇五五
長春縣	〇、九六〇	一、〇四一	〇、八八三	一、一三〇	一、六八九	〇、五九一	一、六八九	〇、五九一	〇、三一七	三、一四〇	〇、八九七	一、一一五
懷德縣	〇、九六〇	一、〇四二	〇、八〇〇	一、二五〇	一、三五六	〇、七四〇	一、三五六	〇、七四〇	〇、二九〇	三、四五〇	〇、九〇三	一、一〇七
長嶺縣	〇、九五〇	一、〇五三	〇、八八六	一、一二八	一、四一四	〇、七〇六	一、四一四	〇、七〇六	〇、二九七	三、三六〇	〇、九二五	一、〇八〇
乾安縣	〇、九六〇	一、〇四〇	〇、九六〇	一、三五四	一、四〇三	〇、七一三	一、四〇三	〇、七一三	〇、二八〇	三、六〇〇	〇、九三六	一、〇七〇

扶餘縣	〇、九六〇	一、〇三〇	〇、八八〇	一、一三四	一、三四〇	〇、八二〇	一、三四〇	〇、八二〇	〇、三七五	二、七〇〇	〇、九三五	一、〇八一
農安縣	〇、九六〇	一、〇四一	〇、八三三	一、一〇〇	一、〇四〇	〇、九六〇	一、〇四〇	〇、九六〇	〇、三四〇	三、三三〇	〇、八九三	一、一一〇
德惠縣	〇、九六一	一、〇四〇	〇、八三三	一、一〇〇	一、六二五	〇、六一四	一、六二五	〇、六一四	〇、三一四	三、一七〇	〇、九六一	一、〇四〇
榆樹縣	〇、九六〇	一、〇四六	〇、八九四	一、一一六	一、四六一	〇、六八三	一、四六一	〇、六八三	〇、三〇一	三、三二〇	〇、九〇九	一、一〇〇
舒蘭縣	〇、九六〇	一、〇四〇	〇、八六八	一、一五三	一、三六六	〇、七三二	一、三六六	〇、七三二	〇、三一〇	三、四〇〇	〇、九五七	一、〇四五
郭爾羅斯前旗	〇、九六〇	一、〇四〇	〇、八九一	一、一二六	一、一四五	〇、八八四	一、一四五	〇、八八四	〇、二九〇	三、四五〇	〇、九〇〇	一、一一〇

吉林省各市縣旗所屬需用度量衡器種類區分數量統計表

種類 \ 區分及數量 \ 地別			吉林市	永吉縣	額穆縣	敦化縣	樺甸縣	磐石縣	伊通縣	雙陽縣	九台縣	長春縣	懷德縣	長嶺縣	乾安縣	扶餘縣	農安縣	德惠縣	榆樹縣	舒蘭縣	郭爾羅斯前旗	合計
度	直尺	一尺	四〇二	七、九九八	六八	一、五〇〇	一、五九四	六七	六六	三〇	一、九九四	三、四一八	四、三七六	二、一七一	五、〇〇〇	九五一	五、六六九	三、六八七	一六、一八〇	五、五七〇	二〇六	一〇八、一四二
		一尺五		三三一			三				一六	一二七								二五〇		七八六
		二尺		四四六			三				五	五九九				三		八五五		二五〇		二、一九九
		三尺		六六六		一〇〇	六六	一〇		三	五七	一〇	一、四六八	一五〇	四〇〇		一五		二、七三五	二五〇		五、九八二
		六尺		四一三			三三				八六	一九			二〇〇	一〇		一、三〇〇	四、六〇〇	三〇〇		六、九五三

器 曲尺	五寸		三六		三〇									一〇〇			五〇		一〇〇		三一六
	六寸		三三																		三三
	九寸		四七																		四七
	一尺		三八		一五〇	二〇					二五		五〇	二〇〇			四五〇	六八五	二〇〇	一六	二、〇一四
	一二尺		二四			五						一〇六				三〇			五〇		二一五
	一五尺		一三六			五			四〇	一三四		一〇二	五〇			三五	一八〇	六四一	五〇		一、三七三
折尺	一尺	八	四一		二〇〇	五			三				三〇	六〇	二		五〇	五九五	一〇〇		一、一〇四
	一五尺		一三			五													三〇		四八
	三尺		三三	二〇	三〇〇	一〇				四五	一五	九三〇	六六	七〇	一〇	四七	一五〇	七四九	五〇		二、七〇五
卷尺	六尺		六七			五					九	八三	二四	二五	二				一〇〇		三五五
	九尺		三五	三〇		五				一三							一〇			一〇	一〇三
	一五尺		五		二〇	二								一〇			一五	八一九	一〇〇	一〇	九八一
	三〇尺		四二		一〇	五				三					二		三〇	五四七	二〇	一〇	六六九
鏈尺	十米					五								一〇			一〇				二五
	二〇米				五	五								五			一五				三〇
	一勺			一〇〇		七			四五		五五			五〇	二	八		三九五			六七二
	二勺	一		一〇〇		七			四五		五五			五〇		一八					二七六

量 圓	五勺	二		一〇〇		七			四五	三五		四〇八		五〇		四二		五八五			一、二七三
	一合		一四七	五〇		五	一三六	二三〇	四五	五八	四〇	九六四		五〇〇	一〇		五八	三、九七五	一〇〇		一五、三〇八
	二合		八五	七〇		五	一七五	二三〇	四五			九六		五〇〇		二六七					三、二七三
	五合		一六〇	六〇		五	一四五	二四〇	四五	一二四	四〇	五八三		五〇〇		二六八					三、一九〇
柱	一升		二七八	一三〇		一五	四五	五〇	四五	三〇五				六〇〇	一三〇	三〇	三、〇〇〇		五〇〇		一四、三二八
	二升		三	一二〇		三〇	五							六〇〇	一〇七	一五	一三〇				一、一〇〇
	五升		八〇	五〇		三〇		六四	七	三五〇				六〇〇	一一七	一、四三六	三七〇		二〇〇	四〇	三、三四四
	一斗		一六八	三〇		九〇一		六四		一、四〇〇				六〇〇	一一四	一三			五〇〇	四七六	四、二六三
形	二斗		六三	三〇		二〇四		六〇						六〇〇	一一三	五	三〇				一、〇九四
	五斗					三〇					一五	七〇			一〇九		五〇		二〇〇		四七四
方	一合		四九一			七			一				五〇	三〇〇	五			九、一六八	五〇		一〇、〇七三
	二合		一二〇			七								三〇〇							四一七
	五合		六四四			七					一四二		六六	三〇〇	二			三二二	五〇		一、五三三
	一升	九三	一、三九四		三〇〇	五〇	三三三	三五	一三	一四八	一、〇四五	六七七	三九一	四〇〇	七七	二	五、〇〇〇	七、六四三	五〇	三〇六	一八、〇四四

器	形	二升		四五			二四		二〇			一三五	七九	六四	四〇〇		三三	二七〇			一、七八九
		五升		二、六九二		五〇〇	二九	二五	一、三四一	五四	二四七	四四一	六八四	四一七	四〇〇	七四	一六八	二三〇	八七四	五〇	八、二三六
		一斗	一〇三	三、三三三		一、〇〇〇	六〇一	三五七	二、四六〇	二二七	一、八六六	八六六	三九二	三九〇	五〇	二九九	一三三	五、〇〇〇	二、八五〇	五〇	二八、七三三
		二斗	二	一、一八五		四〇〇		三五			四六四	三五一		四八四	五〇	二〇六	一六三	七〇	三、八五〇		一五、二五九
		五斗	二	三		三〇〇								二〇			二	五〇			二七六
	角錐形	二斗							一、九五〇	一、三五一	三、五二〇	二五〇	四四九			五	一、五四九	五〇			八、一二四
		五斗									四							五〇			五四
衡	台	四〇斤		三六		二〇			六						一〇			一八〇			二五四
		一〇〇斤		三三			五				二				一〇			一、八〇〇	三五	一〇〇	一、九八四
	秤	二〇〇斤		四六			三		三		八							一、五二〇			一、五八九
		三〇〇斤	一	二三	一〇	一〇	二六	五			三				五		三		六七		二六四
		五〇〇斤	一	四四	四	五	二	五	三	一三	四		一九	一		三	六	一、二〇〇	五五	三〇	一、三九四
	架	一斤		四八				三			四	三			五	二〇		一、五八〇	五五		一、七二六
	盤	二斤		三九			二				一〇										五一
		四斤		三三			五				一六	一						八五〇			九一〇

桿秤	一〇斤		一四九			一六				二四		二四		三			一、八五〇	七三			二、一三九
	二〇斤		一四三			二六											九二〇	一七			一、一九九
鈎秤	一〇斤		九四四	二〇	四〇〇	二三〇		五五三	五三	一、一四〇	二〇一		一四六	六〇〇	七四	七八	二、〇〇〇	六五八	二〇〇		七、二九七
	二〇斤	二五	六八三	二〇		一四一	二四	六四五	一一九	四二〇	二五		一一八	六〇〇	五	五八四					三、四〇六
	三〇斤	七〇	七九八			三九		一、二三九	七九	五七八	二五七		二七	六〇〇	六	一〇八					三、八〇一
	四〇斤	●	五九七			一四五			三	三三	三五	二、九七五	七八			四九八					四、三六五
	五〇斤	二〇	一、八六四	三〇	三五〇	二〇三	三三	八七	九三	六四二	一三〇	九七六	三五		一五	五七六	一、五〇〇	三三四	一五〇	五三	九、〇九七
秤	一〇斤	五三	五〇一	三〇	二〇〇	一〇〇	四三	六八六	一五四	三四一	八二		二〇六		三九	一七四	六〇〇	二四五	二五〇	一〇八	三、九八八
	一五斤	五	一八〇	二五		一五	五		三〇	四二	二〇										七八〇
	二〇斤	二三	二〇二	二〇		一九		三〇〇	四六	八三	一六		一	二〇	二〇	六九	一五〇				九六七
	三〇斤	五五	三六八	三〇	二〇〇	六六	八	一三〇	一四八	六三	六三		四	三〇	五	三三六		二三〇		二七二	一、九五〇
	四〇斤	七	三〇	二〇		一〇	五		三三	四六		一〇八				五					二六四
	五〇斤	一	六〇		五	五	五	四〇	五	二	一	八五		一〇八	二	一一〇		三〇			五五六
盤	二斤	一七	四六		三〇〇	五五	一〇			一九四	七二		一三五	一〇〇		三〇	五八〇	四四二	二五〇		三、〇〇〇

吉林市新舊制度量衡器暨各國度量衡器換算對照表

器	
秤 五斤	[illegible]
秤 一〇斤	[illegible]
秤 二〇〇斤	[illegible]
戥 一兩	[illegible]
戥 二兩	[illegible]
戥 四兩	[illegible]
秤 一〇兩	[illegible]
秤 二〇兩	[illegible]

I 度器換算對照表

吉林市舊制裁尺	新制尺	日本尺	公尺米突	英呎	英碼	俄阿耳申
一	一、〇四〇	一、一四五	三四七	一、一三八	三七九	四八八
九六	一	一.一	三三三	一、〇九四	三六四	四六九
八七三	九〇九	一	三〇三	九九四	三三一	四二六
二、八八五	三	三三	一	三、二八一	一、〇九四	一、四〇六

	八七九	三、六三八	三、〇五〇
	九一四	三、七四三	二、一三四
	一、〇〇六	三、〇一八	三、三四七
	三〇五	九一四	七七一
	一	三	三、三三三
	三三三	一	七七八
	四二九	一、二八五	一

II 長度換算對照表

吉林市舊制里	一	八六八	六、八一七	一、七三六	二、七九四	一、八五三
新制里	一、一五三	一	七、八五四	二	三、二一九	二、一三四
日本里	一五三	一二七	一	二五五	四一	二七三
公里粁	五七六	五	三、九二七	一	一、六〇九	一、〇六七
英哩	三五八	三一	二四四	六二一	一	六六三
俄維耳斯時	五四〇	四六九	三、六八一	九三七	一、五〇九	一

III 面積換算對照表

吉林市舊制畝(二八八弓)	一	一、三五六	〇〇四四九	一三三一七
新制畝	七三七三	一	〇〇三三	〇九九二
日本坪	二二三、〇二七	三、〇二五	一	三〇
日本畝	七、四三四	一〇、〇八七	〇三三三	一
公畝阿	七、三七二八	一〇	〇三三〇五八	九九一七四
陌	七三七三	一	〇〇〇三三	〇〇九九二
英畝愛克	一八三三	二四七	〇〇〇八二	〇〇二四六
俄特西阿背	〇六七四八	〇九二	〇〇〇三〇二	〇〇九〇六

〇〇二三五六	一	三〇二五	〇一〇〇八	一	〇一	〇〇〇二四七	〇〇〇〇九一
二三、五六三五	一〇	三〇二五	一〇〇、八三三	一〇〇	一	二、四七一	九一五三
五、四八八八	四、〇四六八	一二二四、一五七	四〇、八〇五二	四〇、四六八	四〇四六八	一	三七
一四、八一七六	一〇、九二五	三三〇五	一一〇、一六六	一〇九、二五	一、〇九二五	二、七〇二五	一

Ⅸ 量器換算對照表

吉林市舊制斗	新制斗	日本升	日本石	公升立特	英呏	俄維得羅
一	二四六	一三、六四	一三六四	二四、六	五、四一三	二
四〇七	一	五、五四四	〇五五四	一〇	二、二〇一	八一三
〇七三三	一八〇四	一	〇一	一、八〇四	三九七	一四六六七
七三三	一八、〇三九	一〇〇	一	一八〇、三九	三九、七	一四、六六七
〇四一	一	五五四四	〇〇五五	一	二二〇一	〇八一三
一八四七	四五四三五	二、五一八	〇二五一八	四、五四三五	一	三六九四
五	一、二二九九七	六、八一八	〇六八一八	一二、二九九七	二、七〇七	一

X 衡器換算對照表

吉林市舊制斤（鈎盤秤）	新制斤	日本斤	日本貫	公斤瓩	英磅	俄甫特
一	一、〇六	八八三〇	一四一三	五三〇	一、一六八	〇三二五

九四三	一、一三二五	七、〇七八一	一、八八七五	八五六一	三〇、九一九一
一	一、二二	七、五	三	七〇七二	三一、七六三
八三三三	一	六、二五	一、六六六六	七五五九	二七、〇三二
一三三三	一六	一	三六六六	一三〇九	四、三六八一
五	六	三、七五	一	四五三六	一六、三八一
一、一〇二三	一、三三二八	八、二六七二	三、二〇四六	一	三六、一二三
〇三〇五	〇三六六	二三八九	〇六一〇	〇二七七	一

第五項　吉林市中央卸賣市場ノ設立

吉林中央卸賣市場ノ計畫ハ始メ日本商工會中心トナリ、康德元年春頃ヨリ市場研究委員會ヲ組織シ研究調査ニ着手セリ。最初ハ日滿合辦資本金二十萬圓四分ノ一拂込卸小賣市場會社ノ具體案作成セシモ偶々同年十月二十五日滿洲國勅令ニ依リ中央卸賣市場法發布トナリ、其後一委員タリシ實業廳カ主體トナリ、吉林生鮮食料品市場ニ關スル研究ヲナシ左ノ如ク試案ヲ得タリ

第一案　吉林市場株式會社創立計畫案

第二案　吉林市營市場開設計畫案

第三案　公私營市場折衷案

斯ル時吉林日滿商工協會ヨリ滿洲國法ニ依ル半官半民日滿合辦資本金十五萬圓ノ吉林市場會社設立認可申請アリ。依テ三浦總務廳長ハ實業部當局ニ對シ種々折衝ヲ重ネラレシモ結局經營主體ハ地方共同團體タル市トセサル可カラサルコトニ方針決定セルニ付第四案トシテ市營市場設備貸付辦法案ナルモノヲ作成シ之ヲ中心ニ日本商工會關係者ト種々懇談セシモ意見一致ヲ見ルニ至ラサリキ、其後康德二年八月初ニ至リ日滿商工協會ヨリ改メテ市長宛吉林市市場開設者トシテ業務代行ノ市場會社設立申請書提出サレタリ。

茲ニ於テ實業廳ハ愈々之ヲ實現ニ移スヘク實業部ト接涉シ先ツ滿鮮各都市中央市場ノ實狀ヲ究明シ吉林市ニ於ケル生鮮食料品ノ消費量並日滿間屋筋ノ取扱數量ニ付實地調査ヲナシ基礎調査ノ再檢討ヲナセリ。

右調査ノ結果全吉林市民ノ生鮮食料品消費額ハ年額百拾貳萬圓ト算定サレ隨テ市場ニハ其ノ約半數六十萬圓ハ上場サルヽモノト見做シ、市ノ投資モ十萬圓程度ヲ妥當ナルモノトシテ具體的計畫ヲ立ツルコトトナレリ。而シテ同年十二月初一切ノ計畫案完成シタルヲ以テ之ヲ基礎トシテ着々準備ヲ進メ一方業者ト利害關係ノ密接ナル營業權ノ買收ニ就テハ日本側ハ總領事館及商工會議所ニ滿洲側ハ總商會ニ査定方針及買收價格ヲ明示シ最初商工協會ヨリ提出ノ原案トモ些ノ相違ナキコトヲ說明シ萬事ヲ一任セリ。

然ルニ愈市場實現スルトナレハ從來業者ノ口錢ハ僅少トナリ且營業權利株ノ割當モ實績ニ徵シテ嚴格ニ分配サレシヲ以テ最初熱心ニ發起セシ日滿當業者中ニモ難色アルモノサヘ見エ却テ多額ノ權利株ノ要求ヲナスモノ又ハ治外法權ヲ理由トシテノ日商側ノ反對スルモノ等爾來幾多ノ波瀾曲折アリシモ結局市場會社現物出資株タル二萬五千圓ハ日商北辰商會及滿商三軒ノ棄權ニ依リ一萬五千圓トナリ現金出資株五萬五千圓ハ日本商三萬圓、滿洲商二萬五千圓ニ分擔（内市ハ一萬四千六百圓出資）シ資本金七萬圓ノ代行會社ヲ設立セラルル運ヒトナレリ。

依テ市ハ市場建設資金ヲ新京朝鮮銀行ニ起債ヲナス一方市場建物設備設計ヲ國務院營繕處ニ依賴シ市場從事員選定モ奉天滿洲市場ニ一任スル等諸種ノ準備工作ヲ進メタリ。

而シテ康德三年四月十一日全株發起人引受濟トナリタルヲ以テ總商會ニ於テ發起人會ヲ開催定款ノ作成ヲナセリ。

追テ六月九日現金株モ全部拂込濟トナリタルヲ以テ翌十日第二次發起人會ヲ開催シ日滿各役員ヲ選任、直チニ中央並法院ニ對シ登記其他ノ手續ヲ了シ豫定通リ七月一日吉林市中央卸賣市場ノ開業ヲ見ルニ至レリ。

開業匆々生產地ニ對スル宣傳不徹底ト場外取引ノ旺盛トニテ市場集貨モ豫定數量ニ達セサリシモ八月末市場建物ノ完成ト九月來日滿官憲市場外取引ノ徹底的取締ニ依リ漸次荷取引モ殷盛トナリ所期ノ市場ノ機能モ發揮スルニ至レリ。

開業後初年度半個年間ノ吉林中央卸賣市場上場狀況次ノ如シ

取扱數量及金額（自康德三年七月至康德三年十二月）

品名		數量（瓩）	金額（圓）
七月分	鮮魚	一三、七八九	五、〇五三
	鹽干魚	七、七〇二	二、五二〇
	果實	二四、四三四	四、四四四
	野菜	二七、一五四	四、三五五
	計	七三、〇七九	一六、三七二
八月分	鮮魚	一八、七一一	六、八六四
	鹽干魚	四、五三八	一、三一三
	果實	二六、八九五	三、三八二
	野菜	四、〇五九	一、一二三
	計	五四、二三〇	一二、六八二
九月分	鮮魚	一六、八七四	七、三六四
	鹽干魚	二、七七九	五、一六三
	果實	二三、〇〇八	五、〇〇二
	野菜	四、八九八	一、七三五
	計	四七、五五九	一九、二四六

	十月分 斤	十月分 圓	十一月分 斤	十一月分 圓	十二月分 斤	十二月分 圓
鮮魚	二四、二七七	一〇、一四九	二九、三三三	二二、三七五	四七、八五三	二〇、一九二
鹽干魚	一四、七四六	四、三四九	二三、六七四	六、八九三	一二八、六五五	三七、五六五
果實	四九、七六六	一〇、五五三	一六九、三八〇	三七、〇三〇	一四九、三七二	三四、六五六
野菜	一一、七二五	二、七三三	一二、九二一	三、〇二二	一四、二一五	三、三一四
計	一〇〇、五一四	二七、七八四	八三五、三〇八	五九、三二〇	三四〇、〇九五	九三、七二七

總計	瓩	圓
鮮魚	一五〇、八三七	六、九九七
鹽干魚	一八二、〇九四	五七、八〇三
果實	四四二、八五五	九三、〇六七
野菜	七四、九七二	一六、二七二
合計	八五〇、七五八	二二九、一三九

第四節　省勸業機關

第一項　省立農事試驗場

本場ハ光緒三十四年（約三十年前）ノ創設ニ係リ相當古キ歷史ヲ有スルモ舊政權時代永年間合理的經營ヲ欠ケル爲殆ント有名無實ノ狀態トナリ居リタルモ建國以來孜々トシテ之カ刷新ニ努メタル結果今日ニ在リテハ省唯一ノ勸業機關トナリ、康德四年度農產開發五ケ年計畫ニ伴ヒ、省原種圃トシテ優良種子ノ增産ヲ計ルト共ニ農事ニ關スル簡易試驗ヲ實施シツツアリ、農民修練所ヲ附設シ農村中堅分子ヲ養成スル目的ヲ以テ康德二年度以降各縣ヨリ模範農民ヲ推薦セシメ之ニ對シテハ農場ヲ通シ、實地訓練ヲ行ヒ勤勞精神ノ涵養ニ努メツツアリ。

第二項　省立苗圃

康德三年度ノ設置ニ係リ主トシテ綠化運動用並農村備林造成上必要ナル苗木ノ生産ニ衡リツツアリ。

康德三年度省立苗圃事業成績　（康德三年七月三十一日調）

一、苗圃面積

總面積	三〇、七五〇平方米
施業面積	二七、二八六
内譯	
(1)播種面積	七四五
(2)床替面積	三、四四〇
(3)挿穗面積	二八六
(4)其他	二二、八一五
除地面積	三、四六四
(1)屋敷	六三〇
(2)圃道	二、二一五
(3)溝渠	四三九
(4)其他	一八〇

備考

(1)施業面積内譯中其他二二、八一五平方米ハ見本園三、五二五平方米及北海道産山櫻委託試驗地三、六〇〇平方米並將來施業地一五、六九〇平方米トス

(2)除地面積内譯中其ノ他一八〇平方米ハ井戸敷地二〇平方米及露天作業用地一六〇平方米トス

樹種	數量	一平方米當播種量	播種面積	發芽數量	成績概要	山出見込本數	備考
奉天クロマツ	〇、五立	〇、〇六立	一八〇平方米	八九%	良		
イタチハギ	一二、四	〇、〇四	三二〇	七五	良	一〇、〇〇〇	
イタヤカヘデ	二四、〇	〇、一二	二〇〇	九八	良		
ネクントウカヘデ	九、六		八〇	九七	良	六、〇〇〇	
クリ	二三五粒	四七粒	五	一〇〇	良	二三五	
ノニレ（播種）			一一〇	六八	良	五〇、〇〇〇	
ノニレ（天然下種）			（三、〇〇〇）	四二	良	五〇、〇〇〇	
ドロヤナギ			四〇				
計			七四五 （三、〇〇〇）			一一六、二三五	

備考

(1) 表中奉天**クロマツ**、**イタチハギ**、**ネクントウカヘデ**、栗ノ四種ハ實業部ヨリ種子ノ配付ヲ受ケタル分トス

(2) **ドロヤナギ**ハ本年七月三日取播シタルモノニシテ未グ發芽前ニ付成績不記。

(3) 山出見込本數欄中 **イタチハギ**一〇、〇〇〇本ハ平方米當平均二〇〇本植トシテ養苗シタルモノヲ試験的ニ山出シスルコトトシ他ハ明年度床替ヲナスモノトス。

(4) 奉天**クロマツ**、**イタチハギ**、**ネクンドウカヘデ**ノ三種ハ種子ノ受入ト全時ニ發芽見込ナキ無甲種子及夾雜物ヲ除去シ發芽促進ノ爲露天埋藏ヲナシタリ。

(5) **ノニレ**天然下種面積三、〇〇〇平方米ハ母樹下掻起シヲナシ現實ニ發芽シタル成績ヲ示スモノトス。

三、挿木

樹種	本數	一平方米當挿木本數	挿木面積	成績概要	山出見込本數	備考
ドロヤナギ	三、〇〇〇本	四三	七〇	良	一、〇〇〇	
シダレヤナギ	三、〇〇〇	四三	七〇	〃	一、〇〇〇	
コリヤナギ	三、〇〇〇	四三	七〇	〃	二、〇〇〇	
テウセンヤマナラシ	三、〇〇〇	四三	七〇	〃	一、〇〇〇	
其他	二五〇	四三	六	不良		
計	一二、二五〇		二八六		五、〇〇〇	

備考

(1) **ドロヤナギ、シダレヤナキ、テウセンヤマナラシ**ハ本年中ニ於テ生長優良ナルモノヲ各一、〇〇〇本宛山出シヲナシ他ハ尚一年間据置育成ノ上二年生ヲ山出シスルモノトス。

(2) 其他ノ欄ハ夾竹桃外四種挿木試驗用トシテ標準面積各一平方米ニ付五〇本宛挿木シタルモノナリ。

四、床替

樹種	本數	一平方米當床替本數	床替面積	成績概要	山出見込本數	備考
テウセンカラマツ（二年生）	二〇、二〇〇本	四三	四七〇	良	二〇、二〇〇	
仝（三年生）	一〇、八〇〇	四	二、七〇〇	〃	一〇、八〇〇	
テウモンマツ（二年生）	九、四八〇	七九	一二〇	稍良	六、〇〇〇	
シベリヤハンノキ（三年生）	六〇〇	四	一五〇	良	六〇〇	
計	四一、〇八〇		三、四四〇		三七、六〇〇	

五、康德四年度山出苗豫算本數

樹種	樹齡	本數	備考
テウセンカラマツ	二年	二〇、二〇〇	
〃	三	一〇、八〇〇	
テウセンマツ	二	六、〇〇〇	
シベリヤハンノキ	三	六〇〇	
ドロヤナギ	一	一、〇〇〇	本年中ノ生育狀態ヲ見テ來春山出不適ノ場合ハ尚一年間据置クモノトス（ドロヤナギ―テウセンヤマナラシ）
シダレヤナギ	一	一、〇〇〇	
コリヤナギ	一	三、〇〇〇	
テウセンヤマナラシ	一	一、〇〇〇	
イタチハギ	一	一、〇〇〇	
ネクンドウカヘデ	一	六、〇〇〇	
クリ	一	二三五	
ノニレ	一	一〇〇、〇〇〇	
計		一五八、八三五	

第三項　省立種畜場

康德三年度ノ設立ニ係リ現有種豚バークシャー七頭雜種五頭、仔豚八頭ヲ繫養セリ。尙本場ハ畜產開發五ケ年計畫ニ伴ヒ今後益擴充ノ豫定ナリ。

第四項　省立工藝講習所

(1) 滿洲國ニ於ケル工藝研究ノ沿革

由來工藝産業ノ進歩發達如何ハ其ノ國ノ文化並ニ經濟關係ト密接不可分ノ重大關聯ヲ有スルモノナリ。

而シ我ガ國ニ於ケル工藝ニ就イテ見ルニ其ノ沿革タルヤ相當古キニ不拘何等進展ヲ見ルナク其ノ技術技能ノ未ダ幼稚蒙昧ナル域ヲ脱シ得ザル現狀ナリ。

即チ事變前ニ在リテハ設備ナキニアラザリシモ其ノ殆ンドガ有名無實ニ終リシモノ多カリキ。

然ル處近時治安ノ安定ト共ニ地方ニ於ケル工藝的家內工業或ハ副業モ漸ク盛ントナルニ至リ、又一方官設工藝機關モ順次整備シ來レリ。

(2) 工藝方面ヨリ見タル吉林省ノ特色

吉林省ハ古ヨリ政治文化ノ發祥地トシテ知ラレ、工藝研究ニ就テモ夙ニ三十數年以前ヨリ着手セラレ、省城ニ就テハ工藝廠女工廠、其ノ他旗人關係ノ旗務工廠ノ設立又縣ニ於テハ習藝廠ノ設置等一歩他省ニ先ジ居タリ。卽チ當時爲政者理解奬勵ト各方面ヨリノ援助指導アリタルト加之木材、葉煙草、其ノ他工藝用材料ノ出産多ク且之ガ需要モ相當盛ナリシニ據ルモノナリ。

(3) 吉林省工藝講習所概要

本所ハ康德元年七月一日實業部令ニ依リ前記省立工藝廠及女工廠ヲ合併改組シ、吉林省立工藝講習所トシタルモノナルモ舊工藝廠ハ宣統元年五月民政使謝汝欽氏始メテ貧民習藝所ヲ設立シ、功德院ノ廟産ヲ接收シテ基金トシ、各所ノ貧窮者ヲ收容シテ受産事業ヲ起セシニ始マル。

翌宣統二年四月工藝教養所ト改稱シ、汎ク貧民子弟ヲ集メ、專ラ工藝技術ヲ教授スルコトトナリ、巴虎門外青蓮寺ニ工廠ヲ設置シテ爾來茲ニ三十年工藝研究ノ殿堂ヲ築クニ至レリ。

當舊女工廠ハ前者ヨリ創立ハ新ラシク民國十四年春省政府實業廳ノ提倡出資ニ依リ女子ニ實業職業ヲ授ケ自活ノ道ヲ開カシメンガ爲メ文廟東隣ノ舊天壇地址ニ設立サレタルモノナリ。

由來本所ハ幾多內外難局ニ直面シツヽモ宜シク全國唯一ノ工藝研究機關トシテ籠居精進シ工藝講習所ニ改組後ハ極力內容ノ充實改善業務ノ合理化ニ努メ大体目的ヲ

(1) 工藝品ノ製作研究
(2) 工藝技術員ノ養成
(3) 農家工藝的副業ノ研究

等ノ三項目ヲ定メ、又組織ヲ次ノ如ク編成セリ。

▲組織

- 所長
  - 總務科
    - 庶務股　文書ノ受發、建物物品ノ保管、其他他股ニ屬セサル事務
    - 經理股　預決算及材料購入竝金錢出納事務
    - 售品股　成品陳列販賣竝註文品受付
    - 教務股　學課ノ教授及藝徒管理
  - 技術科
    - 男子部
      - 木工組　洋家具製作並教授
      - 地毯組　絨毯ノ製作並染色法教授
      - 製菸組　葉卷煙草ノ製法教授
      - 製鞋組　製靴法ノ教授
      - 織布組　手織タオル織方並染色法教授
      - 洋服組　洋服裁縫ノ教授
    - 女子部
      - 手布組　手織タオル織方並染色法教授
      - 編織組　靴下手袋ノ織法竝毛編物ノ編方教授
      - 刺繡組　刺繡ノ製作教授
      - 滿服組　滿服裁縫ノ教授

第六章 拓務

第一節 內地人自由移民

康德三年十一月十七日暫行農業自由移民取扱規則公佈セラレテ以來今日迄農業自由移民認可願ノ提出件數ハ僅カニ二十四件ニシテ自由移民ノ進出ハ尙ホ將來ニ待ツベキモノアリ。

從前昭和十年一月入植セル自由移民ハ京圖線蛟河ニ新潟移民アリ、拉濱線新站ニ飯島農場アリ、昭和八年入植小作鮮農二二一戶二一〇町步ヲ耕作ス。之等ハ就レモ水田經營ヲ中心トシ多角的近代的農法ヲ營メリ。

康德四年三月松島移民入植セリ狀況次ノ如シ。

移民ハ總テ長野縣人ニシテ四十二名ヲ四ケ所ニ分植ス。

イ、永吉縣雙河鎭	一〇名	一三〇町步
ロ、永吉縣江蜜峰	一〇名	七〇町步
ハ、永吉縣孤鋪子	一一名	八〇町步
ニ、舒蘭縣水曲柳	一一名	二二三町步

移民戶當面積水田六町步畑一町步トシ不足勞力ハ滿鮮農ヲ小作セシム。

康德四年坂口部隊除隊兵磐石縣營條頂子及西玻璃河套ヘ各々三〇戶入植ノ預定ナルモ現在ハ各四名宛入植シ後來移民ノ入植計畫ニ付努力中ナリ。

第二節 鮮人自由移民

吉林省ニ於ケル朝鮮人ノ來住ノ沿革ニ就テハ史實ノ徵スベキモノ無キモ近代的移住沿革トシテハ今日ヨリ四十餘年前旣ニ咸鏡道ヨリ山人參採取者ガ樺甸ニ入込ミタルコトアリト言フ事實ヨリ推スモ此地方ニ於ケル朝鮮人ノ移住ハ大凡其ノ時代ニ端緒

ヲ開キタルモノト考察セラル斯クシテ明治二十八年頃ニハ其ノ數約一〇〇名ニ達シ、大正初年頃ヨリ水田試作ノ目的ニテ來住スル者アリ、大正八年朝鮮獨立騷擾事件後ハ其ノ渡來者頓ニ增加シ大正九年十一月ニハ吉林省城ニ朝鮮人民會ノ設立ヲ見ルニ至レリ然ルニ昭和六年滿洲事變後匪賊ノ被害其他ノ關係ニテ朝鮮ニ歸還及安全地帶ヲ求メテ移住シ一時ハ減少ノ傾向ヲ辿リ離散狀態ヲ呈セルモ滿洲建國ト共ニ治安狀態良好トナルニ從ヒ本省ハ到ル處地味肥沃ナルニ加ヘ水利ノ便良ク水田ニ適シタルニモ拘ラス滿人ハ水田耕作ノ方法ヲ知ラサル爲土地ヲ蕪蕪ニ委シ或ハ畑地トシテ利用スルニ過サリシガ滿人ノ水田經營ノ有利ナルヲ知ルニ至リ、朝鮮人小作人ノ來往ヲ歡迎シタルヲ以テ朝鮮內地或ハ奉天省方面ヨリ移住シ來ル者逐日增加シツヽアリ康德三年末現在ノ本省內ニ於ケル朝鮮人狀況ハ左ノ如シ。

吉林省管內各市縣旗朝鮮人狀況一覽表（康德三年末現在）

縣別	戸數	人口 男	人口 女	人口 計	耕作地面積 借地	耕作地面積 商租地	耕作地面積 計	教育狀況 學校數	教育狀況 教員數	教育狀況 生徒數	教育狀況 一年經費
吉林市	五〇四	一、三九六	一、二三四	二、六三〇				一	九	四九七	圓 七、七八九
永吉	二、五七三	六、一九三	四、九四七	一一、一四〇	六、〇八〇垧	一、九六六垧	八、〇四六垧	一三	一三	七一三	一六、四〇〇
磐石	二、八五三	六、〇八四	四、〇五六	一〇、一四〇	四、八四七	一、一三七	五、九八四	五	一二	四三四	一五、九五〇
長春	一八三	七四〇	五六八	一、三〇八	九七一	一七三	一、一四四	二	二	七八	八〇〇
額穆	一、八六四	五、二七八	四、三六九	九、六四七	三、四五二	一、五二六	四、九七八	六	一四	四五三	一一、一二七
敦化	一、四七三	二、五〇〇	一、九二〇	四、四二〇	一、九二九	一、一八八	三、一一七	四	一二	三六三	九、〇三四
舒蘭	九六六	一、九八六	一、三三四	三、三二〇	三、五五七	一、〇七六	四、六三三	一	三	一〇六	二、四〇五
樺甸	七三八	一、九三二	一、五七〇	三、五〇二	一、九九七	三八五	二、三八二	四	九	一六三	六、五九〇
懷德	九二五	二、五七六	二、三四七	四、九二三	七九四	二、六二二	三、四一六	四	九	五五三	一〇、六五九
伊通	五〇六	一、四三六	九三八	二、三七四	二、二四一	―	二、二四一	三	七	二五九	六、一〇〇

扶餘	四一〇	二八四	六五八	一、五〇〇	八八三	一七三	一、一五四	二	五	二二五	四、五四二
德惠	一九〇	二五六	一八八	四四四	一〇〇	一三〇	三三〇	―	―	―	―
雙陽	二六三	五一三	三一六	八〇九	五七五	一〇〇	六七五	二六	二	四八六	一、四六〇
樺樹	二〇一	四三三	三四九	七七三	八〇三	一七三	一、〇七四	一	二	三六六	一、〇〇〇
農安	八六五	一三三	九三	一二四	九〇	一五〇	二四〇	―	―	―	―
長嶺	一二六	七二五	二八	一二三	一三〇	―	一三〇	―	―	―	―
九台	二八〇	四七五	二八六	八六二	五五七	一七〇	七七七	―	―	―	―
郭爾羅斯前旗	二二七	九九	八六	一八三	六九〇	―	六九〇	―	―	―	―
乾安	無										
計	一二、九六四	三三、九三三	二五、三九五	五八、三三八	二八、七〇四	一三、八四七	四一、五五一	五〇	一〇八	四、〇八七	九一、四七六

第三節　鐵路自警村移民

鐵路總局ハ鐵道沿線ニ於ケル治安ノ維持及產業開發竝邦人移民ノ奬勵ト將來治安確保後ノ見透シノ下ニ概ネ獨立守備隊除隊兵ヲ各地ニ入植セシメ鐵路自警村ヲ建設セリ、現在本省ニハ次ノ如シ四ケ村アリ。

(1) 京圖線蛟河鐵路自警村　三〇戸
(2) 拉濱線四家房鐵路自警村　九〇戸
(3) 奉吉線明城鐵路自警村　三五戸
(4) 奉吉線蘢山屯鐵路自警村

之等自警村移民ノ入植條件ハ次ノ如シ。

一戸當リ每月手當　初年度　四〇圓

〃　　　次年度　　三〇圓
〃　　　三年度　　二〇圓
〃　　　四、五年度　一〇圓
一戸當リ土地面積　　一〇町歩
家屋家畜農具種子等ハ無償貸與。

第七章　文教

第一節　概說

第一項　教育行政機構

（イ）組織

國務院—文教部・民政部—省公署—教育廳—學務科（中等教育股・初等教育股・庶務股）—視學官・禮教科（社會教育股・宗教股）—市公署—行政科—教育股・縣旗公署—教育局（學務股）・內務局（禮教股）

（ロ）分股規定

教育廳分股規定

▲學務科

第五十五條　學務科ニ左ノ三股ヲ置ク

一、庶務股

二、初等教育股

三、中等教育股

第五十六條　庶務股ハ左ノ事務ヲ掌ル

一、廳內文書及庶務ニ關スル事項
二、學校教育ノ調査及統計ニ關スル事項
三、學校衞生及體育ニ關スル事項
四、學藝ニ關スル事項
五、他股ノ主管ニ屬セサル事項

第五十七條　初等教育股ハ左ノ事項ヲ掌ル
一、幼稚園ニ關スル事項
二、初等學校ニ關スル事項
三、私塾及補修學校ニ關スル事項
四、日語學校ニ關スル事項
五、留學生及育英事業ニ關スル事項
六、教員ノ資格及檢定ニ關スル事項
七、其ノ他中等教育ニ關スル事項

▲禮教科

第五十九條　禮教科ニ左ノ二股ヲ置ク
一、社會教育股
二、宗　教　股

第六十條　社會教育股ハ左ノ事務ヲ掌ル
一、成人教育ニ關スル事項
二、青少年ノ教育ニ關スル事項
三、教化團體及修養團體ニ關スル事項
四、文化機關ニ關スル事項
五、他股ノ主管ニ屬セサル事項

第六十一條　宗教股ハ左ノ事務ヲ掌ル

一、宗教及宗教團體ニ關スル事項
二、禮俗及祭祀ニ關スル事項
三、廟宇及廟產ニ關スル事項
四、古蹟、古物、名勝及天然紀念物ニ關スル事項

▲視學官室

第六十二條　視學官室ハ左ノ事務ヲ掌ル

一、學事ノ視察ニ關スル事項
二、教育ノ指導督勵ニ關スル事項
三、視學ノ連絡統制ニ關スル事項
四、教員學生ノ思想善導ニ關スル事項
五、教育會ニ關スル事項

第二節　學校教育

第一項　教育概況

初級小學校	→	高級小學校	→	初級中學校	→	高級中學校
四年		二年		三年		三年
				農業學校　三年		工業學校　三年
				工業學校（職業科）三年		師範學校　三年

（註）1小學校ニハ省縣市私立アリ何レモ地名ヲ冠シ初級高級ヨリナル小學校ハ兩級小學校ト云フ。
　　2中學校ニハ省、縣、私立アリ省立中學校ハ何レモ兩級ニシテ高級ハ理科、文科ニ別ツ。

第二項　學校現勢

各方面ヨリ表示セハ次ノ如シ

教科目一覽表

▲省立中等學校之部

吉林師範學校

吉林女子師範學校

公民（建國精神、社會生活、政治生活、經濟生活）教育（論理學大意、心理學、教育學、教育史、學校管理法、教授法）國文（講讀、作文、文法、文字學、文學史）講經（孟子、論語、學庸）日語（講讀、會話、文法、作文）歷史（世界近世史）地理（地理學通論）數學（代數、幾何、算術）物理學、化學、博物、衛生（生理衛生、學校衛生、家庭衛生）音樂（唱歌、樂理）女子家政（手藝、裁縫、家事、手工、裁縫刺繡、看護烹飪、小學家事教授法）作業、書畫、體育。

吉林第一兩級中學校

吉林第二兩級中學校

吉林女子兩級中學校

吉林寬城子兩級中學校

吉林長春兩級中學校

公民、國文、講經、日語、英文、數學（代數、幾何、三角）歷史、地理、博物（植物、動物、生物、生理、衛生）物理、化學、自然（植物、動物、衛生、生理、物理、化學、礦物學）實業、衛生（生理衛生、家庭衛生）（女子）家政、（女子）教育大意、修身、實業、書畫、音樂、體育。

吉林工業學校

公民、國文（信件、讀解、作文）日語、英文（讀、解、譯）物理（實用物理）數學（大代數、三角、微積分、數解折幾何）工程力學（動力學、靜力學）材料强弱、橋梁金屬材料、機械設計、機械學（機械大意、原動學大意）機械工作法（鑄工、鍛工、鉗工工作法）熱機關（汽機、汽機內燃機）機關車（全部構造、全部要件）客貨車、自動車、電工學（電工學大意）水力學（水力學、水力機）製圖（機件圖、見取圖、設計圖、投影畫圖式力學、透視畫設計製圖、幾何畫）建築工程（房屋構造）道路工程（道路構造法）鐵道工程、土木施工法（建築材料施工法）鐵筋混凝土、市政工程（都市計劃、上下水道）河川學（河川工學、水力學）原動學（汽機關燃機）電工學（電工學大意）測量（講授實習）校內工場實習（鉗工、鍛工、鑄工、機械工）校外實地實習（約一ケ月或二ケ月間）體育（體操與教練）講經、音樂。

吉林農業學校

修身、公民、國語、日語、英語、數學（代數、算術、幾何、珠算）自然、地理、歷史、耕種、園藝、畜産、林業、體育、農業經營、農村經營、農業工作。

▲縣立中等學校之部

農安縣立初級中學校
長嶺縣立南關初級中學校
伊通縣立初級中學校
磐石縣立初級中學校
楡樹縣立初級中學校
扶餘縣立東南營子初級中學校
扶餘縣立東北營子女子初級中學校
懷德縣立文廟初級中學校
懷德縣立懷德城舊典史署女子初級中學校

修身、經學、國文、日語、英語、數學（算術、代數、三角、幾何）歷史、地理、博物（動物、植物、礦物）物理、生物、化學、自然、作業、圖畫、工藝、農林、美術、園藝、音樂、體育、工作、商業。

○……数学（大代数、三角、微積分、数解折幾何）

▲縣立師範講習科之部

懷　德　縣　立　師　範　講　習　科

懷德縣立舊典史署女子師範講習科

修身、經學、教育、國文、日語、數學、歴史、地理、物理、化學、實業、作業、書法、圖畫、音樂、體操。

▲小學校之部

高　級　小　學　校

修身、國語、日語、經學、算術、自然、歴史、地理（女子ハ作業）圖畫、音樂、女子家事、（女子ハ裁縫）、體育、實業。

初　級　小　學　校

修身、國語、日語、算術、自然、作業、圖畫、音樂（女子ハ家事）、（女子ハ裁縫）、體育。

（甲）各　種　學　校　總　括　表

一、中　等　學　校　概　況　（康德三年度十二月末現在）

年度別	種別	校數	班數			學生數									教職員數			經費
						初級			高級			總計						
			高	初	計	男	女	計	男	女	計	男	女	計	男	女	計	
康德三年度	省立	九	三七	二八	六五	一、一七六	三七八	一、五五四	五三二	一八七	七一九	一、七〇八	五六五	二、二七三	一四〇	一五	一五五	三四五、〇三三、六九
	縣立	九	—	二六	二六	九三一	一〇四	一、〇三五	—	—	—	九三一	一〇四	一、〇三五	六五	二	六七	五三、二七四、〇〇
	私立	四	—	一三	一三	四七三	四三	五一六	—	—	—	四七三	四三	五一六	一二	六	一八	五二、七〇七、八五

二、小學校概況表（康德三年五月現在）

年度別	種類	校數	班數	學生數 初級 男	學生數 初級 女	學生數 高級 男	學生數 高級 女	學生數 兩級 男	學生數 兩級 女	學生數 總 男	學生數 總 女	學生數 總 計	教員數	經費	備考
康德三年度	省立（師範附小）	三	三五	四三三	三六六	三三四	一四五	—	—	六四六	五二〇	一、一六六	七五	四四、四三五、一四	上記經費ハ決算額ナリ
	市縣旗立	六三八	一、四三八	三三、五六七	八、七三六	二、四一〇	四九〇	一九、六一八	七、七四四	五五、六四五	一六、九七〇	七二、六一五	一、六三三	六八六、八九九、〇〇	上記經費ハ豫算額ナリ
	區村立	一八〇	二三六	六、八三三	二、〇八八	—	—	九六〇	二六〇	七、八二三	二、三四八	一〇、一七一	二四一	四五、六三四、〇〇	同右
	私立	四五	九〇	一、七八九	七五五	二八	三三	一、一六四	五六三	三、〇七一	一、三三二	四、四〇三	一二五	二九、七七三、〇〇	同右
	計	八六五	一、七九六	四四、一四二	一二、九三三	二、八〇三	六四七	二一、七四二	八、五六六	六七、一八五	二一、一六〇	八八、三四五	三、〇三三	八〇六、七三〇、一四	

三、私塾概況表（康德三年十二月末現在）

年度	塾數	塾生數	塾師數	備考
康德三年度十二月末	二、二七〇	四四、七八一	二、三四〇	

四、就學概況表（康德三年度）

年度	學齡兒童數	就學兒童數	全省就學數	備考
康德三年度	五四六、六八八	六四、一九七	〇、一二	

（乙）各種學校狀況表

一、吉林省立中等學校狀況表

（康德三年十二月現在）

校名	班數			學生數					教職員數			經費	生徒一人當經費
	高級	初級	計	高級 男	高級 女	初級 男	初級 女	計	男	女	計		
省立吉林師範學校	一〇	—	一〇	二三四	—	—	—	二三四	二四	—	二四	四五、四六三、六六	一五一
省吉林女立子師範學校	五	—	五	—	七四	—	—	一七四	六	六	一二	三六、三六五、六一	二〇八
省立吉林第一兩級中學校	六	四	一〇	一七四	—	一九九	—	三七三	二〇	—	二〇	四四、三四五、一九	一一八
省立吉林第二兩級中學校	—	六	六	—	一九八	二七四	—	二七四	一三	—	一三	四六、三三九、一六	一六九
省立長春兩級中學校	—	八	八	—	二七六	三〇	—	三〇一	一七	—	一七	四二、〇〇一、〇四	一三九
省立寬城子兩級中學校	一	四	五	二〇	三〇一	一九三	—	二一三	二二	—	二二	二五、八九二、一六	一二一
省立吉林女子兩級中學校	一	一〇	一一	—	一三	—	三七八	三九一	一五	九	二四	四七、三九五、九五	一二一
省立吉林工業學校	四	四	八	一〇四	—	二一	—	二一五	一八	—	一八	四二、八五二、七七	一九九
省立吉林農業學校	—	二	二	—	—	九八	—	九八	五	—	五	一四、三六七、一五	一四六
計	二七	三八	六五	五三二	一八七	一、一七六	三七八	二、二七三	一四〇	一五	一五五	三四五、〇一二、六九	一五一

二、縣立中等學校狀況表（康徳三年十二月現在）

校名	班數（初級）	學生數 男	學生數 女	學生數 計	教員數 男	教員數 女	教員數 計	經費	生徒一人當經費
農安縣立初級中學校	三	一二二	—	一二二	七	—	七	六、一四四、〇〇	五五
長嶺縣立初級中學校	一	三六	—	三六	三	—	三	五、七七四、〇〇	一六〇
伊通縣立初級中學校	三	一四七	—	一四七	七	—	七	六、六六七、〇〇	四五
磐石縣立初級中學校	三	七九	—	七九	七	—	七	五、六二四、〇〇	七一
扶餘縣立初級中學校	四	一八四	—	一八四	一一	—	一一	九、六四六、〇〇	四二
扶餘縣立女子初級中學校	一	—	四四	四四	四	二	六		
懷德縣立女師中學校	二	—	六〇	六〇	四	—	四	一一、四六四、〇〇	四八
懷德縣立師範講習科及初級中學校	六	二三七	—	二三七	一三	—	一三		
楡樹縣立初級中學校	三	一三六	—	一三六	九	—	九	七、九五五、〇〇	六三
計	二六	九二一	一〇四	一、〇二五	六五	二	六七	五三、二七四、〇〇	五二

三、私立吉林中等學校狀況表（康徳三年十二月現在）

校名	班數 高級	班數 初級	班數 計	學生數 高級 男	學生數 高級 女	學生數 初級 男	學生數 初級 女	學生數 計	教職員數 男	教職員數 女	教職員數 計	經費	生徒一人當經費
私立吉林毓文中學校	—	四	四	—	—	一一七	—	一一七	一一	—	一一	二五、〇一〇、九二	二一三
私立吉林文光中學校	—	四	四	—	—	二〇七	—	二〇七	一〇	—	一〇	九、二三二、三五	四四
私立吉林助產學校	—	二	二	—	—	—	四三	四三	六	六	一二	六、五六九、八八	一五三

吉林同文商業學校	—	三	三	—	—	一四九	—	一四九	五	—	五	一、八九四、七〇	八
計	—	一三	一三	—	—	四七三	四三	五一六	三三	六	一八	五二、七〇七、八五	[illegible]

四、公私立小學校狀況表（康德三年六月現在）

縣名	校數	級數	學生數	教員數	經費數	一人當經費
吉林省	二	二五	一、一五六	三三	四四、四二五、一四	三八、〇〇
吉林市	二八	一三六	七、三一七	一四二	八八、六八六、〇〇	一二、〇〇
永吉	一〇二	一六七	九、七五六	一七三	七九、三九六、〇〇	八、〇〇
舒蘭	五九	八八	三、五六一	九九	三四、三〇八、〇〇	九、〇〇
德惠	六四	一〇七	四、七五一	一二二	五三、八四〇、〇〇	一一、〇〇
乾安	三三	八四	四、三五三	一〇一	三七、三六五、〇〇	八、〇〇
長嶺	一六	二六	一、三五七	三一	一一、九七七、〇〇	九、〇〇
長春	八一	一三八	六、一五二	一五三	六一、一〇二、〇〇	九、〇〇
雙陽	四六	七〇	三、〇七六	七九	二四、四〇二、〇〇	八、〇〇
伊通	三三	六五	四、一一四	七八	三三、三〇四、〇〇	八、〇〇
磐石	一七	五七	三、七九八	六八	一四、一〇七、〇〇	九、〇〇
樺甸	三二	六三	三、〇七九	六九	二六、二六九、〇〇	八、〇〇
敦化	八	二六	一、四二四	二九	一三、六三二、〇〇	九、〇〇
額穆	二四	五〇	二、六二六	五三	二九、七五三、〇〇	一一、〇〇

九台	八〇	一二〇	六、三九四	一二六	六二、一九四、〇〇	九、〇〇
樺樹	九六	一四八	六、七〇六	一五二	四七、四二八、〇〇	七、〇〇
扶餘	四四	一二七	七、〇九八	一五一	五五、六五二、〇〇	七、〇〇
乾安	二	一一	五四七	一二	四、三八二、〇〇	八、〇〇
懷德	一二七	二八六	二二、二七八	三五四	六六、一九〇、〇〇	五、〇〇
郭前旗	一	二	一〇六	六	七、三〇八、〇〇	六、〇〇
計	八六五	一、七九六	八八、三四五	二、〇二一	八〇六、七二〇、一四	九、〇〇

五、私塾狀況表（康德三年十二月現在）

市縣名	私塾數	塾生數 男	塾生數 女	塾生數 計	教職員數 男	教職員數 女	教職員數 計
吉林市	三三	五四七	三七	五八四	三三	—	三三
永吉	三〇二	六、一六七	四二五	六、五九二	三〇三	—	三〇三
九台	二五三	三、九六八	三九九	四、三六七	二五六	—	二五六
伊通	四二	一、〇二六	二八	一、〇五四	四四	—	四四
雙陽	一一九	三、一七一	六〇	三、二三一	一一九	—	一一九
磐石	二二	六四六	—	六四六	二二	—	二二
舒蘭	一〇三	一、五八三	一五一	一、七三四	一〇三	—	一〇三
乾安	六一	一、三一三	一四九	一、四六二	六四	—	六四
額穆	三九	六七九	四二	七二一	三九	—	三九

市縣名							
樺樹	二九〇	五、〇九七	七七	五、一七四	一九三	—	一九三
敦化	二九	五〇三	三八	五四一	三〇	—	三〇
扶餘	三三一	四、二二四	二五三	四、五〇三	三三四	—	三三四
長春	一九九	四、〇六五	二七二	四、三三七	一九九	—	一九九
懷德	四〇	六九三	一〇九	八〇二	四三	—	四三
德惠	六五	一、三九六	五二	一、四四八	六七	—	六七
農安	二三五	三、六三六	—	三、六三六	二三九	—	二三九
長嶺	一一〇	三、六九〇	—	三、六九〇	一一〇	—	一一〇
樺甸	三六	四六〇	一三	四七三	三六	—	三六
郭前旗	一〇四	一、七八一	六	一、七八七	一〇七	—	一〇七
計	三、二〇七	四一、六七〇	三、一一二	四四、七八二	三、二四〇	—	三、二四〇

六、就學率狀況表（康德三年度）

市縣名	學齡兒童數	就學兒童數	就學率	備考
吉林市	一四、五八三	二、九〇〇	〇、二〇	
永吉縣	五七、九七六	五、六三三	〇、一〇	
額穆縣	二、四七九	一六三	〇、〇七	
敦化縣	一五、一〇〇	一、四三九	〇、一〇	
樺甸縣	一七、九九五	三、三九〇	〇、一三	
磐石縣	三四、一三三	三、三〇一	〇、一〇	

縣名	學齡兒童數	私塾兒童及就學兒童數	就學率
伊通縣	三三、五八一	四、二五七	〇、一三
雙陽縣	三六、四二七	九八三	〇、〇六
九台縣	三五、八三六	六、一〇〇	〇、一七
長春縣	四七、六二三	三、五八八	〇、〇五
懷德縣	四八、五九〇	一三、七四九	〇、二六
長嶺縣	一一、四三〇	一、五一五	〇、一三
乾安縣	六、八五〇	五五五	〇、〇九
扶餘縣	一六、〇〇三	三、六八三	〇、一六
農安縣	二九、九八三	四、六五五	〇、一五
德惠縣	三六、三七九	一、七八五	〇、〇五
楡樹縣	七五、五九二	六、九三四	〇、一〇
舒蘭縣	二四、四六〇	三、四一一	〇、一三
郭前旗	一、六八〇	一六八	〇、一〇
計	五四六、六八八	六四、一九七	〇、一一

七、私塾兒童ヲ含メタル就學率狀況表

市旗縣名	學齡兒童數	私塾兒童及就學兒童數	就學率	備考
吉林市	一四、五八三	三、四八四	〇、二三	

永吉縣	五七、九七六	一三、三一四	〇、二二
額穆縣	二、四七九	八八四	〇、三五
敦化縣	一五、一〇〇	一、九八〇	〇、一三
樺甸縣	一七、九九五	二、八六三	〇、一六
磐石縣	三四、一三三	三、九四七	〇、一二
伊通縣	三三、五八一	五、三一一	〇、一六
雙陽縣	三六、四二七	三、三一三	〇、〇九
九台縣	三五、八三六	一〇、四六七	〇、二九
長春縣	四七、六二二	六、九二五	〇、一四
懷德縣	四八、五九〇	一三、五五一	〇、二八
長嶺縣	一一、四三〇	五、三〇五	〇、四六
乾安縣	六、八五〇	二、〇一七	〇、三〇
扶餘縣	一六、〇〇三	七、一八五	〇、四五
農安縣	二九、九八三	八、三九一	〇、二七
德惠縣	三六、三七九	三、三三三	〇、〇八
楡樹縣	七五、五九二	一三、一〇八	〇、一五
舒蘭縣	二四、四六〇	五、一四五	〇、二一
郭前旗			
計	五四六、六八八	一〇八、〇三三	〇、一九

（丙）學校教職員俸給一覽表（康德三年十二月現在）

種別	區別	日滿別	最高 校長	最高 教員	最高 事務員	最底 校長	最底 教員	最底 事務員	平均 校長	平均 教員	平均 事務員
中等學校	省立	日	二九〇	二七三	一七二	二九〇	一〇〇	七五	二九〇	一五六	一二二
		滿	二〇〇	一四五	—	一四五	六〇	—	一七四	八九	—
	縣立	日	—	一〇〇	—	—	四五	—	—	七二	—
		滿	二〇〇	八五	—	五〇	一〇	—	一五八	四五	—
	私立	日	—	一〇〇	—	—	二三	—	—	五六	—
		滿	一〇〇	—	五〇	四八	二三	三〇	七四	五〇	四〇
小學校	省立（附小）	日	一八〇	九〇	—	一七〇	七五	—	一七五	八二	—
		滿	九五	八五	—	九五	四〇	—	九五	六二	—
	市縣旗立	日	—	一〇〇	—	—	七五	—	—	八六	—
		滿	五五	四八	—	三三	一〇	—	三一	二九	—
	區村立	日	—	—	—	—	—	—	—	—	—
		滿	四〇	二五	—	二五	七五	—	二八	二五	—
	私立	滿	四〇	三〇	—	一〇	六	—	三三	一六	—

（丁）市縣旗教育費ト其經常部豫算額ニ對スル割合一覽表（康德三年度）

市縣旗名	經常部豫算額	教育費	豫算額ニ對スル教育費割合	備考

楡樹縣	三五五、〇七一	七二、三七四	〇、二〇	
伊通縣	二五〇、三五九	四七、八六一	〇、一九	
雙陽縣	一九一、九〇九	二六、二五三	〇、一三	
永吉縣	三五五、九二一	四八、四四五	〇、一三	
長嶺縣	一〇三、二四七	一四、八九八	〇、一四	
長春縣	二二五、五二〇	九八、八一〇	〇、四四	警察費ハ預算中ニ含マス首都警察署負擔
扶餘縣	三〇一、〇四八	七一、三八一	〇、二〇	
吉林市	四三六、一八二	一〇五、八一三	〇、二四	警察費ハ吉林警察廳負擔
懷德縣	三五九、七九一	八七、七一〇	〇、二四	
九台縣	二九一、三〇七	七三、五三九	〇、二五	
德惠縣	二六三、二七五	六八、四四八	〇、二六	
磐石縣	二四三、六一六	三三、八九六	〇、一三	
農安縣	二三二、〇二六	四六、八七九	〇、二〇	
舒蘭縣	二二七、七二三	二九、九五四	〇、一三	
敦化縣	一七四、一一一	三一、〇三八	〇、一二	
額穆縣	二〇四、四四〇	三〇、六三五	〇、一五	
樺甸縣	二四〇、八二九	二八、九八一	〇、一二	
乾安縣	八六、四〇〇	六、三五二	〇、〇七	
郭前旗	四四七、六二五	七、四二一	〇、一七	
計	四、九九〇、三九一	九二〇、六八八	〇、一八	

第三項　留學生

1、官費留學生

文教部ニ於テ毎年撰拔詮衡ス

2、旗費留學生

旗産收入ヲ以テ留學セシムルモノ

3、自費留學生

自費留學生ト雖モ文教部ニ於テ詮衡許可ス

留學生概況表（一）（康德三年十二月現在）

項別	中等學校 男	中等學校 女	中等學校 計	專門學校 男	專門學校 女	專門學校 計	大學校 男	大學校 女	大學校 計	豫備校 男	豫備校 女	豫備校 計	合計 男	合計 女	合計 計	備考
日本	八	―	八	五三	三	五六	三〇	四	三四	六七	八	七五	一五八	一五	一七三	
關東洲	―	―	―	―	―	―	一二	―	一二	―	―	―	一二	―	一二	
中國	一九	一	二〇	三	一	四	二四	二	二六	二	―	二	四六	六	五二	
總計	二七	一	二八	五六	四	六〇	六六	六	七二	六九	八	七七	二一六	二一	二三七	

（程度別）

留學生概況表（二）（康德三年十二月現在）

項別	國費			省費			旗費			自費			其他			合計			備考
	男	女	計	男	女	計	男	女	計	男	女	計	男	女	計	男	女	計	
日本	三三	四	三七	—	—	—	一九	—	一九	一〇四	一一	一一五	二	—	二	一五八	一五	一七三	
關東洲	七	—	七	—	—	—	—	—	—	五	—	五	—	—	—	一二	—	一二	
中國	—	—	—	—	—	—	—	—	—	四六	六	五二	—	—	—	四六	六	五二	
總計	四〇	四	四四	—	—	—	一九	—	一九	一五五	一七	一七二	二	—	二	二一六	二一	二三七	

第四項　學校教育改善

今年度實施シタル改善事項ハ大體左ノ如シ

1、小學校教員ノ實力檢定試驗ノ實施
2、日本教育狀況視察員ノ派遣
3、吉林市內小中學校聯合日語學藝會ノ開催
4、市縣旗教育局（股）長及視學會議ノ開催
5、數學講習會ノ開催
6、圖畫講習會ノ開催
7、學校教練講習會ノ開催
8、小學校優良卒業生ノ表彰
9、省立中等學校秋季聯合運動會ノ開催
10、冬季體育實施事項研究會ノ開催

11、全縣旗教育狀況調査ノ實施

12、農村開發機關ノ設立

1、小學校教員實力檢定試驗實施

學校教育ノ改善促進ヲ圖ル爲メニハ先ツ小學校教員ノ素質向上ヲ計ル必要アルニ鑑ミ左記ノ通リ實力檢定試驗ヲ實施セリ。

受驗者　八四五名

試驗地　磐石、敦化、樺甸、乾安、楡樹、懷德、吉林

試驗科目　國民精神、教育、國語、算術、史地、自然、身體檢査

成績概況　總平均點　四八點

最良科目　國民精神　七三點

最不良科目　教　育　二五點

2、日本教育狀況視察員派遣

教員ノ知識ヲ啓發シ、友邦日本人ノ眞ノ姿ヲ認識セシメ、滿洲國教育改善ニ資セシカ爲各省立學校並ニ縣立學校教員ヲ撰拔日本教育狀況視察員トシテ左記ノ如ク派遣セリ。

團員　一九名

日程　五月二十日ヨリ六月十日迄

旅程　吉林—清津—敦賀—金澤—日光—東京—鎌倉—江島—横濱—靜岡—名古屋—伊勢—京都—大阪—神戸—廣島—下關

朝鮮—新京—吉林

3、吉林市內小中學校聯合日語學藝會開催

日語教育改善ヲ計リ併セテ其ノ普及發達ヲ助長スル意味ニ於テ十月九日左記ノ如ク首題ノ學藝會ヲ開催シ多大ノ效果ヲ納メタリ。

參加校　中等學校　九校

小學校　八校

出演數　中等學校　一二回

小學校　九回

○7、学校教練講習会ノ開催

會　場　吉林師範附屬小學校

4、市縣旗教育局（股）長及視學會議開催

學校教育ノ改善發展ヲ期センカ爲十月十五、十六ノ兩日首題ノ議ヲ左記ノ如ク開催セリ。

會　場　吉林師範附屬小學校

出席者　市縣旗教育局（股）長及視學三十二名

本會議ニ於テハ特ニ省長並ニ文教部大臣其他廳長ノ訓示及主催者ヨリノ適切ナル指示注意アリ又有益ナル市縣旗教育狀況報告アリ學校教育改善上大イニ有意義ナリキ

5、數學講習會開催

省市縣立中學校教員ノ素質向上ヲ圖ルト共ニ數學教授法ノ改善ヲ計ランカ爲數學教員ヲ省城ニ集メ左記ノ如ク講習會ヲ開催セリ。

科目	講習員	場所	期間	講師
數學	五五名	女中	自八月四日至八月六日（三日間）	吉林高師　謝中氏
算術	一五〇名	女中	自八月九日至八月十二日（四日間）	奉天千代田高小　松浦正利氏

6、圖畫講習會ノ開催

暑中休暇ヲ利用シ省市縣旗ノ圖畫教員ヲ省城ニ集メ觀察、着色、鑑賞等ニ關シ實地指導セリ。

科目	講習員	場所	期間	講師
圖畫	三〇名	女師	自八月四日至八月九日（六日間）	吉師　于克巳氏

7、學校教練講習會ノ開催

昨康德二年夏季憲兵訓練處ニ於ケル講習會ノ成果優良ナリシヲ以テ本年度モ省下各學校體育教員及ヒ特ニ體育ニ堪能ナル教員十六名ヲ選拔シ、八月一日ヨリ三週間當地憲兵訓練所ニ入處セシメ、兵營生活ニ依リ規律、協同、敏捷等ノ軍隊生活ノ長所ヲ體得セシメルト共ニ體育上ノ基礎的技能ヲ受ケ以テ學校體育並ニ訓練ノ改善ニ資セリ。

8、小學校優良卒業生ノ表彰

本省初等教育ノ振興ニ資シ併セテ小學兒童ノ向學心ヲ旺盛ナラシメンカ爲省立男女師範學校附屬小學校及縣旗市小學校本年度冬季卒業生ヨリ品行方正身體強健學業優良ナル兒童百十九名ヲ嚴選シ十二月十六日附ヲ以テ教育廳長ヨリ賞狀ヲ送付セリ因ニ省市縣小學校優良卒業生表彰者ハ左表ノ如シ。

省市縣小學校優良卒業生表彰者一覽表

省市縣別	兒童數	省市縣別	兒童數	省市縣別	兒童數
吉林省立師範學校附屬小學校	三	額穆縣	五	伊通縣	四
吉林省立女子師範學校附屬小學校	三	敦化縣	二	雙陽縣	八
吉林市	五	樺甸縣	四	九台縣	一二
永吉縣	六	磐石縣	三	長春縣	一五
懷德縣	四	扶餘縣	七	榆樹縣	一二
長嶺縣	三	農安縣	五	舒蘭縣	七
乾安縣	一	德惠縣	一〇	計	一一九

9、省城中等學校秋季聯合運動會ノ開催

學校体育ヲ促進シ併セテ團體訓練實習ノ意味ニ於テ十月十一日吉林市德勝門外練兵場ニ於テ省城中等學校十一校生徒二千餘名ヲ集合秋季聯合運動會ヲ開催セリ

10、冬季體育實施事項研究會ノ開催

○昨康徳二年夏季憲兵訓練処ニ於ケル講習会ノ成果優良ナリシヲ以テ本年度モ省下各学校体育教員及ヒ特ニ体育ニ堪能ナル教

本省立學校ノ冬季體育ヲ改善奬勵センカ爲十一月十六日教育廳ニ各學校長竝ニ體育關係者ヲ召集シ本年度ノ冬季主要體育實施事項ヲ協議シ左ノ諸項ヲ決定セリ。

1、各種冬季體育會ヲ開催スルコト
(スケート講習會及卓球大會等)

2、各學校ハ「スケート」ノ奬勵向上ニ盡力スルコト
(戸外デー體操實施不可能ナル場合ハ成ル可「クスケート行」軍又ハ戸外淸除等ヲ以テ之ニ代フルコト)

3、輕快便利ナル服裝ヲ着用セシムルコト
(冬帽製一、冬服漸次改良)

4、冬季衞生ニ就キ考慮實施スルコト
(換氣及採光、大掃除、火災豫防)

二、全縣旗教育狀況調査ノ實施

康德三年十一月下旬ヨリ十二月下旬迄約一ケ月間ニ渉リ本省全縣旗ヘ調査員ヲ派シ一般教育狀況ノ現狀ヲ調査セシメ康德四年度計劃ノ資料トセリ、其ノ調査要項ハ左ノ如シ。

(甲) 學務科關係調査要項

一、建國精神ノ普及徹底ニ關スル施設及狀況

1、詔書御容ノ奉安狀況
(イ) 縣公署
(ロ) 中學
(ハ) 小學

2、普及徹底ノ實狀
(イ) 中學
(ロ) 小學
(ハ) 一般民衆

二、教育方針ニ對スル關心及意見

1、教育局（又ハ股）長

（イ）學校教育

（ロ）一般民衆教育

2、學校當局

3、一般民衆

三、學校經營主體統一及整備廢合

1、學校經營主體統一ニ對スル意見

2、單級學校及複式化

（イ）單級學校數、現狀將來ノ計劃

（ロ）複式學級編成校數、現狀、將來ノ計劃

3、學校整理統制ニ對スル意見及明年度中ニ新設、添班、遷移、合併等ノ計劃有無之及其ノ方法

4、明年度教育振興案經費豫算案在ハ一部ツツ貰フコト

四、教育關係者ノ資質及配置ノ適否

1、教育局（股）職員

2、民衆教育職員

3、中等學校教職員

4、小學校教職員

（イ）一般教員

（ロ）師範學校卒業者勤務狀況

（ハ）教員講習所出所者勤務狀況

5、素質向上ニ對スル施設及意見

講習希望科目、出席希望者數及經費負擔、

五、師範學校招生方法

1、縣當局ノ推薦希望數及初任級

2、推薦方法ニ對スル縣當局ノ意見

六、學生ヨリノ徵收金ニ關スル狀況

1、授業料

2、校友會費

（イ）徵收額

（ロ）運用方法

（ハ）管理方法

3、保甲ノ教育費分擔ノ現狀及將來

4、其ノ他

七、教育廳主管補助金運用狀況

1、目的ノ本省ニ適應セリヤ

2、支出ノ方法

（イ）法規上ノ合否

（ロ）整理上ノ適否

（ハ）計數上ノ正誤

八、學校設備狀況

1、衛生設備ノ狀況

2、運動場ノ狀況

3、實習地ノ狀況

4、學生ノ机及腰掛ノ狀況

5、機械標本ノ狀況

6、圖書ノ狀況

（イ）教科書（中小學校）

配給狀況

過不足狀況及其ノ理由ト將來
（ロ） 販賣店ノ實地調査
7、地圖掛圖ノ狀況
8、其他ノ教授用具ノ狀況
九、寄宿舍狀況
1、出納狀況
2、舍　監
人　數
手　當
3、賄方法
4、教職員ノ宿舍ノ狀況及將來
一〇、學校教科課程ノ實施狀況
1、中小學校（特ニ日語、作業、實業、家事、裁縫ニ就テ）
2、民衆ノ日語普及狀況
一一、體育衛生
1、體育衛生ノ現狀ト將來
2、縣體育協會ノ活動狀況並ニ建國體操ノ普及程度
一二、教育會ノ現狀及將來
一三、學務委員會及學校後援會
1、中小學校學務委員會ノ有無及現狀ト計劃
2、中小學校後援會組織ノ可否及組織內容
一四、文書ノ整理保管狀況
1、文書ノ編纂保管狀況
2、簿冊ノ取扱並ニ整理狀況

(乙) 體教科關係調査要項

一、國旗揭揚式實施情形

1、擧行場所及日期

2、出席人員及概數

3、實施後之感想

二、民衆教育館

1、職　員

2、組　織

3、圖書、雜誌、新聞

4、無線電、蓄音器、唱片

5、活動概況

6、計　劃

三、圖書館或書報閲覽所

1、職　員

2、圖書、雜誌、新聞

3、閲覽人員

4、圖書保管方法

5、將來計劃

四、民衆學校

1、班　級

2、課　本

3、學 生 數

4、教授方法

5、將來計劃

6、奨勵金支配情形
五、童子團
1、名稱、團數
2、團員數
3、訓練情形
4、器具服裝
5、指導者之適否
6、將來計劃
六、青年訓練所
1、現狀
2、計劃
3、卒業生狀況
七、教化團體及修養團體
1、名稱
2、會員數
3、捐款情形
4、附屬事業
5、對於人民之影响
6、縣方監督方法
八、學校內社會教育之設施
1、識字處
2、問字問事處
3、講習情形
4、壁報

5、其他

九、民衆娛樂設施情形

1、劇場

2、茶社

3、電影場

4、讀書場

5、其他

一〇、宗教

1、有無管理指導計劃

2、實施情況

一一、類似宗教團體

1、名稱地點

2、代表人姓名

3、職員人數

4、已否立案

5、有無監督管理指導計劃

一二、宗教團體

1、名稱地點

2、代表人姓名

3、職員人數

4、已否立案

5、有無監督管理指導計劃

一三、寺廟及寺廟財產

1、寺廟及寺廟財產已否按照暫行管理條例實施

一四、禮　俗
1、有無改良意見
2、具體方案如何
一五、關岳廟
1、有無關岳廟
2、現狀如何
一六、文物保管狀況
1、重要文物名稱
2、有無保管施設
3、負責保管者
4、涵養民衆愛護文物之計劃及實施情形

12、農村開發機關ノ設立

農ヲ以テ國本トスル滿洲國、就中吉林省ニ於テ從來一個ノ農業學校ナク、農村經營指導者養成上甚タ遺憾ニシテコレカ設立ハ各方面ヨリ熱烈ナル要望アリシモ經費其他ノ關係上實施困難ナルヲ以テ本年度ハ學級數僅カニ三班ヨリ成ル長春師範ヲ吉林師範ヘ併合シ、內容ノ充實、經營ノ合理化ヲ計リ、與ヘラレタル長春師範ノ經費ヲ以テ左記ニヨリ吉林農業學校ヲ開校シ、吉林省農村開發ノ第一線ニ活躍スル有爲ノ人士ヲ養成スルコトトセリ。

吉林省立吉林農業學校ノ設立

左記要項ニヨリ本年六月吉林農業學校ヲ新設セリ。
一、本校ノ目的
本校ハ農業ニ從事シ農村經營ノ衝ニ當ルヘキ者ニ對シ、心身ヲ鍛練シ之レニ必要ナル知識技能ヲ授クルヲ以テ目的トス。
二、經營ノ主眼
農村並ニ農業ノ本質實情ニ即シ、學校教育ノ長所ト塾風教育ノ美點ヲ融合シ、全人陶冶ニヨル農業生活訓練ヲ施シ、農業報國ノ確固タル信念ヲ得セシメ以テ農村振興ノ先驅タルヘキ中堅農民ヲ養成スルヲ主眼トス。

三、教育精神

（一）、主　義　1、農民精神ノ作興　2、農業ノ改善發達　3、農業資源開發　4、農村風紀ノ振作
5、健全ナル農村社會ノ建設

（二）、信　條　1、敬虔報謝　2、質實剛健　3、自律劍道　4、勤勞愛好
5、規律敏速　6、和衷協同　7、民族融和

四、教育方針

1、實驗實習ヲ重視シ、適切ナル農業勞働ト宿泊訓練ヲ施シ、勤勞愛好農業尊重ノ精神ヲ養成スルニ努ム。

2、土ニ生活ノ根據ヲ認メ土ニ據ル凡ユル仕事ヲ貴ク美シク正シク觀スル情操ヲ涵養スルコトニ努ム。

3、規律節制自治共同奉仕ヲ尊重シテ文化的國民ノ行動ニ努ム。

五、訓育方針

1、實踐躬行ヲ主義トシ、教職員ハ常ニ生徒ノ先頭ニ立チテ生徒ヲ導キ勤勞愛好ノ美風涵養ニ努ム。

2、規律的生活ニ馴レシメ清潔整頓ノ習慣ヲ養成スルニ努ム。

3、公共心ヲ養ヒ公物愛護ノ精神ノ涵養ニ努ム。

4、士氣ヲ振作シテ進取努力ノ精神並ニ向上心ノ發達ヲ促ス。

六、職員ノ統理

1、職員ノ和衷協同ヲ以テ學校ノ根源トナス。

2、職員ノ修養ト努力ハ内容充實ノ根源。

3、職員ノ體驗ト先導ニ依ル生徒ノ教化。

4、學校事務ノ即時實行ト正確ナル處理。

5、社會教化ト農村ノ指導

七、内容及經營要領

1、修業年限　豫科一箇年、本科三箇年
豫科ニ於テ日本語ノ教授ヲ多クシ農業勞働ニ馴レシメ、本科ニ於ケル教育效果ヲ充分ナラシム。

2、入學資格　高級小學校卒業ノ男子。

3、宿泊訓練　自宅通學以外ハ全部寄宿舍ニ收容シ、通學生モ必要ト認ムル時ハ一定期間宿泊セシメ塾風訓練ヲ施ス、特ヲ農業家庭生活ノ指導ト學資ノ經濟化ヲ計ル。

4、農場乃至實習場ヲ教室（學習場）トシ土ノ上ニ立チテ勞作シツツ農民道ヲ體得セシム。

5、教授時間農業的取扱多クノ學校ニ於ケルカ如ク一日五時間乃至七時間ヲ教室ニテ學習セシムルカ如ク固定的取扱ナヲサス。換言スレハ徒ニ教科課程ノ形式ニ拘泥スルコトナク作物家畜ノ發育過程及諸準備整理ニ必要ナル時機ニ學習乃至勞作ヲナサシム。（例ヘハ日出前又ハ日沒後ニ於テ或ハ全日全週農業實習ヲ課スルカ如シ）

6、農產製造又ハ工作ヲ重視シ、農家ノ自給經濟ニ資シ農產物ノ價値向上並ニ商品化ニ努ムルト共ニ勞力ノ分配ヲ合理的ナラシム。

7、春夏秋冬各季節ニヨリ教科課程ヲ特色アラシム。

8、農業收益ヲ特別會計ノ取扱ヲナシ農場ノ發達ヲ圖リ、生徒ニ農業發展ノ過程ヲ認識セシム。

9、家庭實習適當ナル時期ニ生徒ヲ家庭ニ歸シ、家業ニ從事セシメ自家ノ現狀ヲ認識セシム。

八、農業經營

1、耕　種
　食用作物
　工藝作物

2、園　藝
　蔬　菜
　果　樹
　花　卉

3、畜　產
　養　畜
　養　虫

4、林　業
　演習林ノ設置

5、農產製造及農村工作

農産加工、木工、土工、コンクリート工等農村生活ニ必要ナル工作

6 農業經營及農村經營

合理的農業經營ハ知識ヲ習得セシムルト共ニ農村經營ヲ課シ、町村自治農業團體經營ニ關スル才能ヲ養フ。

九、卒業生ノ指導

1、卒業生ニシテ研究ヲ希望スル者ハ一ケ年指導ス。

2、卒業生ニシテ自家經營ノ者ハ卒業後二ケ年毎年一ケ月以内ノ指導講習ヲナス。

十、他機關トノ連絡協調

1、實業廳ノ農業振興方針及ヒ農事試驗場ト緊密ナル連絡ヲ計リ三者歩調ヲ一ニシテ進ムコトニ努ム。

協議會講師委託、各種事業ノ努力。

十一、社會指導

單ニ學校ニ於ケル學生ノ教養訓練ヲナスノミナラス周圍ノ農村農民ノ開發誘掖ヲ行ヒ以テ堅實ナル農村ノ發達ヲ促ス。

1、中堅青年ノ指導講習會ノ開設

2、農事相談所ノ開設

3、農村青年團ノ指導

4、農業ノ巡廻指導

5、一般農民ノ教化

第三節 社會教育

第一項 教育概況

本省ニ於ケル社會教育施設ハ民衆教育館ヲ以テ中樞トス、民衆教育館ニハ原則トシテ圖書館、民衆學校、閲報所、講演所、日語學校等ヲ附設シアラユル角度ヨリ社會教育ニ貢獻セリ。

小學校ニ於テモ或ハ校内ニ識字處問字處ヲ設ケ或ハ掲示板ニヨリ或ハ講演會ヲ催シ社會教育ヲ實施セリ。
尙教育廳テハ隨時巡回映畫ヲ催シ電影ヲ通シテ管内一般ノ社會民衆ノ敎化ヲ計レリ。

第二項　民衆教育機關

本省ニ於ケル民衆機關ハ別表ノ如シ。

民衆教育館概況統計表　（康德三年十二月現在）

種別／所管機關別	所在地	設立年月	職員數	保藏圖書目數	平均每日之閱覽人數 男	女	計	全年經費預算	資產數	備考
教育廳	吉林市後魚行	民國十一年四月	一〇	三、一九四	四〇九	—	四〇九	一〇、四三三円	八二、六二二	設書報閲覽所二處講演所二處民衆茶園兩處體育場一並設有問事問字處
吉林市			—	—	—	—	—	—	—	
永吉縣	樺皮廠	民國十一年二月	三	一、二四〇	三五	—	三五	三、五九三	一、三〇〇	設講演書報二部
額穆縣	蛟河中央大街	大同元年七月	六	三五三	九	—	九	九八二	—	設講演書報事務三部
敦化縣	縣城	民國十九年七月	三	三三〇	七〇	—	七〇	一、二四八	三、三〇〇	設講演書報體育事務四部問字問事處並設民衆學校一處招生一班
樺甸縣	縣城西大街	康德二年十月	五	三、九八七	七二	—	七二	一、二四〇	一、三〇〇	設講演圖書體育事務四部民衆學校一處招收學生兩班
磐石縣	縣城	民國十八年八月	四	九二	八	—	八	二四	一、九九〇	設講演書報二部並問事問字二處
伊通縣			—	—	—	—	—	—	—	本年度暫停

吉林省民衆學校概況統計表

（康德三年十月現在）

雙陽縣	縣城中南街	民國四年七月	三	六三五	九	—	九	二〇〇	—	設講演書報二部民衆學校一處招收學生一班
長春縣	卡倫、朱家城子、小雙城堡、小合隆、萬寶山、大屯鎭、	康德元年九月及三年四月	七	—	—	—	—	—	—	該縣其設民衆教育館六處附設民衆學校一招收學生一班
懷德縣			—	—	—	—	—	—	—	
長嶺縣	縣城東門裏	康德二年三月	一	—	—	—	—	六九三	一〇〇	設講演書報二部每日閱報人數平均二十人聽講人數頗多
乾安縣			—	—	—	—	—	—	—	
扶餘縣			—	—	—	—	—	—	—	本年度停辦
農安縣	縣城西門裏	民國十九年七月	二	二、一二三	四〇	—	四〇	一、七二三	六〇〇	設講演書報編審三部民衆學校一處
德惠縣	張家灣六道街	大同二年十一月	二	六一八	六三	—	六三	一、四四〇	三、七五〇	設講演書報二部民衆學校一班
楡樹縣	縣城	民國十三年六月	二	三、四八二	六五	—	六五	一、〇二四	六、三五〇	設講演圖書報誌事務四部
舒蘭縣	縣城西大街	民國十五年十一月	三	一、六三四	三〇	—	三〇	七一六	八五〇	設講演體育圖書三部
九台縣	縣城富源街	大同二年二月	一	—	—	—	—	八七一	—	設講演圖書體育三部民衆學生一班
合計	一九		四八	一四、五六五	七八六		—	三、九四三	一〇三、一五一	

所管機關別 \ 種別	學校數	學級數	學生數 男	學生數 女	學生數 計	卒業生數 男	卒業生數 女	卒業生數 計	卒業回數	教職員數	修業年限	全年經費預算數	備考
吉林市	—	—	—	—	—	—	—	—	—	—	—	—	
永吉縣	二	二	—	—	九九	—	—	九九	二	五	[illegible]	一〇〇、〇〇	
敦化縣	一	一	三	四七	五〇	三	四七	五〇	二	二	[illegible]	一六六、〇〇	
樺甸縣	一	二	一八	四四	六二	八	二七	六五	二	四	[illegible]	一六〇、〇〇	
磐石縣	—	—	—	—	—	—	—	—	—	—	—	—	
雙陽縣	八	二	九四	一三三	一三五	—	—	—	三	一〇	[illegible]	—	
長春縣	六	六	—	—	三六九	—	—	一九七	—	八	[illegible]	一〇〇、〇〇	
懷德縣	一〇	一〇	—	—	一三三	—	—	—	—	二五	[illegible]	八〇、〇〇	
農安縣	一	一	—	四〇	四〇	—	四〇	四〇	一四	二	[illegible]	四〇、〇〇	
長嶺縣	三	三	—	一四八	一四八	—	一四八	一四八	二	六	[illegible]	一二〇、〇〇	
乾安縣	一	一	一五	一三六	四〇	—	—	—	四	四	[illegible]	—	
扶餘縣	六	一〇	—	四八二	四八二	—	—	—	一〇	一五	[illegible]	一三三、〇〇	
德惠縣	一三	一三	三〇二	八六	三八七	三六八	九八	三六六	三	一四	[illegible]	四七六、〇〇	
額穆縣	三	三	二	一〇六	一二七	二	一〇六	一二七	三	三	[illegible]	六〇、〇〇	
伊通縣	四	五	—	—	一七三	—	—	一八〇	—	三	[illegible]	三〇〇、〇〇	
榆樹縣	一	一	一九	九	二八	—	二五	二五	三	四	[illegible]	一〇〇、〇〇	
九台縣	—	—	—	—	—	—	—	—	—	—	—	—	
總計	五九	六八			二、五五二					一一四			

康德二年二月調

圖書館概況統計表

（康德三年十二月現在）

省市縣別／項別	所在地	設立年月	職員數	保藏圖書冊數	每日平均閱書人數 男	每日平均閱書人數 女	每日平均閱書人數 計	全年經費	資產	備考
吉林省	市内維新街	宣統元年閏二月	六	五五、三四三	—	—	六〇	六、〇六四、九六	六〇、五三四、〇〇	由省立民衆教育館長兼任
懷德縣	德惠城後街	民國十八年八月	三	六、三六〇	—	—	一五	三〇七、二八	三、九〇〇、〇〇	由縣師中校負責管理
扶餘縣	城内東街	民國十六年三月	一	七、一八〇	—	—	六〇	一、〇五三、〇〇	四、三三七、〇〇	館長張書文
額穆縣	蛟河中央街	康德二年七月	三	—	—	—	九	—	—	館長暫秋山文壽代理
總計			一三	—	—	—	一四四	—	—	

日語學校

（康德三年十二月現在）

設立者別／項別	學校數	學生數	一週授業時數	修業期間
吉林市	六	四九〇	—	六個月
敦化縣	一	五〇	一二	
額穆縣	一	三三	一二	
德惠縣	一	五一	一二	
九台縣	一	五一	六	
扶餘縣	一	五六	八	

楡樹縣	一	一四二		三
計	三二	八七二		

第二項　文教團体

1、文教團體ニ對スル指導方針

方針―即位宣言、建國宣言、回鑾詔書

（備考）右ノ方針ニ違反シタルモノヲ發見シタル場合ハ先ツ其ノ現地ニ於ケル直接監督機關ヲ督勵シ併セテ警察當局トモ聯絡ノ上徹底的取締ノ方法ヲ講ズ

2、教　育　團　體

教育會｛滿洲帝國教育會
　　　　省　教　育　會
　　　　縣市旗教育會

イ、會　員―學校教職員、文化機關職員其他文教關係者

ロ、目　的―教育ノ進歩改善並ニ會員相互ノ親睦

ハ、事　業―教育ニ關スル研究、調査、發表、雜誌圖書ノ刊行、講演會、講習會、視察等

省教育會及各市縣支會概況一覽表　（康德三年十二月現在）

名稱	代表者姓名	職員數	會員數	常年經費	活動狀況

滿洲帝國教育會吉林省分會	馬冠標	二八	一、五二五	三、〇〇〇、〇〇	所辦事業甚多
吉林市支會		—	—	—	
永吉縣支會	張清源	二三	一五〇		召開教育研究會及講演會各一次
敦化縣支會	張國卿	九	三九		每月招集教員研究學校及會社教育之改進
樺甸縣支會	徐化鵬	一五	七〇		未辦何事
磐石縣支會	叢樹春	九	六四	無	舉行講演會數次宣傳王道之眞諦
雙陽縣支會	王崇五	一五	七八	ナシ	開教育研究會及督飭學辦教員講習會
長春縣支會		—	—		
懷德縣支會		—	—		
農安縣支會	徐廣忠	一四	一三三		
長嶺縣支會	王中鵬	九	二八	二八、〇〇	開會四次
乾安縣支會		—	—		
扶餘縣支會	張英華	一九	一四四	九四、八一	設立職教員日語傳習班及組織講演團

德惠縣支會	宋安嶽	三	一三三	無	僅招會議二次
額穆縣支會	孫鳳喜	八	五四		無何活動
伊通縣支會	范國賓	三	八四	一八〇、〇〇	招集會員二次講演社會教育及開教育精神大會
楡樹縣支會	于廷芹	一八	一八〇	六八、八六	開催成績展覽會教育研究會講演會
九台縣支會	楊永維	一九	一三九		無何工作
舒蘭縣支會	馬永魁	六	九七	九七、〇〇	因諸事無着諸事停頓
合計		二〇六	二、八八七		

省內各市縣道德會及所辦事業概況表（康德三年十二月現在）

種別＼市縣別	會數	會員數	經費數	所辦學校 校數	班數 高級	班數 初級	班數 計	學生數 男	學生數 女	學生數 計	所辦各種事業	備考
吉林市	三	三〇三	三、〇〇〇	｜	｜	｜	｜	｜	｜	｜	講演社、講習班、傳習班	設有民衆學校一班
永吉縣	五	二三八	三、四六八	｜	｜	｜	｜	｜	｜	｜	講演社、傳習班、療病社等	
額穆縣	一	四八	五〇〇	｜	｜	｜	｜	｜	｜	｜	講演所、傳習班	

縣名											摘要	備考
敦化縣	—	—	—	—	—	—	—	—	—	—		
樺甸縣	一	三三	—	—	—	—	—	—	—	—	講演所、傳習班	
磐石縣	五	四六六	一、二五〇	一	—	一	一	—	三八	三八	講演所、性理療病社	
伊通縣	五	一三七	一、三〇〇	—	—	—	—	—	—	—	講演社、傳習班等	義務女學校停辦
雙陽縣	—	—	—	—	—	—	—	—	—	—		
長春縣	五	二四七	—	—	—	—	—	—	—	—	講演所、傳習班	康德二年度調
懷德縣	一〇	八五三	八、一五〇	一	一	一	二	四三	五六	九九	講演會、講習會	
長嶺縣	一	四三	七〇二	一	—	一	一	—	八〇	八〇	講演會	
乾安縣	—	—	—	—	—	—	—	—	—	—		
扶餘縣	一	一三三	一、八〇〇	—	—	—	—	—	—	—	講演會、性理療病社	附設民衆校兩班
農安縣	一	九二	三、〇〇〇	一	—	四	四	四〇	一三〇	一六〇	傳習班、講演會	
德惠縣	六	六六七	二、四九三	三	—	四	四	—	一三四	一三四	講演會、家庭研究社	
楡樹縣	四	三五	五、〇八二	四	—	五	五	三五	八九	一三四	講演會、講習班	

舒蘭縣	一	四四	七五〇	—	—	—	—	—	—	—	講習班、講演社
九台縣	五	一八五	四、四七〇	一	—	二	二	三五	七〇	九〇	講演社、療病社
總計	四七	三、九二〇	四四、七三〇	三	一	一八	一九	一三六	八〇七	八二五	

3、教化團體

イ、道德會（總分會―省城
分會―縣市旗
支會―村、鎭）

目的（道德ノ提倡
社會福祉ノ增進
風敎ノ刷新）

事業（學校ノ經經
施療救濟）

ロ、童子團

目的（少年ノ心身鍛錬
愛國奉公ノ精神涵養）

誓詞

余ハ執政宣言ノ精神ヲ奉遵シ天賦人類ノ良知ヲ謹守シ滿洲國童子團ノ規律ヲ實行ス

一、天命ヲ畏レ大人ヲ畏レ聖人ノ言ヲ畏ル

二、時ニ依リ地ニ依リ人類扶助ニ盡力ス

三、自己ノ德體智三育ノ健全ヲ求ム

規律

一、童子團ハ忠行節義ヲ勵行ス
二、童子團ハ公明正大廉潔ヲ以テ生命ト爲ス
三、童子團ハ自己ノ利益ヲ求メス專ラ國家人類ノ幸福ヲ謀ル
四、童子團ハ相互間兄弟トナリ衆人ニ對シテハ朋友トナル
五、童子團ハ親切ヲ主トシ動植物ヲ愛護ス
六、童子團ハ長上ヲ信頼シソノ命令ニ服從ス
七、童子團ハ心快樂ノ思想ヲ存シテ事ニ臨シテ困難ヲ恐レス
八、童子團ハ謙恭禮儀ヲ恪守ス
九、童子團ハ勤儉質樸ヲ旨トシ凡ヘテノ事ニ操勞鍛練ス
十、童子團ハ思想言語行爲ニ於テ克己純正ナルヘシ

標語

一親ニ親シミ而シテ民ニ仁ニシテ而シテ物ヲ愛ス
二智仁勇ハ天下ノ達德ナリ
三萬事計劃アレハ卽チ成リ、計劃ナケレハ卽チ廢ル

吉林省立童子團狀況一覽表（康德三年八月現在）

團名	成立年月	幹部員數	現團員數	活動概況
雙陽縣純正童子團	康德元年六月	一四	三〇	每週訓練一次開會一次討論進行事宜
懷德縣童子團本部	大同元年六月	二七	二九五	因各分團長及各指導員ノ熱心指導故成績甚佳

額穆縣親仁童子團	康德三年四月	二	四八	校內訓練按日執行童子團職務並行郊野訓練四次
滿洲帝國童子團九台縣支團	康康元年三月	一〇	一〇七	偵佐訓練事業
計		五三	四八〇	

4、體育團體

體育聯盟

目的 健全ナル運動競技ノ發達普及
國民精神ノ作興並公民資質ノ向上
民族融和

事業

一、體育聯盟中央事務局トノ連絡
二、管內各縣體育運動團體ノ聯盟統制
三、運動競技諸施設ニ關スル立案並指導實施
四、管內各縣體育運動團體事業ノ助成
五、各種運動競技會ノ擧行及後援
六、運動競技ノ指導及其ノ獎勵
七、各種運動競技選手權決定及代表選手派遣
八、運動競技ニ關スル講演會、講習會、映畫會、巡廻指導ノ實施
九、機關誌「滿洲體育」ノ配布
一〇、其他本事務局ノ目的遂行上必要ナル一切ノ事業

體育團體一覽表（康德三年十二月現在）

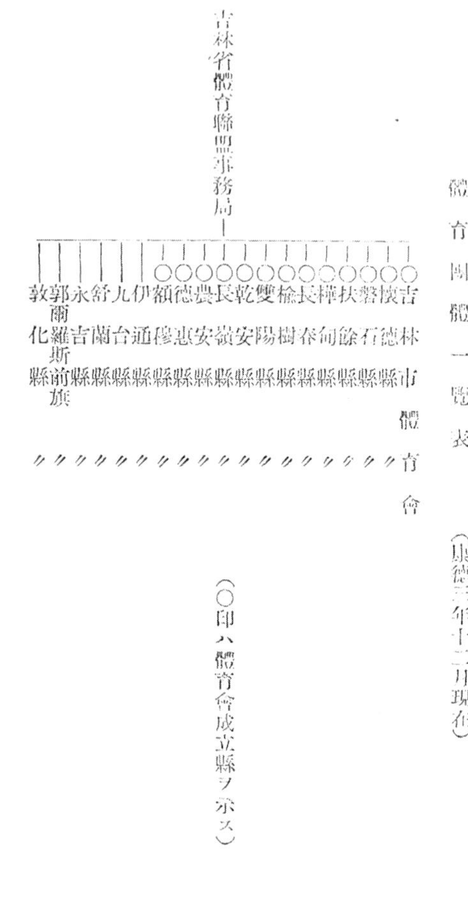

（○印ハ體育會成立縣ヲ示ス）

第四項　特殊教育

私立助産學校

特殊教育機關トシテハ私立助産學校アリ、同校ハ民國二十年六月ノ設立ニ係リ生徒ハ女中學及ヒ女子師範學校ノ卒業生ヲ收容シ卒業年限ハ二ケ年ナリ。

康德三年十二月現在生徒數ハ六十九名、教職員ハ十二名、經費ハ年額四、五〇〇圓文教部ノ一部補助費ヲ受ク。

第八章　社會衛生

第一節　社會事業

第一項　概說

滿洲國ハ王道立國ヲ國是トシ建國以來民衆ノ爲メ政治ノ標榜シ國利民福ヲ計リ、特ニ社會事業ハ其ノ社會行政上ノ重大事業タルニ鑑ミ民衆ヲ災害ヨリ救ヒ人民ノ福祉ヲ增進シ來レリ。

即チ中央ニ於テハ民政部地方司ニ社會科ヲ設ケテ專ヲ以テ賑恤救濟、公私社會事業ノ助成發達ヲ圖ル共ニ地方ニ於ケル社會事業行政ノ監督助成ニ任スル事トシ、又地方ニ於テハ省公署民政廳行政科竝ニ縣公署内務局ニ於テ夫々社會行政ヲ辦理スル事トス。

更ニ他方此等行政ノ補助機關ヲ設置シテ社會事業ノ連絡統制竝ニ協調ヲ計ル事業遂行上緊急ナルニ鑑ミ大同元年十月社會事業家懇談會ヲ國務院會議室ニ開催シテ官民各方面ノ意向ヲ徵シタル結果舊奉、吉、黑、三省及新京、哈爾濱兩特別市ニ夫々官民合同社會事業聯合會ヲ組織シ、更ニ上記各地方社會事業聯合會ヲ連絡統制センガ爲メ大同二年二月民政部内ニ中央社會事業聯合會ノ設置ヲ見タリ、而シテ本聯合會ハ各地事業團體ト統制連絡ヲ保チ全國該種事業ヲ統制シ補助シ逐日活動ヲ努メツヽアリ。

吉林省管下一市十七縣一旗ニ於ケル既有社會團體ハ僅カ四十數ケ所ニアリ、夫々社會事業ニ貢獻スル處大ナリト雖モ此等各種團體ハ社會團體ノ連絡統制機關皆無ニシテ指導宜敷キヲ得ズ、事業ノ重複不統一ヲ來シ、弊害又大ナルニ鑑ミ本省ハ管下各地方ノ有各種團體ヲ統制シ連絡ヲ緊密ニシテ社會事業ノ調査研究改善ヲナシ事業ノ圓滿發達ヲ期スベク大同二年五月吉林省社會事業聯合會組織ノ準備委員會ヲ開催シ、成立ニ努力シタル結果大同二年七月六日發會成立セラレ、現在迄有スル官營社會團體一〇、私營社會團體二二、臨時社會團體一ヲ聯合會ニ統制スル事トナレリ。今社會事業團體ヲ示セバ左ノ如シ。

第二項　社會事業團體

(一)、本省社會事業行政機關

1、吉林省公署民政廳行政科

2、吉林市公署行政科

3、各縣公署內務局

(二)、本省社會事業連絡統制機關

1、吉林省社會事業聯合會

(三)、本省社會事業團體

1、吉林省官營社會事業團體狀況表

市縣別	名稱	創立年月	宗旨	事業
吉林市	吉林國立醫院	光緒三四年七月	廉價或免費治療	設內外眼、耳、鼻等科、置醫師看護婦數十名、爲醫療機關中最重要者
〃	游民習藝所	民國一六年九月	收容游民及中毒者	現設木織兩科、收容百餘人、成績甚佳
〃	養濟所	乾隆三七年十月	救濟殘老	現收容一百餘人、每日兩餐、爲窮民之重要機關
〃	濟良所	民國三年三月	救濟婢妾娼妓	現在收容五六人、爲救濟婦女之主要機關
額穆縣	救濟院	大同三年二月	救濟災患	置施粥、庇寒、恤老、慈幼、施療救濟等部分、成績卓著
敦化縣	救濟院	大同二年十一月	救濟殘老	現在收容殘老數十名、已被救濟者八千餘人
伊通縣	地方救濟院	大同三年一月	救災恤貧	男女分室收容、每月救濟數十人
雙陽縣	社會事業救濟會	康德元年一月	救濟教化	辦理施療種痘等事業
扶餘縣	救濟院施療所	大同二年五月	救濟貧苦	施醫藥施牛痘
農安	救濟院	民國十八年十月	救濟無業收容殘老	內設織染印刷等科、成績尚優

2、吉林省私營社會事業團體狀況表

市縣別	名稱	創立年月	宗旨	事業
吉林市	廣濟慈善會	民國十年十二月	救濟貧苦	施藥放生及其他慈善事業
〃	慈善院育嬰堂	民國十四年三月	收育私生子及孤兒	現收容約二十名、已育嬰孩二百餘名
〃	萬國道德吉林總分會	大同二年九月	宣揚道德	設立講演及傳習班、逐日講演及性理治療、分置講演所多處
〃	世界紅卍字會吉林分會	民國十一年六月	救濟災患	設有學校一處並辦施醫施衣及冬季施粥各項事業
永吉縣	博濟慈善缸窯分會	不詳	宣講道德救濟災患	辦理救濟講演各事業
樺甸縣	世界紅卍字會辦事處	大同二年十一月	修己渡人	救世化刼、施療、並於冬季施粥
〃	萬國道德分會	康德元年七月	宣揚道德	實行講演以正人心
〃	戒煙酒會	民國十三年二月	勸戒煙酒	辦理禁煙禁酒事業
伊通縣	萬國道德分會	民國十二年七月	教化救濟	設有義務及民衆學校、並辦講演及性理治療各事業
〃	世界紅卍字會伊通分會	康德元年四月	慈善救濟	施藥施牛痘並辦無息貸款
雙陽縣	世界大同佛教會	康德元年五月	宣化佛教以救人心	宣揚佛教、並救濟事業
〃	萬國道德分會	大同元年四月	培植風化	遊行講演並以性理治療
長嶺縣	萬國道德分會	康德元年三月	宣講王道	遊行講演王道政治
扶餘縣	慈善會	民國五年十月	恤貧救災	收容殘老、施藥施粥、並辦義學二處

農安縣	萬國道德分會	民國十二年七月	家庭教育慈善事業	辦有義學及傳習班、並修補橋梁、備置善船、育嬰
德惠縣	博濟慈善分會	康德元年九月	慈善救濟	修補橋梁、救濟貧困、施粥賑濟
楡樹縣	博濟慈善分會	民國六年二月	慈善救濟	宣揚王道施粥施衣賑濟修補橋梁
〃	同上大嶺鎭分會	民國九年二月	〃	現辦有講演團貧民濟養所
〃	同上秀水甸子分會	大同元年十一月	〃	現設講演班
〃	同上土橋子分會	民國九年十月	〃	現設有貧民學校並施捨救濟
〃	同上大于屯分會	民國十七年十一月	〃	設立女學、宣傳王道、並修築橋梁
〃	同上黑林子分會	民國八年三月	〃	義學、善倉、善船、施粥種痘
九台縣	世界紅卍字會支會	民國十八年	救濟災患	施醫施藥引種牛痘
〃	萬國道德分會	大同二年三月	啓民智敦民德	研究性理家庭教育並設女學一處
乾安縣	世界大同佛教分會	康德二年八月	傳佈佛教辦理救濟	施藥、施棺、並印刷宣傳品
磐石縣	道德分會	康德元年四月	宣揚道德	設有講演社傳習班並用性理療病
〃	紅卍字會分會	康德二年五月	宣揚王道辦理救濟	施療救濟、補助官家之不足
長春縣	道德會萬寶山分會	大同二年三月	宣揚道德	設立傳習班、講演社
〃	道德會鮑家溝分會	康德二年六月	〃	設立女子識字班傳習所並遊行講演
〃	道德會朱家城子分會	康德三年三月	〃	設立傳習班、講演、性理治療

〃	博濟慈善會鮑家溝分會	民國九年七月	辦理救濟	設立義學、救濟殘老、及施藥、施棺、施捨路費
長嶺縣	万台山向善普化佛教會分會	大同三年一月	救濟救濟	辦理傳習班、施藥、施種牛痘及粥鍋等事業

3、吉林市臨時社會事業團體狀況表

經營處所	名稱	設置年月	宗旨	事業
吉林市	庇寒所	康德三年十二月	救濟嚴冬窮民以免凍餒	收容男女窮民、每月平均三百人、以三個月爲期、需費約四千元

吉林省各市縣救濟狀況表（康德三年度）

市縣別	窮民人數	救濟辦法並款額
吉林市	六六七	上開人數、係無住所之窮民、經設庇寒所收容、計需款四千元、其他貧戶約三千人、委託紅卍字會救濟
永吉縣		所有窮民、均散在各區、令由各區、妥籌救濟方策
額穆縣		縣城於救濟院附設庇寒所一處、收容無家窮民各區由各區設法救濟
敦化縣	一、四九五	經縣方派員下鄉放賑、計放米五十四石四斗二升
樺甸縣		令由各區設臨時庇寒所、以資收容無家窮民
磐石縣	一五一	縣城四五名收入乞丐所、散在各區者、每人發給棉衣一套、國幣二圓
伊通縣		委託紅卍字會、代爲救濟
雙陽縣		經社會事業救濟會、辦理救濟

長春縣		所有窮民、均散在各區、由各區自籌救濟
懷德縣		由各救濟機關辦理
長嶺縣	二七七	經普化佛教會長嶺分會救濟、計用款三百六十六圓八角四分
乾安縣		各區負責救濟
扶餘縣		委託貧民教養工廠辦理
農安縣		由縣與各區連絡籌款救濟
德惠縣	一六、九六八	經縣方籌款、分設庇寒所及粥廠
楡樹縣		由縣與各區連絡籌款救濟
舒蘭縣	六、〇四〇	由紅卍字會及博濟慈善會、撥糧一、〇三五石五九
九台縣		由縣籌糧救濟

吉林市康德三年年末窮民救濟狀況表

市名	人數	糧額	人數	金額	總人數
吉林市	六、五五三	一六七、八七	三、八〇〇	七六〇、〇〇	一〇、三五三

第二節　義倉積穀

義倉制度ノ確立ハ康徳三年八月三十一日新義倉管理規則ノ施行ト共ニ中央民政部ヨリ分配セラレタル義倉修築補助費ノ五萬、一千五百八十三元ト義倉共金ノ八萬八千二百元ニヨリ現在省下全縣ノ義倉九百六十二間ノ完備ヲ見、收容量ハ四十萬石ニ及バントスルニ至レリ一方各縣義倉ノ內容ノ充實ヲ計リ舊義倉整理並ニ新徵收ニ依リ現在全縣義倉ハ現穀二十六萬石並ニ現欵五十四萬八千元ヲ有スルニ至レリ。

今省下各縣ノ義倉現在狀況ヲ示セバ左ノ如シ

吉林省各縣義倉倉庫建築補助費金額表

縣名	金額	縣名	金額	縣名	金額
長春縣	七、五〇〇圓	雙陽縣	一、六〇〇圓	伊通縣	二、九〇三圓
德惠縣	四、二六〇圓	九台縣	一、八〇〇圓	農安縣	一、八〇〇圓
長嶺縣	一、七六〇圓	乾安縣	九〇〇圓	扶餘縣	二、四〇〇圓
永吉縣	二、〇〇〇圓	舒蘭縣	五、四〇〇圓	額穆縣	一、一九〇圓
敦化縣	一、二〇〇圓	樺甸縣	一、六〇〇圓	磐石縣	一、三二〇圓
楡樹縣	九、〇〇〇圓	懷德縣	四、九五〇圓		
計	五一、五八三圓				

吉林省各縣義倉基本補助金額表

縣名	金額	縣名	金額	縣名	金額
永吉縣	九、五五四圓	額穆縣	四、四一一圓	敦化縣	二、五二九圓
磐石縣	五、三五三	伊通縣	六、七九一	雙陽縣	四、四一一
長春縣	五、二九一	懷德縣	四、六七四	長嶺縣	三、五二八
乾安縣	三、三一一	扶餘縣	五、八五〇	農安縣	七、四九七
樺甸縣	四、三八一	德惠縣	五、二六二	楡樹縣	七、七三一
舒蘭縣	五、九九八	九台縣	三、五二八		
計	八八、二〇〇圓				

吉林省各縣義倉表

縣別	本倉數	分倉數	舊有倉庫間數	新建倉庫間數	附記
永吉	無	一二	六八間	一七間	
額穆	一	六	三三	一〇	
敦化	一	無	無	一〇	
樺甸	一	七	五	四〇	
磐石	一	二	一二	三四	
伊通	一	七	三八	三三	
雙陽	一	五	一三	三三	
九台	一	一一	四〇	一〇	
長春	無	五	無	七五	
懷德	一	七	無	四五	
長嶺	一	二	五	一四	
乾安	一	無	一四	九	
扶餘	一	二	二六	二四	
農安	一	四	七一	七	
德惠	一	一	九	三一	
榆樹	一	一〇	九五	五	
舒蘭	一	五	無	四五	
計	一五	一〇六	四三一	四一〇	

吉林省各縣義倉々庫建築及修理經費表

縣別	經費總額	經費來源 建修補助費	基本補助金移用	義倉財產	其他
永吉	六、〇八四元	二、〇〇〇元	四、〇八四元	—元	—元
額穆	二、九一〇	一、一九〇	一、七二〇	—	—
敦化	四、二〇七	一、二〇〇	—	一、二〇〇	一、八〇七
樺甸	五、九九五	一、六〇〇	二、〇〇〇	二、三九五	—
磐石	七、三〇六	一、三二〇	—	五、九八六	—
伊通	二、九〇三	二、九〇三	—	—	—
雙陽	三、九六〇	一、六〇〇	二、〇〇〇	三六〇	—
九台	七、九二七	一、八〇〇	一、七〇〇	四、四二七	—
長春	三七、二五〇	七、五〇〇	—	二九、七五〇	—
懷德	七、二〇〇	四、九五〇	二、二五〇	—	—
長嶺	三、〇七九	一、七六〇	一、二〇〇	一一九	—
乾安	二、四六一	九〇〇	一、五六一	—	—
扶餘	九、六二二	二、四〇〇	二、〇〇〇	四、六五六	五六六
農安	三、一二一	一、七四四	—	—	一、三七七
德惠	六、六六〇	四、二六〇	二、四〇〇	—	—
榆樹	七、八九五	七、八九五	—	—	—
舒蘭	五、七〇〇	五、四〇〇	三〇〇	—	—
合計	一二四、二八〇	五〇、四二二	二一、二一五	四八、八九三	三、七五〇

吉林省各縣義倉穀款數量表

縣別	在庫數量		貸出數量		計	
	穀	款	穀	款	穀	款
永吉	一一、八二五、六九一石	一二、九四八、六四	一七、六三九、一七三石	—	二九、四六四、八六四	一二、九四八、六四
額穆	一、三八二、〇九五	六七〇、三九	七、八三一、八六一	六六八、一八	九、二一三、九五六	一、三三八、五七
敦化	五八、六〇八	八、三〇七、一一	三、四六三、五三三	二、一二二、八二	三、五二二、一四一	一〇、四二九、九三
樺甸	二、一〇三、〇〇〇	六、〇〇六、〇〇	八、三〇六、〇〇〇	五、四八三、〇〇	一〇、四〇九、〇〇〇	一一、四八八、〇〇
磐石	—	八、八四九、〇〇	五三、七九七、〇〇〇	—	五三、七九七、〇〇〇	八、八四九、〇〇
伊通	二、二〇二、〇〇〇	九〇、三〇四、六八	一六、八三九、〇〇〇	六九、一二六、八五	一九、〇四一、〇〇〇	一五九、四三一、五三
雙陽	八、二七一、八四六	三、〇〇七、五七	八、五四一、三九九	—	一六、八一三、二四五	三、〇〇七、五七
九台	一三、一二六、〇二二	八、三一三、二九	七、八〇八、八三三	—	二〇、九三四、八五五	八、三一三、二九
長春	一六四、〇〇〇	一五二、三三四、〇〇	三三二、〇〇〇	一七、七九九、〇〇	四九六、〇〇〇	一七〇、一三三、〇〇
懷德	九、五一九、一七四	七、八五三、五九	九、六六五、三四七	一八、九一八、〇〇	一九、一八四、五二一	二六、七七一、五九
長嶺	六、四七〇、〇〇〇	—	三八一、〇〇〇	三二、三三六、〇〇	六、八五一、〇〇〇	三二、三三六、〇〇
乾安	四、五二〇、〇〇〇	六四五、〇〇	—	—	四、五二〇、〇〇〇	六四五、〇〇
扶餘	一九、七三六、六一一	六、二六一、九六	五、二二二、六二三	八二一、八三	二四、九五九、二三四	七、〇八三、七九
農安	五、八七〇、六五〇	一一、〇一三、三九	三、二一三、九〇五	一八、三六六、二〇	九、〇八三、五五五	一九、三七八、五九
德惠	四三九、〇〇〇	一八、一八〇、〇〇	一〇、一九二、〇〇〇	六、九四二、〇〇	一〇、六三一、〇〇〇	二五、一二二、〇〇
榆樹	六、五一二、五七一	一八、九四七、五八	八、三三七、一六一	二二、五九七、八六	一四、八四九、七三二	四一、五四五、四四
舒蘭	一〇九、〇二三	一〇、五五六、四〇	一〇、八四三、三三五	一、七〇〇、〇〇	一〇、九五二、三五八	一二、二五六、四〇
合計	九二、三〇〇、二九二	三七二、八八七、六〇	一七二、四一三、一六九	一七五、九八〇、七三	二六四、七一三、四六一	五四八、八六八、三三

吉林省各縣義倉最低儲蓄糧穀數量徵收預計表

縣名	規定最低儲蓄數量	預定徵收年數									
		康德二年度		康德三年度		康德四年度		康德五年度		計	
		數	款	數	款	數	款	數	款	數	款
永吉	六〇、〇〇〇	二四、〇〇〇	—	二四、〇〇〇	一、四〇〇	二六、〇〇〇	一、四〇〇	—	—	七四、〇〇〇	二、八〇〇
穆額	一三、〇〇〇	三、六〇〇	一、〇〇〇	三、八〇〇	二、〇〇〇	四、〇〇〇	二、〇〇〇	四、〇〇〇	二、〇〇〇	一五、四〇〇	七、〇〇〇
敦化	六、〇〇〇	一、六〇〇	一、六〇〇	一、〇〇〇	二、八〇〇	一、八〇〇	二、八〇〇	二、〇〇〇	二、八〇〇	六、四〇〇	一〇、〇〇〇
樺甸	一二、〇〇〇	三、〇〇〇	三、三〇〇	三、〇〇〇	三、三〇〇	三、〇〇〇	三、三〇〇	三、〇〇〇	三、三〇〇	一二、〇〇〇	一三、二〇〇
磐石	一五、〇〇〇	五、四〇〇	一、二〇〇	七、九〇〇	一、六〇〇	八、〇〇〇	一、六〇〇	八、〇〇〇	一、六〇〇	二九、三〇〇	六、〇〇〇
伊通	二六、〇〇〇	一四、五〇〇	四七〇	二、〇〇〇	一、四〇〇	一一、〇〇〇	一、四〇〇	—	—	二七、五〇〇	三、二七〇
雙陽	一二、〇〇〇	七、三〇〇	一、三五〇	八、五〇〇	一、三五〇	九、〇〇〇	一、三五〇	—	—	二四、八〇〇	四、〇五〇
九台	二七、〇〇〇	一五、〇〇〇	五、八〇〇	一四、〇〇〇	五、八〇〇	—	—	—	—	二九、〇〇〇	一一、六〇〇
長春	四五、〇〇〇	二七、〇〇〇	一、九〇〇	二五、〇〇〇	二、〇〇〇	—	—	—	—	五二、〇〇〇	三、九〇〇
懐德	二七、〇〇〇	一八、〇〇〇	六、九〇〇	一二、〇〇〇	六、九〇〇	—	—	—	—	三〇、〇〇〇	一三、八〇〇
長嶺	一二、〇〇〇	二、七〇〇	—	三、五〇〇	—	三、五〇〇	—	三、五〇〇	—	一三、二〇〇	—
乾安	四、五〇〇	五、二〇〇	—	—	四五〇	—	—	—	—	五、二〇〇	四五〇
扶餘	二六、〇〇〇	三一、〇〇〇	五、〇〇〇	一九、〇〇〇	五、〇〇〇	—	—	—	—	五〇、〇〇〇	一〇、〇〇〇
農安	二七、〇〇〇	一〇、〇〇〇	—	一〇、〇〇〇	三、〇〇〇	一〇、〇〇〇	三、八〇〇	—	—	三〇、〇〇〇	六、八〇〇
德惠	二四、〇〇〇	五、七〇〇	三、二〇〇	九、〇〇〇	三、二〇〇	一一、〇〇〇	三、二〇〇	—	—	二五、七〇〇	九、六〇〇
楡樹	五四、〇〇〇	三〇、〇〇〇	六、六〇〇	一六、〇〇〇	五、一〇〇	一八、〇〇〇	五、一〇〇	—	—	六四、〇〇〇	一六、八〇〇
舒蘭	二七、〇〇〇	五、〇〇〇	一、四〇〇	七、〇〇〇	一、五〇〇	七、五〇〇	一、五〇〇	七、五〇〇	一、七〇〇	二七、〇〇〇	六、一〇〇

總計	四六、六〇〇	三〇九、〇〇〇	二九、六〇〇	二四四、四〇〇	四六、七〇〇	三三、五〇〇	三七、三〇〇	三七、七〇〇	二、四〇〇	五四、六〇〇	三五、〇〇〇

備考　一、各縣康德二三兩年度穀數係按既耕地數并除去災害地計算

二、敦化扶餘榆樹等縣康德二年度係吉林省公署訓令每畝徵收八合康德三年度則按核准縣義倉管理規則施行中規定之徵收率每畝五合故該兩年度之穀數多寡不同

吉林省各縣義倉最低儲蓄糧穀數量表

縣別	數量	縣別	數量
長春縣	四五、〇〇〇石	雙陽縣	二一、〇〇〇石
伊通縣	二六、〇〇〇石	德惠縣	二四、〇〇〇石
九臺縣	二七、〇〇〇石	農安縣	二七、〇〇〇石
長嶺縣	二二、〇〇〇石	乾安縣	四、五〇〇石
扶餘縣	三六、〇〇〇石	永吉縣	六〇、〇〇〇石
舒蘭縣	二七、〇〇〇石	額穆縣	一二、〇〇〇石
敦化縣	六、〇〇〇石	樺甸縣	一三、〇〇〇石
磐石縣	一五、〇〇〇石	榆樹縣	五四、〇〇〇石
懷德縣	二七、〇〇〇石		
計	四四五、五〇〇石		

吉林省各縣利用義倉穀款數量表

縣別	借用數量		貸出數量		原因附記
	穀	款	穀	款	
九台	七一九石	—	—	—	災害
扶餘	一〇	—	—	—	災害

楡樹	一四九	—	—	二、〇〇〇元	災害及種籽缺乏	
樺甸	—	—	六、五一八石	—	食粮缺乏	係返還之災賑救濟穀
磐石	—	—	三、四九六	—	〃	〃
蘭舒	—	—	九五九	—	〃	〃
額穆	—	—	三、〇一〇	—	〃	〃
敦化	—	—	三、六一七	—	〃	係返還之災賑穀濟穀及以現款購入小米
合計	八七八石	—	一四、六〇〇石	二、〇〇〇元		

吉林省各縣義倉對於農業者及商工業者並其他之徵收率表

縣別	農業者徵收率	商工業者徵收率	其他有獨立生計之人之徵收率	附記
永吉	耕地每畝年收穀八合	按營業稅附加捐百分之二〇	按戶別捐百分之二〇	
長春	〃	〃	〃	
磐石	〃	按營業稅附加捐百分之十五	按戶別捐百分之十五	
樺甸	〃	〃	〃	

縣				
雙陽	〃 〃	〃 〃	〃 〃	
德惠	〃 〃	〃 〃	〃 〃	
額穆	〃 〃	按營業稅附加捐百分之二〇	按戶別捐百分之二〇	
九台	〃 〃	〃 〃	〃 〃	
懷德	〃 〃	〃 〃	按戶別捐百分之二〇	
乾安	〃 〃	〃 〃	〃 〃	
長嶺	耕地每畝年徵穀七合	〃 〃	〃 〃	
舒蘭	〃 〃	〃 〃	〃 〃	
伊通	耕地每畝年徵穀六合	按營業稅附加捐百分之十五	按戶別捐百分之一五	
扶餘	耕地每畝年徵穀五合	〃 〃	〃 〃	
農安	〃 〃	按營業稅附加捐百分之二〇	按戶別捐百分之二〇	
榆樹	〃 〃	〃 〃	〃 〃	
敦化	〃 〃	〃 〃	〃 〃	

吉林省各縣義倉管理費內人件費標準表

縣別	倉長一人車馬費額		辦事員一人一月薪津額		倉夫一人一月工資額		辦事員倉夫一人賞金	一倉一月雜費額
	本倉	分倉	本倉	分倉	本倉	分倉		
永吉	四十二元以下	三十二元以下	十八元以下	十元以下	九元以下	八元以下	按薪津或工資額一個月	三元以下
額穆	三十六元以下	三十元以下	十六元以下	十元以下	〃	〃	〃	〃
敦化	四十二元以下	三十元以下	十八元以下	十二元以下	十元以下	〃	〃	〃
磐石	三十六元以下	二十八元以下	十六元以下	十元以下	九元以下	〃	〃	〃
樺甸	三十八元以下	三十元以下	〃	〃	〃	〃	〃	〃
雙陽	〃	〃	〃	十二元以下	〃	〃	〃	〃
伊通	四十二元以下	三十二元以下	十八元以下	十二元以下	九元以下	八元以下	〃	〃
九台	〃	〃	〃	十元以下	〃	〃	〃	〃
長春	四十二元以下	三十六元以下	二十元以下	十八元以下	〃	〃	〃	〃
懷德	三十八元以下	三十二元以下	十八元以下	十元以下	〃	〃	〃	〃
乾安	四十二元以下	三十六元以下	二十元以下	十二元以下	十元以下	〃	〃	〃

扶餘	〃	三十二元以下	〃	〃	〃	〃	〃	〃
農安	〃	〃	十八元以下	〃	九元以下	〃	〃	〃
長嶺	三十八元以下	〃	十六元以下	十元以下	〃	〃	〃	〃
德惠	四十二元以下	三十六元以下	二十元以下	十二元以下	十元以下	八元以下	〃	〃
楡樹	三十六元以下	三十元以下	十八元以下	十元以下	九元以下	〃	〃	〃
舒蘭	〃	〃	十六元以下	〃	〃	〃	〃	〃

第三節　衛生施設

第一項　概説

建國前ニ於テハ只社會事業的性質ヲ帶ビタル有名無實ニ等シキ少數ノ施設アリタルノミニシテ何等見ルベキモノ無カリシモ建國後之レカ施設ノ重要性ニ鑑ミ衛生機構ノ刷新充實ヲ圖ルト共ニ鋭意諸施設ノ普及徹底ニ努メタリト雖當管內ハ山岳地帶多ク特ニ東部地區ハ交通不便ニシテ治安良好ナラズ且ツ一般ニ民度極メテ底ク衛生思想ニ乏シキ爲所期ノ成績ヲ得サリシモ漸次治安ノ肅正並ニ衛生機構ノ充實ト共ニ諸基礎調査モ日ヲ追テ確實性ヲ深メルニ至リタルヲ以テ地方ノ實狀考慮ノ上之レカ普及徹底ニ努メタル結果其成績良好ニ向ヒツツアリ、其ノ主ナル施設並ニ概況左ノ如シ。

第二項　阿片零賣所

當管内ニ於ケル阿片零賣人現在數ハ二七〇名ニシテ全部煙館ヲ兼營シ後來ノ阿片吸食證ハ零賣人ヲシテ代發セシメ煙館ニ女接待婦ヲ置ク者等相當アリテ吸食證ヲ濫發スルノ外風紀ヲ亂リ、煙館ヲ娛樂場ノ如ク誤認シ爲ニ靑狀章ニシテ遂ニハ癮ニ陷ルノ弊害アルニ鑑ミ吸食證ハ驗ヲ警察廳長ニ關與セシムルト共ニ女接待婦ヲ嚴禁シ、零賣所ヲ取締ハ私煙館並ニ私土密賣買ノ取締ト併行シテ嚴行セシトタル結果其成績漸次良好ニ向ヒツツアリ、阿片零賣分布狀況左ノ如シ。

康德三年度阿片零賣人分布並ニ取締狀況表十二月現在

類別 市縣旗別	康德二年度 指定數	康德二年度 現在數	康德三年度 指定數	康德三年度 死亡數	康德三年度 營業取消處分	康德三年度 營業停止處分	康德三年度 現在數
吉林市	〇	三九	四	二	二	五	三九
永吉縣	一四	三三	一	—	—	一	三四
額穆縣	一	一二	二	—	—	—	一三
敦化縣	〇	六	九	—	二	—	一二
樺甸縣	六	二一	二	—	—	—	一三
磐石縣	〇	五	五	—	二	—	八
伊通縣	一	一〇	九	—	—	—	一九
雙陽縣	三	一〇	一	—	—	—	一一
懷德縣	〇	一〇	一二	—	一	—	二一
長嶺縣	〇	三	三	—	—	—	五
乾安縣	一	二	一	—	—	—	三
扶餘縣	一	一二	九	—	—	—	二〇
農安縣	〇	一二	三	—	二	—	一三
德惠縣	一	八	七	—	—	—	一五

樺樹縣	〇	八	二	ー	三	ー	一七
舒蘭縣	〇	八	四	ー	ー	ー	一二
九台縣	〇	八	九	一	一	ー	一五
郭爾羅斯前旗	〇	〇	〇	ー	ー	ー	〇
合計	三七	一九三	九二	三	三	六	二七〇

第三項　戒煙機關

當管內ニ於ケル戒煙機關ハ吉林市所在國立戒煙所ノ外農安、扶餘、敦化、額穆ノ各縣ニ各各一箇處ノ救濟院アリ、縣費補助ノ下ニ救濟事業ノ一部トシテ阿片癮者及痲藥中毒者ノ治療ヲ行ヒツヽアリ。

國立戒煙所ハ收容人員五〇名ニシテ比較的收容期間ノ短キト收容者中浮浪者又ハ痲藥中毒者ノ多キ關係上治療後再ビ弊習ニ陷ル者相當アルニ比シ前記各縣ニ於ケル救濟院ハ治療ノ傍職業ヲ與ヘ相當長期間ニ於テ多數人員ノ治療ハ望之難キ實狀ニアリ

本施設ニ關シテハ衛生三年計畫トシテ各縣ニ交付セル阿片交付金ニ依リ新設改善ヲ爲ス等之レガ普及改善ヲ圖リツヽアリ。

當管內阿片癮者及痲藥中毒者ハ左表ノ如シ。

吉林省管內鴉片癮者數調査

市縣別		上年度殘數	本年度新發生數	計	轉歸 全治	轉歸 死亡	轉歸 出境	轉歸 計	現在數 有吸食證者	現在數 無吸食證者	現在數 計
吉林市警察廳	男	一、八七五	七〇四	二、五七九	二五	九	一二一	一五五	二、九九一	五〇	三、〇四一
	女	四四	三四三	三八七	六	三	一六	二五	七五八	三〇	七八八
	計	一、九一九	一、〇四七	二、九六六	三一	一二	一三七	一八〇	三、七四九	八〇	三、八二九

永吉縣			額穆縣			敦化縣			樺甸縣			磐石縣			伊通縣		
男	女	計	男	女	計	男	女	計	男	女	計	男	女	計	男	女	計
三六八	三五四	七二二	八〇一	二四八	一、〇四九	一、二六五	一八二	一、四四七	九六六	三六六	一、三三二	二五五	一五四	四〇九	七九二	二二八	一、〇二〇
三九八	二四二	六四〇	一、四二七	四八	一、四七五	九三	二六	一一九	五五〇	九六	六四六	五八七	三五	六二二	二六九	八九	三五八
一、〇二六	三四六	一、三七二	二、一九八	三二六	二、五二四	一、二三六	二三〇	一、四六六	一、五〇六	二六二	一、七六八	九四二	七九	一、〇二一	一、〇六二	三〇六	一、三六八
三九	五	四四	二五	六	三一	九〇	五九	一四九	四四	一一	五五	六	二	八	六	一	七
一八	一	一九	六	〇	六	二五	一七	四二	一四	六	二〇	九	一	一〇	八	二	一〇
九二	—	九二	四二	六	四八	八八	一七	一〇五	五〇	七	五七	二四	一	二五	一五	一四	二九
一三八	六	一四四	七五	一二	八七	二七三	二三	二九六	一〇八	二四	一三二	五九	四	六三	一二九	一七	一四六
八二五	一八〇	一、〇〇五	二、二三三	二〇四	二、四三七	七〇九	一五二	八六一	一、二二八	三〇〇	一、五二八	六八五	二三三	九一八	七四〇	二二〇	九六〇
二五五	八八	三四三	〇	〇	〇	二〇一	一〇八	三〇九	八五	三八	一二三	〇	〇	〇	一九三	七〇	二六三
八六〇	三五八	一、二一八	一、二三三	二〇四	一、四三七	九二〇	二五〇	一、一七〇	一、四〇〇	二六八	一、六六八	六七五	二三三	九〇八	九三三	二九〇	一、二二三

雙陽縣			懷德縣			長嶺縣			乾安縣			扶餘縣			農安縣		
男	女	計	男	女	計	男	女	計	男	女	計	男	女	計	男	女	計
三六四	四七	四一一	三、四二四	五五二	三、九七六	—	—	—	一七一	七	一七八	一、四四四	二〇六	一、六五〇	一、八三三	一六六	一、九九九
九八	六	一〇四	六八五	四七〇	一、一五五	—	—	—	五八	一九	七七	三九六	一六	四一二	一七五	五	一八〇
四六三	五六	五一九	四、一一九	一、〇〇一	五、一二〇	—	—	—	二一九	三六	二五五	一、八四〇	二二三	二、〇六三	二、〇〇八	二二一	二、二二九
一二	〇	一二	一四〇	八	一四八	—	—	—	一一	一	一二	一〇六	一八	一二四	一、七四三	一二二	一、八六五
〇	〇	〇	七六	二	七八	—	—	—	一三	〇	一三	四七	二	四九	四九	四	五三
二〇	四	二四	二六二	六	二六八	—	—	—	三	一	四	一〇三	二	一〇五	二七	四	三一
三二	四	三六	六三〇	二五	六五五	—	—	—	七	三	一〇	二三六	二二	二五八	一、〇〇八	二二一	一、二二九
四四〇	四九	四八九	二、六六九	九四三	三、六一二	—	—	—	一九九	三四	二三三	一、一五一	六四	一、二一五	一、七八九	二六	一、八一五
〇	〇	〇	八一五	二九	八四四	—	—	—	一七	三	二〇	四三三	一三六	五六九	一四七	五	一五二
四四〇	四九	四八九	三、四八四	九七一	四、四五五	—	—	—	二二六	三七	二六三	一、五八四	二〇〇	一、七八四	一、八三六	三一	一、八六七

德惠縣			榆樹縣			舒蘭縣			九台縣			郭爾羅斯前旗			合計		
男	女	計	男	女	計	男	女	計	男	女	計	男	女	計	男	女	計
一、六三一	二〇八	一、八三九	二、一四五	一七五	二、三二〇	九五四	八七	一、〇四一	一、八八三	三六三	二、二四六	—	—	—	一八、五九一	二、四九五	二一、〇八六
五四七	一一九	六六六	一、一五〇	八四	一、二三四	三、三〇三	一二	三、三一五	五五五	六六	六二一	—	—	—	二、〇七二	一、六六七	三、七三九
三、一七八	三二七	三、五〇五	三、四七五	一五九	三、六三四	六、三五六	九八	六、四五四	三、四八八	二八八	三、七七六	—	—	—	二九、六六三	四、一六三	三三、八二六
六三	一八	八一	一八	一一	二九	〇	〇	〇	五	八七	九二	—	—	—	二、七四五	二六六	三、〇一一
四五	六	五一	七	四	一一	〇	〇	〇	三二	二三	五五	—	—	—	三八九	八八	四七七
一九	七	二六	一四	一三	二七	〇	〇	〇	八七	三八	一二五	—	—	—	一、三五六	一四六	一、五〇二
一二〇	三八	一五八	五〇	二七	七七	〇	〇	〇	一八三	一七六	三五九	—	—	—	四、二三〇	五二〇	四、七五〇
一、九七九	三六六	二、三四五	一、九九〇	三六六	二、三五六	三、二四三	九八	三、三四一	一、八三七	四五九	二、二九六	—	—	—	四、七八八	四、二六一	九、〇四九
七三	三〇	一〇三	二、三四七	三四	二、三八一	三二三	〇	三二三	一、二七三	四八	一、三二一	—	—	—	二、三七七	六一九	二、九九六
二、〇五一	二九六	二、三四七	二、三二七	三三〇	二、六五七	三、一五六	一九八	三、三五四	二、〇二〇	五〇七	二、五二七	—	—	—	二七、一六五	四、八八〇	三二、〇四五

吉林省管內麻藥中毒者數調査

<table>
<tr><th rowspan="2">市縣別</th><th rowspan="2"></th><th rowspan="2">上年度殘數</th><th rowspan="2">本年度新發生數</th><th rowspan="2">計</th><th colspan="4">轉歸</th><th rowspan="2">現在數</th><th rowspan="2">摘要</th></tr>
<tr><th>全治</th><th>死亡</th><th>出境</th><th>計</th></tr>
<tr><td rowspan="3">吉林市警察廳</td><td>男</td><td>二〇六</td><td>一七九</td><td>三八五</td><td rowspan="3">一六一</td><td rowspan="3">一八〇</td><td rowspan="3">三三</td><td rowspan="3">三七四</td><td rowspan="3">八四</td><td rowspan="3"></td></tr>
<tr><td>女</td><td>二九</td><td>四四</td><td>七三</td></tr>
<tr><td>計</td><td>二三五</td><td>二二三</td><td>四五八</td></tr>
<tr><td rowspan="3">永吉縣</td><td>男</td><td>一五四</td><td>五一</td><td>二〇五</td><td rowspan="3">五三</td><td rowspan="3">三五</td><td rowspan="3">三〇</td><td rowspan="3">一一八</td><td rowspan="3">一六七</td><td rowspan="3"></td></tr>
<tr><td>女</td><td>五二</td><td>二八</td><td>八〇</td></tr>
<tr><td>計</td><td>二〇六</td><td>七九</td><td>二八五</td></tr>
<tr><td rowspan="3">額穆縣</td><td>男</td><td>一二〇</td><td>五八</td><td>一七八</td><td rowspan="3">二五</td><td rowspan="3">二二</td><td rowspan="3">八</td><td rowspan="3">五五</td><td rowspan="3">一八九</td><td rowspan="3"></td></tr>
<tr><td>女</td><td>六〇</td><td>六</td><td>六六</td></tr>
<tr><td>計</td><td>一八〇</td><td>六四</td><td>二四四</td></tr>
<tr><td rowspan="3">敦化縣</td><td>男</td><td>九五</td><td>一三七</td><td>二三二</td><td rowspan="3">三二</td><td rowspan="3">四七</td><td rowspan="3">四五</td><td rowspan="3">一二四</td><td rowspan="3">一四九</td><td rowspan="3"></td></tr>
<tr><td>女</td><td>二四</td><td>一七</td><td>四一</td></tr>
<tr><td>計</td><td>一一九</td><td>一五四</td><td>二七三</td></tr>
<tr><td rowspan="3">樺甸縣</td><td>男</td><td>六二</td><td>二七</td><td>八九</td><td rowspan="3">一五</td><td rowspan="3">一六</td><td rowspan="3">二九</td><td rowspan="3">六〇</td><td rowspan="3">五二</td><td rowspan="3"></td></tr>
<tr><td>女</td><td>一四</td><td>九</td><td>二三</td></tr>
<tr><td>計</td><td>七六</td><td>三六</td><td>一一二</td></tr>
</table>

縣名	男	女	計	男	女	計	男	女	計						
磐石縣	三三	〇	三三	〇	〇	〇	三三	〇	三三	〇	一	〇	一	三三	
伊通縣	四〇	一九	五九	八	六	一四	四八	二五	七三	二	一七	九	二八	四五	
雙陽縣	二二	一〇	三二	八	三	一一	三〇	一三	四三	六	二	二	二八	二五	
懷德縣	四〇〇	一〇一	五〇一	一一八	七	一二五	五一八	一〇八	六二六	二八	一五一	三三	二〇〇	四二六	
長嶺縣	―	―	―	―	―	―	―	―	―	―	―	―	―	―	未報告
乾安縣	三	〇	三	〇	〇	〇	三	〇	三	〇	〇	〇	〇	三	

縣	男	女	計	男	女	計	男	女	計					
扶餘縣	五九二	一二四	七一六	一一四	五〇	一六四	七〇六	一七四	八八〇	四五	五三	六二	一六〇	七二〇
農安縣	七七	一九	九六	一六	八	二四	九三	二七	一二〇	一八	三九	一五	七二	四八
德惠縣	一六七	三六	二〇三	二八	一四	四二	一九五	五〇	二四五	九	五〇	一九	七八	一六七
楡樹縣	一二三	三二	一五五	二三	七	三〇	一四六	三九	一五八	三三	三九	三六	九七	八八
舒蘭縣	一	〇	一	三	〇	五	四	〇	四	〇	三	〇	三	一
九台縣	二一九	七五	二九四	七六	二〇	九六	二九五	九五	三九〇	七	三九	四〇	八六	三〇四

	男	女	計	男	女	計	男	女	計						備考
郭爾羅斯前旗	—	—	—	—	—	—	—	—	—	—	—	—	—	—	未報告
合計	二、三〇三	五九五	二、八九八	八四六	二一九	一、〇六五	三、一四九	八一四	三、九六三	四三五	六九三	三五六	一、四八四	二、四七九	

第四項 理髪營業

管内ニ於ケル理髪營業者ハ七五八名ニシテ内二五二名ハ行商營業ニシテ諸設備等モ極メテ不完備衛生ナルニ鑑ミ理髪營業取締規則ヲ省令公布シ、營業者ノ素質向上及諸設備ノ改善ニ努ムルト共ニ行商者ハ現行營業者ノミヲ認メ、將來ハ認可セザル方針ノ下ニ素質設備ノ向上ニ努メツツアリ、各市縣旗別理髪營業者別表ノ如シ。

吉林省管内理髪營業者調査

市縣別	理髪店舗數	理髪行商數	計	備考
吉林市警察廳	九三	七九	一七二	
永吉縣	五二	一〇	六二	
額穆縣	二八	一八	四六	
敦化縣	二八	一八	四六	
樺甸縣	二〇	一九	三九	

磐石縣	二〇	三	三三
伊通縣	四四	七	五一
雙陽縣	一三	九	二二
懷德縣	四一	一七	五八
長嶺縣	—	—	—
乾安縣	三	四	七
扶餘縣	四六	三〇	七六
農安縣	二六	五	三一
德惠縣	三〇	五	三五
楡樹縣	二九	〇	二九
舒蘭縣	二〇	一〇	三〇
九台縣	二四	一九	四三
郭前旗	—	—	—
合計	五〇六	二五二	七五八

第五項　醫療機關

建國前ニアリテハ僅カニ開業者ノミノ醫療機關ニシテ之等モ醫育機關ナキタメ智識及技術的ニ完全ナルモノ尠シ、建國後ニコレガ普及ヲ計リ、康德三年度ニ於ケル普及及成績別紙各表ノ如シ。

類別／市縣旗別	醫師			藥劑師	藥商			助産士	接生婆
	洋醫	漢醫	計		西藥商	漢藥商	計		

吉林市	四八	一、九六	二、四四	一	一四	一、八三	一、七九	五四	一二
永吉縣	一四	五、七〇	五、八四	九	七	八一	八八	二	一、六二
額穆縣	九	四八	五七	|	二	五五	五七	|	|
敦化縣	四	三五	三九	|	三	一五	一八	一	三
樺甸縣	八	六八	七六	|	|	三二	三二	一	一
磐石縣	一二	五九	七一	|	|	五四	五四	|	一
伊通縣	一	三、三三	二、三四	|	一	一、七五	一、七六	二	一
雙陽縣	五	二、九六	三、〇一	|	|	三	三	|	|
長春縣	|	|	|	|	|	|	|	|	|
懷德縣	二四	一、三六	一、六〇	一九	一三	六六	七八	一	八
長嶺縣	一〇	七七	八七	一三	九	六九	七八	二	四八
乾安縣	二	二六	二八	|	|	六	六	|	|
扶餘縣	三三	二、四七	二、七〇	|	一一	七七	八八	三	六〇
農安縣	一五	八二	九七	九	一三	九五	一〇七	四	四二
德惠縣	一	八二	八三	|	一	四九	五〇	|	|
楡樹縣	一四	四、四七	四、六一	|	二	四九	五一	六	四、三二
舒蘭縣	一三	一、〇一	一、一三	|	|	一〇	一〇	一	|
九台縣	一二	三、〇九	三、二一	|	|	五七	五七	一	五
郭爾羅斯前旗	一	|	一	|	|	四七	四七	|	|
合計	二、一五	三〇、二二	三一、二七	五二	七四	一一、二三	一一、九七	七八	七、七二

康德三年度公醫及衛生指導官並獸醫配置表

市縣旗別	公醫	衛生指導官	獸醫	計	公醫姓名	衛生指導官姓名	獸醫姓名	福民診療所
吉林市	｜	｜	｜	｜				
永吉縣	｜	一	｜	一		巡官 藤井文雄		
額穆縣	｜	一	一	二		巡官 中西作次郎	警長 石里春雄	
敦化縣	｜	｜	一	一			警長 瀨底正夫	
樺甸縣	一	｜	一	二	張希賢		警長 白木末雄	
磐石縣	一	一	一	三	林慶餘	巡官 大浦　繁	警長 福地　廣	
伊通縣	一	一	一	三	王春化	巡官 土佐貞天	技術員 權應　達	
雙陽縣	｜	一	｜	一		巡官 後藤本治郎		
長春縣	｜	｜	｜	｜				
懷德縣	｜	｜	一	一			警長 宮本　涉	
長嶺縣	一	｜	｜	一	船橋鐵造			

乾安縣	扶餘縣	農安縣	德惠縣	楡樹縣	舒蘭縣	九台縣	郭爾羅斯前旗	合計
一	一	一	―	一	一	―	一	一〇
―	―	―	―	―	一	―	―	六
―	―	一	―	―	―	一	―	八
一	一	三	―	一	二	一	一	二四
横山耕介	薛翔雲	川崎次郎		張敏瑞	盧明志		豐田作	
			巡官 渡邊其登					
		技術員 白砂悟郎				技術員 吉田瑞穗		
	一	一		一				三

德康三年度公醫診療統計表

月別 / 國籍別 / 性別 / 種別	一月	二月	三月	四月	五月	六月	七月	八月	九月	十月	十一月	十二月	計
滿人 男	二四	二二	四一	三五	三〇	四二	六三	四一	四五	一八	一四	一三	
滿人 女	二〇	一七	二八	二六	一七	二六	三〇	二八	二三	九	一四	一九	
外人 男	一	―	三	一	―	―	三	五	三	―	―	三	
外人 女	―	―	二	―	一	―	―	三	一	一	―	一	
計	四五	三九	六五	六四	四八	六八	九六	七七	七二	二八	二八	三六	六四八

（有資人料員／無資人料別）

国	区分	1	2	3	4	5	6	7	8	9	10	11	12	13
旬	有延人料員	一八二 一〇八五 — 二九五	五八 六四 — — 一三三	三〇九 一二三 二一四 四四七	一九六 一四七六 — 三四九	三二六 一〇五 — — 三四一	二四八 一〇六 — — 三五四	二〇九 九八六 — 三二四	二六九 二一二 三四一 四四六	二九四 二五六 一六六 四七三	一六八 三四二 — 一七四	五八 六六 — — 一二四	五八 六四 一六四 一三三	五、六六八
	施實人療員	二四 三 — — 一二七	一二七 一〇 — — 一二七	一三三 一〇 — — 四四	一三二 一 — — 一四	一一七 五 — — 三	一一八 二五 — 一四	二 — — — 二	一二五 一 — — 一六	一八 一 — — 一〇	五 — — — 五	一二〇 三 — — 一四	一一七 六 — — 一〇	[illegible]
	施延人療員	二〇四 三 — — 二六	五〇 二六 — — 五七六	二八二 七 — — 二五五	一四七 七二 — — 一四六	一二三 二〇 — — 一二五	二四〇 五〇 — — 二九〇	一二五 — — — 一二五	一〇三 二 — — 一〇五	一二三 二五 — — 二五	八四 — — — 四八	四〇七 三四 — — 四六一	四一 一八 — — 四八八	[illegible]
伊	有實人料員	— — — — —	— — — — —	— — — — —	— — — — —	— — — — —	— — — — —	— — — — —	— — — — —	— — — — —	— — — — —	— — — — —	— — — — —	—
	有延人料員	— — — — —	— — — — —	— — — — —	— — — — —	— — — — —	— — — — —	— — — — —	— — — — —	— — — — —	— — — — —	— — — — —	— — — — —	—
通	施實人療員	— — — — —	— — — — —	[illegible]	[illegible]	二 一八六	[illegible]	[illegible]	九 二七	九 九九	八 [illegible]	一〇 八一	九 七一	[illegible]
	施延人療員	— — — — —	— — — — —	[illegible]	[illegible]	[illegible]	[illegible]	[illegible]	[illegible]	[illegible]	[illegible]	[illegible]	[illegible]	[illegible]
長	有實人料員	一 — 二二五	一一 — 一三	一 — — —	— — — — —	— — — — —	— — — — —	二六 — —	二六 [illegible]	[illegible]	[illegible]	[illegible]	[illegible]	[illegible]
	有延人料員	七 — 四五五	四七 — 一四	— — — — —	— — — — —	— — — — —	— — — — —	四八 — —	[illegible]	[illegible]	[illegible]	[illegible]	[illegible]	[illegible]
	施實人料員	三一〇 — 四	九二 — 三〇	— — — 三	— — — — —	— — — — —	— — — — —	[illegible]	[illegible]	[illegible]	[illegible]	[illegible]	[illegible]	[illegible]
讃	有延人料員	[illegible]	[illegible]	[illegible]	— — — — —	— — — — —	— — — — —	[illegible]	[illegible]	[illegible]	[illegible]	[illegible]	[illegible]	[illegible]
乾	有實人料員	七五二 — 一三	[illegible]	[illegible]	九 七五	[illegible]	[illegible]	[illegible]	[illegible]	[illegible]	[illegible]	[illegible]	[illegible]	[illegible]
	有延人料員	一七 七五 — 二九	[illegible]	[illegible]	[illegible]	[illegible]	[illegible]	[illegible]	[illegible]	[illegible]	[illegible]	[illegible]	[illegible]	[illegible]

安 施實入 傭員	一〇二｜｜三	九一｜｜一〇	一〇三｜｜三	八四｜｜三	[illegible]	[illegible]	[illegible]	[illegible]	[illegible]	[illegible]	[illegible]	[illegible]	[illegible]
施延入 傭員	[illegible]	[illegible]	[illegible]	[illegible]	[illegible]	[illegible]	[illegible]	[illegible]	[illegible]	[illegible]	[illegible]	[illegible]	[illegible]
有實入 料員	[illegible]	[illegible]	[illegible]	[illegible]	[illegible]	[illegible]	[illegible]	[illegible]	[illegible]	[illegible]	[illegible]	[illegible]	[illegible]
扶 有延入 料員	[illegible]	[illegible]	[illegible]	[illegible]	[illegible]	[illegible]	[illegible]	[illegible]	[illegible]	[illegible]	[illegible]	[illegible]	[illegible]
有實入 料員	[illegible]	[illegible]	[illegible]	[illegible]	[illegible]	[illegible]	[illegible]	[illegible]	[illegible]	[illegible]	[illegible]	[illegible]	[illegible]
有延入 料員	[illegible]	[illegible]	[illegible]	[illegible]	[illegible]	[illegible]	[illegible]	[illegible]	[illegible]	[illegible]	[illegible]	[illegible]	[illegible]
餘 有延入 料員	[illegible]	[illegible]	[illegible]	[illegible]	[illegible]	[illegible]	[illegible]	[illegible]	[illegible]	[illegible]	[illegible]	[illegible]	[illegible]
豊 有實入 料員	[illegible]	[illegible]	[illegible]	[illegible]	[illegible]	[illegible]	[illegible]	[illegible]	[illegible]	[illegible]	[illegible]	[illegible]	[illegible]
有延入 料員	[illegible]	[illegible]	[illegible]	[illegible]	[illegible]	[illegible]	[illegible]	[illegible]	[illegible]	[illegible]	[illegible]	[illegible]	[illegible]
施實入 傭員	[illegible]	[illegible]	[illegible]	[illegible]	[illegible]	[illegible]	[illegible]	[illegible]	[illegible]	[illegible]	[illegible]	[illegible]	[illegible]
安 施延入 傭員	[illegible]	[illegible]	[illegible]	[illegible]	[illegible]	[illegible]	[illegible]	[illegible]	[illegible]	[illegible]	[illegible]	[illegible]	[illegible]
有實入 料員	[illegible]	[illegible]	[illegible]	[illegible]	[illegible]	[illegible]	[illegible]	[illegible]	[illegible]	[illegible]	[illegible]	[illegible]	[illegible]
有延入 料員	[illegible]	[illegible]	[illegible]	[illegible]	[illegible]	[illegible]	[illegible]	[illegible]	[illegible]	[illegible]	[illegible]	[illegible]	[illegible]
施實入 傭員	[illegible]	[illegible]	[illegible]	[illegible]	[illegible]	[illegible]	[illegible]	[illegible]	[illegible]	[illegible]	[illegible]	[illegible]	[illegible]

陶	施延人療員	二一〇	七	—	—	二一七	四〇五	八四	—	—	四八九	三四二	一八八	—	—	五三〇	二九一	九八	—	—	三八九	三一五	四五	—	—	三六〇	二四九	八五	—	—	三三四	一七六	七八	—	—	二五四	二六一	三四	—	—	二九五	二〇四	八四	八	—	二九六	一四六	四三	—	—	一八九	一四一	一二	—	—	一五三	二〇三	一五	—	—	二一八	三、七二四
舒蘭	有賓人料員	—	—	—	—	—	—	—	—	—	—	—	—	—	—	—	—	—	—	—	—	—	—	—	—	—	七〇	一	—	—	七一	九	二	—	—	一一	七	二	一	—	一〇	七	三	—	—	一〇	六	一	一	—	八	五	—	二	—	七	七	一	—	—	八	一一九
	有延人料員	—	—	—	—	—	—	—	—	—	—	—	—	—	—	—	—	—	—	—	—	—	—	—	—	—	六七	三〇	—	—	九七	六三	七三	—	—	一三六	二六	一九	四	—	四九	二一	一三	—	—	三四	一八	五	四	—	二七	一五	—	八	一	二四	一八	四	—	—	二二	三九七
	施賓人療員	—	—	—	—	—	—	—	—	—	—	—	—	—	—	—	—	—	—	—	—	—	—	—	—	—	一六三	六五	—	—	二二八	一九四	九七	二	—	二九三	八八	一四	一	—	一〇三	六一	一二	—	—	七三	二三一	一六	二	—	二四九	五九	—	六	—	六五	六五五	二四四	—	—	八九九	一、九〇九
	施延人療員	—	—	—	—	—	—	—	—	—	—	—	—	—	—	—	—	—	—	—	—	—	—	—	—	—	三三七	一三四	—	—	四七一	四九一	一六三	三	—	六五七	一七三	二一	五	—	一九九	一六八	三九	—	—	二〇七	八七六	八四	四	—	九六四	二三六	—	一八	—	二五四	一、八六〇	五〇四	—	—	二、三六四	五、一一六
郭爾羅斯前旗	有賓人料員	—	—	—	—	—	—	—	—	—	—	—	—	—	—	—	—	—	—	—	—	—	—	—	—	—	—	—	—	—	—	—	—	二	—	二	—	一	一	—	二	—	—	四	—	四	—	—	二	—	二	—	—	—	—	—	—	—	—	—	—	一〇
	有延人料員	—	—	—	—	—	—	—	—	—	—	—	—	—	—	—	—	—	—	—	—	—	—	—	—	—	—	—	—	—	—	—	—	四	—	四	—	一〇	五	—	一五	—	—	三	—	三	—	—	二六	—	二六	—	—	—	—	—	—	—	—	—	—	四八
	施賓人療員	—	—	—	—	—	—	—	—	—	—	二三	—	—	—	二三	二九	—	—	—	二九	三三	一	—	—	三四	三三	三	—	—	三六	二三	一	—	—	二四	二五	二	—	—	二七	二六	四	—	—	三〇	二五	三	—	—	二八	一〇	一	—	—	一一	—	—	—	—	—	[illegible]
	施延人療員	—	—	—	—	—	—	—	—	—	—	二〇	—	—	—	二〇	五二	—	—	—	五二	四八	四	—	—	五二	六〇	九	—	—	六九	八七	二	—	—	八九	七五	四	—	—	七九	七四	三	—	—	七七	八一	一五	—	—	九六	四三	二	—	—	四五	—	—	—	—	—	五七八
計	有賓人料員	七七	五三	三一	一六	一七七	一〇九	八三	二一	一四	二二七	一六八	六五	三三	二三	二八九	一二五	六三	一	五	一九四	一三三	二一	二四	八	一八六	一九八	八四	二三	一四	三一九	一八三	七四	三九	一五	三一一	二一三	九五	二九	一六	三五三	一五三	一〇七	三三	一〇	三〇三	一六四	五一	一三	一	二二九	一五九	五六	一六	四	二三五	一五八	七四	一九	八	二五九	三、一一五
	有延人料員	四〇〇	一五八	一〇〇	五七	八一九	四八七	三六四	八二	九〇	一、〇二三	七一八	三四〇	一三二	九九	一、二八九	五三一	二四八	七七	九	八六六	六〇五	一八七	一〇五	二一	九一八	九五九	二八八	八〇	四八	一、三七五	八三七	三五七	一五六	四八	一、三九八	九六九	三四二	二〇一	六九	一、五八一	七七八	四八八	一八〇	三三	一、四七九	七二〇	一七五	一六九	三九	一、一〇三	六一四	二三四	六八	一	九一七	六二四	二六五	九八	一九	一、〇〇六	一三、七六二
	施賓人療員	一二三	三〇	—	—	一五三	二二七	三五	—	—	二六二	三二四	一二二	五	二	四五三	一〇五	三一	—	—	一三六	一三四	四三	一	一	一七九	三七五	一一八	—	—	四九三	三四六	一二一	二	—	四六九	三〇一	四四	一	—	三四六	一八五	四七	一	—	二三三	六七七	二六一	二	—	九四〇	六六四	一一二	六	—	七八二	九二一	三〇二	—	—	一、二二三	五、六六九
	施延人療員	五八二	九七	—	—	六七九	一、二〇六	一六二	—	—	一、三六八	一、一七二	五四四	一	二	一、七一九	七三四	二九六	—	—	一、〇三〇	八七四	三六八	六	三	一、二五一	一、三三八	三九五	—	—	一、七三三	一、四二七	四〇五	二	—	一、八三四	[illegible]	[illegible]	五	一	[illegible]	一、一六二	四〇七	八	—	一、五七七	一、九七六	四六〇	四	—	二、四四〇	一、六六四	二〇二	一八	—	一、八八四	三、八七九	—	—	—	三、八七九	二六、一〇三

第六項　傳染病防疫施設

傳染病ニ對シテハ從來何等ノ處置ヲモ講セザルノミナラズ一般民衆衛生思想皆無ノ狀況ヨリ建國後財政狀況ヨリコレガ施設ノ完備ハナシ得サルモ逐次實施ノ氣配ニ向ヒ、本年度ニ於ケル實施概況左ノ如シ。

1. 種痘ノ普及實施

本年度ヨリ向フ五ケ年間ヲ以テ未種痘者皆無ヲ期スベク普及實施シ本年度ニ於ケル實施成績ハ別表ノ如シ。

2. 傳染病隔離所

當吉林市ニ於テスラ傳染病隔離所ノ設置ナク僅カニ東洋醫院(滿鐵經營)、國立醫院、高大夫醫院(基督教經營)ニ隔離病舍ヲ有シ、一部ノ患者ヲ收容セルモ一面別表ノ示ス如ク發生患者ハ多數ナルニ鑑ミ本年度ニ於テハ吉林市ニ五萬圓（内二萬圓ハ本部補助）ヲ計上シ患者四十名ヲ收容シ得ル隔離所ヲ設置スルト共ニ各縣ニアリテモ敦化縣ニ於テモ日滿聯合傳染病隔離所設置シ暫行的收容トナシ其ノ他ノ縣ニテモ縣所有空屋ヲ修築シ之レカ收容隔離ニ努ムル樣督勵セリ。

3. ペスト防疫施設

康德三年度ニ於ケル本病患者發生ハ別表ノ如クニシテ之レニ對スル施設概畧左ノ如シ。

イ、特定區域

當省ニ於テハ農安、扶餘、長嶺、乾安、郭爾羅斯前旗、德惠ノ五縣一旗トス。

ロ、「ペスト」調査所

農安縣哈拉海城子ニ置ク。

ハ、「ペスト」隔離所

農安縣城、全縣哈拉、扶餘縣陶賴昭、郭爾羅斯前旗、前郭旗ノ五ケ所ニ設置ス。

ニ、「ペスト」監視所

長嶺縣城、乾安縣城ノ二ケ所ニ置キ防疫員ヲ常駐ス。

4. 妓女檢黴施設

花柳病預防上重要施設タル妓女ノ檢黴施行ハ康德元年度ヨリ實施ヲ見、本年度ニ於テ管下各縣ニ普及シソノ成績別紙ノ通ナリ。

康德三年度法定傳染病患者數及同死亡數市縣旗別表

市縣旗別＼類別	チフス及パラチフス	發疹チフス	赤痢	天然痘	ヂフテリヤ	流行性脊髓腦膜炎	猩紅熱	計
吉林市	二（—）	一〇二（二三）	五（二）	一四（一）	三（二）	—（—）	五（三）	一三一（三一）
永吉縣	四（—）	一（—）	五九（一九）	—（—）	—（—）	—（—）	—（—）	六四（一九）
額穆縣	一（一）	—（—）	—（—）	—（—）	—（—）	—（—）	—（—）	一（一）
敦化縣	三（—）	三七（八）	四三（—）	—（—）	一（—）	九（—）	—（—）	九三（八）
樺甸縣	二二（三）	一（一）	八（—）	八（—）	—（—）	一（一）	二（—）	四二（五）
磐石縣	八（—）	—（—）	—（—）	—（—）	—（—）	—（—）	四（—）	一二（—）
伊通縣	—（—）	—（—）	—（—）	—（—）	—（—）	—（—）	三（三）	三（三）
雙陽縣	—（—）	—（—）	五七一（三一）	—（—）	—（—）	—（—）	—（—）	五七一（三一）
長春縣	—（—）	—（—）	—（—）	—（—）	—（—）	—（—）	—（—）	—（—）
懷德縣	五（一）	六（一）	一二（一）	—（—）	二（二）	四（—）	一（一）	三〇（六）
長嶺縣	七〇（一〇）	一（—）	一四（三）	—（—）	一（—）	—（—）	—（—）	八六（一三）
乾安縣	五〇（一八）	五（二）	—（—）	一一（六）	四（—）	—（—）	—（—）	七〇（二六）
扶餘縣	—（—）	九（—）	—（—）	—（—）	—（—）	—（—）	二（—）	一一（—）
農安縣	四（四）	二（二）	四（四）	二（二）	—（—）	—（—）	—（—）	一二（一二）
德惠縣	—（—）	—（—）	五（五）	—（—）	—（—）	—（—）	—（—）	五（五）
楡樹縣	二五（—）	三（—）	四三（—）	二（—）	三（—）	—（—）	九（—）	八五（—）
舒蘭縣	二六二（七七）	一二四（一〇）	二五（二）	二（—）	—（—）	—（—）	—（—）	四一三（八九）
九台縣	五（二）	—（—）	—（—）	二（—）	—（—）	—（—）	—（—）	七（二）

郭爾羅斯前旗	－	－	－	七(三)	－	－	－	七(三)
合計	四六一(二二六)	二九一(四七)	七八九(六七)	四八(二二)	一四(四)	一四(一)	七(六二)	一、六四三(二五四)
説明	左側括弧内ハ内數ニシテ死之數ヲ示ス							

種痘成績表（康徳三年度）

市縣旗別＼類別	春期	秋期	臨時	計
吉林市	六三、五九	五、七二	一、五四、四六	二、二三、七七
永吉縣	七九、二三	五二、六八	－	一、三一、九一
額穆縣	一〇一、〇〇〇	－	五〇、〇〇〇	一、五一、〇〇〇
敦化縣	二四、五九	一三、七一	二七、四五	六四、七五
樺甸縣	五、一二	－	一五、七三	二〇、八五
磐石縣	三〇、一四	－	一八、二二	四八、三六
伊通縣	九八、五一	－	五〇、六五	一、四九、一六
雙陽縣	一三、九三	－	五、九〇	一九、八三
長春縣	－	－	－	－
懷德縣	七八、一五	－	二七、二二	一、〇五、三七
長嶺縣	三四、〇二	－	三九、八四	七三、八六
乾安縣	八、四三	－	－	八、四三
扶餘縣	七二、〇四	二一、一四	二、七八	九五、九六

農安縣	一、四一、一九	―	―	一、四八、一九
德惠縣	一、一四、五八	―	五七、六二	一、七二、二〇
楡樹縣	二九、六八	―	―	二九、六八
舒蘭縣	一九、四三	―	二、七三	二二、一五
九台縣	五二、九八	―	四五、八二	九八、八〇
郭爾羅斯前旗	四〇、一二	―	一五、二七	五五、三九
合計	一〇、〇六、七三	九二、二五	五、一三、六八	一六、一二、六六
説明				

ペスト患者發生死亡表

發生地名	發生者數	死亡者數	全治者數	備考
郭爾羅斯前旗卡拉店	一八名	一七名	一名	
〃 羅家因子	一七	一七		
〃 老孤店	二一	二一		
〃 太平川	二三	二一	一名	
長嶺縣公司圍子	八	八		
乾安縣玉字井	九	九		
計	八五	八三	二名	

妓女檢黴成績表

市縣旗別＼類別	妓樓數	妓女名簿登錄者數（延人員）	檢診回數（一ヶ月）	受診人員（延人員）	花柳病罹患類別（延人員） 黴毒	淋病	乾性下疳	計	花柳病罹患率（%）	其他疾患	其他疾患率（%）
吉林市	九七	五、八六〇	二	五七九六	一〇	三七二	一六三	五四五	九、四〇	一、五八二	二七、三二
永吉縣	五	二四〇	二	二四〇	—	一	一	二	二、〇〇	—	—
額穆縣	一八	一、〇六四	二	九九三	五八	一一一	五	一七四	二、〇七	三三	三、一
敦化縣	一〇	一、九六八	二	一八〇四	九八	二四〇	六二	四〇〇	二二、〇	一八〇	一〇、〇
樺甸縣	二〇	五三四	四	五三四	三	一六四	六	一七三	四五、〇二	二〇	四、二五
磐石縣	三三	八三四	四	六八三	—	七七	三一	一〇八	一五、八	一九四	二八、四
伊通縣	九	四三四	二	三七六	—	六〇	—	六〇	一六、〇	—	—
雙陽縣	三	一三三	二	七二	—	—	一	一	—	—	—
長春縣	—	—	—	—	—	—	—	—	—	—	—
懷德縣	三八	三、八六七	二	三八三四	四一	三六〇	三八	四三九	一一、〇	—	—
長嶺縣	三	一四四	—	一一四	二八	一六	二	四六	四、一	二五	二、二
乾安縣	—	—	—	—	—	—	—	—	—	—	—
扶餘縣	三三	七六八	四	七五四	八	六九	一一	八八	二、六七	五四	七、一六
農安縣	八	五九	二	五九	—	二	三	五	—	一	—
德惠縣	六三	六四三	—	六四三	—	二二	一五	三七	五、五	—	—
楡樹縣	五	八二三	—	七〇〇	一〇	六五	三四	一〇九	一六、〇〇	—	—
舒蘭縣	三	二八〇	二	二八〇	二	一	二	五	〇、五	一	〇、一

九台縣	二二	七二三	二	六八九	八三	八	五	九六	一三、九	四	五、五
郭爾羅斯前旗	—	—	—	—	—	—	—	—	—	—	—
合計	三三八	一八、三五一		一七、五七一	三四一	一、五六八	三七九	二、二八八	一三、〇二	三、〇九四	一一、九二

第七項　食肉販賣營業

食肉販賣營業者ノ約三分ノ一ハ屋外店舗及行商營業者ニシテ行商用車上ニ無蓋精肉ヲ露出販賣スルガ如キハ保健衞生風紀上等閑ニ附シ難キヲ以テ屢々コレガ改善ヲ指示シ、吉林市內ノ各營業者ニ對シテハ店舗及行商用器具ノ徹底的改善ヲ命ジ、衞生的施設ヲ實現セシメ食肉衞生取締上遺憾ナキヲ期シツツアリ。

食肉營業者分布狀況次表ノ如シ。

食肉營業者數調査表

市縣旗別 ＼ 類別	店舗營業者	行商者	店舗及行商營業者	計
吉林市	八六	一五	二	八三
永吉縣	四八	一〇	一	五九
額穆縣	一八	一九	—	三七
敦化縣	二四	四	四	三二
樺甸縣	一四	一三	四	三一
磐石縣	二三	七	四	三四
伊通縣	三一	四	一	三六
雙陽縣	一〇	四	—	一四
長春縣	—	—	—	—
懷德縣	一五	八	七	三〇
長嶺縣	五	—	二	七
乾安縣	五	—	二	七
扶餘縣	一	二一	二	二四
農安縣	六	一一	一	一八
德惠縣	二〇	一八	—	三八
榆樹縣	三九	—	—	三九
舒蘭縣	一五	—	—	一五
九台縣	二二	一二	四	三八
郭爾羅斯前旗	—	一〇	—	一〇
合計	三六二	一五六	三四	五五二

第八項　牛乳搾取販賣營業者

管內營業者ノ狀態ハ從來何レモ舊政權時代其儘ニシテ衞生的施設トシテ殆ト見ル可キモノナク依テ漸次是レガ施設改善並ニ衞生思想ノ普及向上ニ努メ、畜舍ノ改造高溫消毒器其他衞生的設備ノ實施ヲ命シ、尙乳牛ノ結核病及其他傳染病ノ檢疫ヲ實施シ、牛乳及乳製品其他ノ衞生取締ニ遺憾ナキヲ期シツツアリ。

牛乳搾取販賣業者分布ノ狀況別表ノ如シ。

牛乳搾取販賣業者調杳表　（康德三年末現在）

縣市別	住所	氏名	乳牛飼養頭數			康德二年中搾乳量（立）	一ヶ年間ノ販賣乳量	一立ニ對スル平均價格
					計			
吉林市	八經路二十一號	西馬諾夫	一三	二	一五	三、〇〇〇	二、六〇〇	三五
〃	九經路十一號	改年詰夫	八	―	八	四、一五四	三、五五〇	〃
〃	明信胡同十四號	王崑山	一一	二	一三	一、一四〇	九六〇	〃
〃	湖廣會館胡同十號	保達包夫	一三	二	一五	一、三一〇	一、一二八	〃
〃	山神廟胡同十四號	王世忱	九	二	一一	一、三一〇	九一〇	〃
〃	商埠地九棵樹三經路	富田良平	二一	一	二二	二五、〇〇〇	一九、六〇〇	〃
〃	蓮花泡	小池七三郎	二二	一	二三	二九、〇〇〇	二三、六〇〇	〃
永吉縣	黃旗屯保東團山子	崔易棚	三	四	七	三、〇〇〇	二、九〇〇	〃

〃	〃 蓮花泡	劉貴良	四	｜	四	二、〇〇〇	二、〇〇〇	〃
敦化縣	縣城北門裏	崔鎰亭	六	三	九	二、七五〇	二、七五〇	五五
伊通縣	縣城伊安街一八四	白連山	二	｜	二	一、八〇〇	一、〇八〇	二五
懷德縣	公主嶺西門裏	宋秀峰	二	一	三	一、六〇〇	一、五〇〇	二五
扶餘縣	縣城西南營子	哈万令	三	一	四	一、六三六	一、六一四	二〇
〃	縣城東北營子	百金貴	三	二	五	一、三六三	一、三三二	〃
農安縣	縣城西假路南	孟亞臣	三	三	六	一、五〇〇	一、〇〇〇	四〇
〃	南街路東	王雲閣	一	一	二	七〇〇	三五〇	〃
〃	〃	徐紱三	七	一	八	三、五〇〇	二、五〇〇	〃
德惠縣	第三區松花江	ウララモーフワシリー	二	｜	二	三、六〇〇	三、四〇〇	二〇
〃	〃	張玉鳴	三	四	七	五、四〇〇	五、二〇〇	〃
〃	張家灣	錢聚永	一	｜	一	一、七〇〇	一、五〇〇	一〇

（附）乳牛種別頭數表

縣市別	ホルスタイン	エーアシャー	シベリヤ種	シンメンタール種	蒙古種	雜種	計
	種類別頭數表						
吉林市	一六	—	六二	一九	四	六	一〇七
永吉縣	八	—	—	—	—	三	一一
敦化縣	—	一	—	—	—	八	九
伊通縣	—	一	—	—	—	一	二
懷德縣	—	—	—	—	—	三	三
扶餘縣	—	—	—	—	—	九	九
農安縣	—	一	二	—	二	一一	一六
德惠縣	—	—	九	—	一	六	一六
合計	二四	三	七三	一九	七	四七	一七三

第九項　屠宰場及屠畜

本省ニ於テ屠宰場ヲ有スルハ一市十一縣ニシテ多クハ既設屠宰場ヲ其儘使用セシモノニシテ設備不完全、場内ノ不潔ナルモノ多ク依テ漸次預算ノ許ス範圍内ニ於テ設備ノ充實ヲ促シ、尙屠宰場ヲ有セザル五縣ニ對シテハ極力之カ新設普及ニ努メツツアリ。

屠畜檢査員ノ充實ニツイテハ鋭意コレガ研究中ナルモ滿系ニ有資格者ナキ現況ニシテ日系獸醫師ノ採用モ亦縣財政困難ナレバ要補助縣ニハ國庫支辦ノ警察官獸醫師ヲ配置シ縣財政圓滑ナル九台縣外一縣ニハ優秀ナル技術官ヲ配置シ極力充實ニ努メツツアリ。

吉林省各縣屠宰場及檢査官一覽表

類別 市縣旗別	屠宰場 縣立	屠宰場 委任經營	屠宰場 計	檢査官 有資格者	檢査官 無資格者	檢査官 計	摘要
吉林市	一	｜	一	四	｜	四	技士二 技術員二
永吉縣	｜	｜	｜	｜	｜	｜	
額穆縣	一	一	二	一	一	二	警察官獸醫 一
敦化縣	一	｜	一	一	｜	一	〃
樺甸縣	二	｜	二	一	一	二	〃
磐石縣	三	｜	｜	一	｜	一	〃
伊通縣	一	｜	一	一	｜	一	技術員 一
雙陽縣	｜	｜	｜	｜	｜	｜	
長春縣	｜	｜	｜	｜	｜	｜	
懷德縣	三	｜	三	一	｜	一	警察官獸醫 一
長嶺縣	｜	｜	｜	｜	｜	｜	
乾安縣	｜	｜	｜	｜	｜	｜	
扶餘縣	一	｜	一	｜	｜	｜	
農安縣	一	｜	一	一	｜	一	技術員 一
德惠縣	一	｜	一	一	｜	一	〃
楡樹縣	一	｜	一	｜	｜	｜	
舒蘭縣	｜	｜	｜	｜	｜	｜	
九台縣	一	｜	一	一	｜	一	技術員 一

郭爾羅斯前旗	|	|	|	|	|	|
合計	一七	二	一六	一三	二	一五

說明
有資格者一三名八日系 無資格者二八名滿系

屠畜狀況統計表（康德三年度）

畜別	屠宰頭數	肉量
牛	六、八一七	一、二七六、四一〇
馬騾	四二八	四九、〇〇七
驢	二〇三	一六、二七九
猪	五一、八〇六	六、八七八、七五一
緬羊	三、九五〇	八七、五七五
山羊	一、五八〇	四五、六六七
犢	六一七	五九、二一二
幼猪	二一	九〇五
計	六四、四三三	八、四一四、五〇六

		廢棄 傳染 牛疫	炭疽	氣腫疽	鼻疽	假性皮疽	牛肺疫	口蹄疫	豚疫	豚虎列剌
牛	廢棄頭數	|	|	|	|	|	|	|	|	|
	廢棄肉量　斤	|	|	|	|	|	|	|	|	|
馬騾	廢棄頭數	|	|	|	|	|	|	|	|	|
	廢棄肉量　斤	|	|	|	|	|	|	|	|	|
驢	廢棄頭數	|	|	|	|	|	|	|	|	|
	廢棄肉量　斤	|	|	|	|	|	|	|	|	|
猪	廢棄頭數	|	|	|	|	|	|	|	一	二
	廢棄肉量　斤	|	|	|	|	|	|	|	一五〇	三五〇
緬羊	廢棄頭數	|	|	|	|	|	|	|	|	|
	廢棄肉量　斤	|	|	|	|	|	|	|	|	|
山羊	廢棄頭數	|	|	|	|	|	|	|	|	|
	廢棄肉量　斤	|	|	|	|	|	|	|	|	|
犢	廢棄頭數	|	|	|	|	|	|	|	|	|
	廢棄肉量　斤	|	|	|	|	|	|	|	|	|
幼猪	廢棄頭數	|	|	|	|	|	|	|	|	|
	廢棄肉量　斤	|	|	|	|	|	|	|	|	|
合計	廢棄頭數	|	|	|	|	|	|	|	一	二
	廢棄肉量　斤	|	|	|	|	|	|	|	一五〇	三五〇

棄					原							因						
病					寄生虫					其								
豚丹毒	痘瘡	狂犬病	開放性結核	非開放性結核	旋毛虫	嚢虫	包虫	肝蛭	系状虫	膿毒症	敗血症	尿毒症	強直症	黄疸	肺水腫	腫瘍	中毒	変性萎縮
—	—	—	二	八	—	六	八	一四〇	一	—	四	—	—	—	五	一二	—	—
—	—	—	三	一八七	—	四五七	一四	四、一〇八	四	—	三一八	—	—	—	四三	四九	—	—
—	—	—	—	一	—	—	—	—	五	—	一	—	—	—	四	—	三	一
—	—	—	—	三〇	—	—	—	—	五	—	一七〇	—	—	—	七六	—	一三〇	一
—	—	—	—	—	—	—	—	—	—	—	—	—	—	—	—	一三	—	—
—	—	—	—	—	—	—	—	—	—	—	—	—	—	—	—	六	—	—
一四	一	—	—	二	—	一五一	一八三	九	一	八	六	二	—	三	八	一五	一	—
一、九二〇	一四五	—	—	一三五	—	三、八六八	一、〇七三	五〇	二	二八八	七一〇	二八〇	—	二六二	一〇〇	一九三	一五〇	—
—	—	—	—	—	—	六	—	二〇	—	—	—	—	—	—	—	四	—	—
—	—	—	—	—	—	二五	—	四〇	—	—	—	—	—	—	—	六	—	—
—	—	—	—	—	—	—	—	二	—	—	—	—	—	—	—	一	—	—
—	—	—	—	—	—	—	—	二	—	—	—	—	—	—	—	〇、五	—	—
—	—	—	—	—	—	—	—	—	—	—	—	—	—	—	一	—	—	—
—	—	—	—	—	—	—	—	—	—	—	—	—	—	—	一	—	—	—
—	—	—	—	—	—	—	—	—	—	—	—	—	—	—	—	—	—	—
—	—	—	—	—	—	—	—	—	—	—	—	—	—	—	—	—	—	—
一四	一	—	二	二	—	一六三	一九三	一七六	二	八	二一	二	—	三	一八	三八	四	一
一、九二〇	一四五	—	三	三五二	—	四、三五〇	一、〇九四	四、二〇五	六	二八八	一、二九八	二八〇	—	二六二	二二〇	二、六〇五	二八〇	一

附表第一　康德三年度縣別屠宰場內屠宰頭數一覽表

病類別																	
							他										屠宰禁止頭數
炎症性產物汚染	肺充血	化膿性炎	砂粒肝	肝炎	臂筋性肥硬性炎	腎炎	皮膚分離	肺膿瘍	肝膿瘍	肋骨折浸潤	肺浸潤	肺膿腫	肺氣腫	肝炎	蜂窩織炎	合計	
七	一	—	—	三三	—	三	—	六	四	二	—	—	一	一七	—	二四九	一〇
七四	五	—	—	一二六	—	二一	—	三三	三三	一八	—	—	二	四四	—	五、五三七	
三	一	—	二	—	—	一	—	—	—	—	—	—	—	三	—	二四	
九	三	—	八	—	—	一五	—	—	—	—	—	—	—	二九	—	四、六三五	
—	—	—	—	四	—	—	—	—	—	—	—	—	—	三	—	二六	
—	—	—	—	一	—	—	—	—	—	—	—	—	—	一	—	一〇	
四	三	一	—	三四	一	一	一	—	—	—	三	—	—	一〇	一	四六五	五二
七	八	八	—	九三	二	一	三〇	—	—	—	四	—	—	二七	三〇	二九、八八六	
—	—	—	一	六	—	—	—	二	四	—	—	三	—	一	—	四七	
—	—	—	—	三	二、五	—	—	三五	一七	—	—	三	—	一	—	三〇	
—	—	—	二	三	—	—	—	—	—	—	—	—	—	一	—	七	
—	—	—	六	三二、五	—	—	—	—	—	—	—	—	—	〇、五	—	三二、五	
—	—	—	—	—	—	—	—	—	—	—	—	—	—	—	—	一	
—	—	—	—	—	—	—	—	—	—	—	—	—	—	—	—	一	
—	—	—	—	—	—	—	—	—	—	—	—	—	—	—	—	—	
—	—	—	—	—	—	—	—	—	—	—	—	—	—	—	—	—	
一四	五	一	五	六六	一	五	一	八	八	二	二	三	一	三三	一	八〇三	六二
九〇	一六	八	一七	二四七	二	三三五	三〇	三五五	四九	一八	四	一三	二	一、〇四五	三〇	三六、〇五四	

畜別／市縣旗別	牛	馬騾	驢	猪	緬羊	山羊	犢	幼猪	合計
吉林市	三、三〇六	一四五	一一三	一九、二〇四	一、〇〇四	九二四	六〇四	三	△ 二五、三〇三 五、一八九
永吉縣	—	—	—	—	—	—	—	—	—
額穆縣	六九三	二五	一八	五、二八六	—	—	—	—	○ 六、〇二二 一、五五一
敦化縣	四三八	一五	二	三、四七九	一四	三五	—	—	○ 三、九八三 三八六
樺甸縣	二五九	二一	二一	四、五八六	三	三六	一一	—	○ 四、九三七 一、三四五
磐石縣	二〇五	四一	七	四、八二〇	二	二〇	—	—	△ 五、〇九五 四九四
伊通縣	一九三	三	一	二、八六二	一八	—	—	一八	△ 三、〇九五 二六八
雙陽縣	—	—	—	—	—	—	—	—	—
長春縣	—	—	—	—	—	—	—	—	—
懷德縣	一八一	—	—	三、六九〇	一二六	三五	—	—	△ 四、〇三二 一〇四
長嶺縣	—	—	—	—	—	—	—	—	—
乾安縣	—	—	—	—	—	—	—	—	—
扶餘縣	一、一〇六	—	—	二、七三五	一、六三五	五三〇	—	—	○ 六、〇〇六 一、六六〇
農安縣	三六九	八五	—	二、八一八	一一二	—	—	—	△ 三、二八四 七三
德惠縣	一三五	九一	四一	二、二二四	三六	—	一	—	二、五二八
楡樹縣	—	—	—	—	—	—	—	—	—
舒蘭縣	—	—	—	—	—	—	—	—	—
九台縣	三二	二	一	一〇二	—	—	一	—	一三七
合計	六、八一七	四二八	二〇三	五一、八〇六	二、九五〇	一、五八〇	六一七	二一	○ 六四、四二二 一、六六七

説明
德惠縣ハ康德三年一月新設 九台縣ハ康德三年十二月新設 康德二年度ニ對シ △ハ減 ○ハ增

附表第二　月別屠宰場内屠宰頭數一覽表（康德三年度）

種別／月別	牛	馬騾	驢	猪	緬羊	山羊	犢	幼猪	合計
一月	一、三二三	四七	二八	七、五九五	四三四	六四三	一	四	一〇、〇七五
二月	四八二	三五	二九	二、二四九	八二	八〇	—	—	二、九五七
三月	五四〇	五〇	三一	二、九四七	四五	四六	—	—	三、六五九
四月	三四六	五二	三三	三、六七五	三九	一四	八	—	四、一五七
五月	一七七	三〇	九	三、六二五	二七	一七	九	—	三、八九五
六月	一九七	一八	八	五、四二一	六一	八	二〇	—	五、七三三
七月	一七七	五	三	三、八五七	一二七	四六	二三	—	四、二三八
八月	二七三	一三	八	四、二五八	四二七	九七	六九	—	五、一四五
九月	七七七	三三	一五	五、六七七	四一五	四二	一三八	五	七、一〇二
十月	七八四	三一	二〇	三、八七五	二四二	五九	八六	二	五、〇九九
十一月	七九八	四〇	一七	三、六〇六	二九六	七九	九二	—	四、九二八
十二月	九四三	七四	一二	五、〇二〇	七五五	四四九	一七一	一〇	七、四三四
合計	六、八一七	四二八	二〇三	五一、八〇六	二、九五〇	一、五八〇	六一七	二二	六四、四二三

市縣旗別＼月別	一月	二月	三月	四月	五月	六月	七月	八月	九月	十月	十一月	十二月	合計
吉林市	―	―	―	―	―	―	―	―	三	―	―	―	三
永吉縣	―	―	―	―	―	―	―	―	一	―	―	―	一
額穆縣	―	―	―	―	―	―	―	―	―	―	―	―	―
敦化縣	―	―	―	―	―	―	―	―	―	―	―	―	―
樺甸縣	一	―	―	―	―	―	―	―	―	―	―	―	一
磐石縣	―	―	―	一	―	―	―	―	一	―	―	―	二
伊通縣	―	―	四	―	―	―	―	―	―	―	―	―	四
雙陽縣	一	一	二	二	二	二	―	―	三	二	―	一	一六
懷德縣	―	―	―	―	―	―	―	―	―	―	―	―	―
長嶺縣	―	―	―	―	―	―	―	二	―	―	―	―	二
乾安縣	―	―	―	―	―	―	―	―	―	―	―	―	―
扶餘縣	―	―	―	―	―	―	―	―	―	―	―	―	―
農安縣	―	―	―	―	―	―	一	一	―	―	―	―	二
德惠縣	―	―	三	三	四	四	六	三	五	―	―	―	二八
楡樹縣	五	四	二	六	三	一	―	四	四	―	三	―	三三
舒蘭縣	三	二	一	三	四	一	一	二	二	―	一	―	二〇
九台縣	―	―	―	―	―	一	―	―	―	―	―	―	一
郭爾羅斯前旗	―	―	―	―	―	―	―	―	―	―	―	―	―
合計	一〇	七	八	一八	一四	九	八	一二	一八	二	四	二	一二三

咬傷被害　四八

第九章　土木事業

第一節　概說

吉林省ノ地勢ヲ大觀スルニ公主嶺附近東西ニ連ル分水嶺ニ因ツテ水系ハ自然南北ニ分レ、南ハ遼河北ハ第二松花江其他ニ分レ、之ニ廣大ナ沃野連リテ農産豐ニ水田適地少カラス、又林産、鑛産多ク我滿洲國ノ重要部分ヲナスモノナリ。

然シ乍ラ土木行政方面ヨリ見ルニ産業治安上ノ動脈タル道路網ノ施設ハ未ダ其ノ緒ニ着ケルノミニシテ新京附近ヲ除キテハ其見ル可キモノナク、河川ハ何レモ原始狀態ノ無堤河川ニシテ年々水害ヲ蒙ル面積廣大、其ノ被害額莫大ナルニ鑑ミ近來速カニ適切ナル治水計畫ヲ樹テ地方經濟ノ許ス限リ協力シテ水害豫防施設ノ實施ニ努力セムトスル狀勢ニマルハ喜ブベキ現象ナリ。

斯ル實情ニアル省内土木事業ノ施行方針トシテハ從來中央ヨリ配當豫算及地方財政ノミヲ以テ廣漠タル省内ニ普徧的ニ之ヲ施行セバ到底其效果ヲ期待スルコトヲ得ザルヲ以テ重點主義ヲトリ特ニ緊急ナル事業ヲ選ビ逐次施行シ、又特ニ相當長距離ニ亘リ施行スルヲ要スル道路ニ對シテハ特ニ構造物ノミヲ國費支辦トシ他ヲ縣費施行トシテ互ニ協力シテ事業ヲ遂行セシタメ其效果ヲ倍加セルモノアリ。又敷砂利ノ如キハ冬季勞力過剩ナル期間ヲ選ビ採取シ、結氷期ニ運搬セシムルガ如キ方法ヲトリ或ハ省内匪情最惡ノ治安上ノ癌タル地域ニ對シテハ豫算上職員其他困難ヲ排シテ警備道路ヲ開鑿スル等事業ノ效果ヲ圖リタル結果事業費ノ割合ニ其成果ヲ見ルヲ得タルモ本省計畫土木事業ノ達成ニハ未タ前途遼遠ノ憾ヲ深クスル次第ナリ。

第二節　土木施設

次ニ康德三年度中央ヨリノ配當豫算ニヨル土木事業實施狀況ハ夫々別表ノ通リニテ國費ノ外縣財政ノ許容スル範圍内ニテ各縣ニ土木費ノ計上ヲ計ラシメ、彼此緊密ナル連繫ヲトリテ起業セシメ、尚主トシテ春耕後及秋季收穫後等ノ農閑時期ニ於テ地方實情ニ應ジ、多數賦役ヲ以テ事業ノ達成ヲ圖ラシメ結氷期間内ノ一般交通（別表自動車道路調參照）ノ便ニ供セシムルヲ得タリ、尚伊通河、飲馬河等ハ五十餘粁ニ亘リ堤防工事ニ着手スル等相等ノ效果ハ擧ゲ得タルモノト思考セラルルモ未ダ竣功ノ域ニハ達セズ。

尙各地方財政ノ復興スルト共ニ次第ニ土木事業振起シ、事業豫算ハ年々累進ノ狀況ニアルハ喜バシキコトナリ。

次ニ都邑土木事業ニ關シテハ吉林省舊省庫金ヲ以テ施行シタル（商埠地、公園）事業狀況ヲ始メ各市縣旗費其他ヲ以テ施行シタル事業狀況夫々別表ノ通リニシテ各市縣ノ斯種事業モ相當興起シ來リタリ。

吉林省康德三年度地方土木事業費個所表

箇所名			工種	延長（粁）	幅員（米）	工費（圓）	施工方法	着手竣工豫定月日	摘要
縣	市區	甲村							
吉林市		商埠地大馬路	道路鋪裝	一六〇、〇	二、〇〇	二四、三〇〇、〇〇	直營	三、六、一、 三、八、三〇、	竣工
永吉	二	溫德河子	橋梁復舊	八三〇〇米	八、三〇	二五、〇〇〇、〇〇	請負	三、五、二八、 三、八、二五、	〃
額穆	一	上荒地	橋梁架設及道路改修	四三、〇米	三、五〇	七、〇〇〇、〇〇	縣直營請負	三、一〇、一〇、 四、三、三〇、	施工中繰越
樺甸	一	縣城附近	路面修理	四、〇	六、〇〇	二、三〇〇、〇〇	縣直營	三、六、一〇、 三、八、一〇、	竣工
〃	五	兩江口	渡船工事	一〇〇、〇米	三、五〇	三、四〇〇、〇〇	〃	三、七、三〇、 三、一二、三〇、	〃
磐石	三一	〃	路面修理	五〇、〇	六、〇〇	一〇、〇〇〇、〇〇	〃	三、六、一〇、 三、一二、五、	〃
九台	三 六	蘆家屯 木石河 其塔木	橋梁架設	四一、〇米 二六、〇 三一、五	四、〇〇 四、三〇 四、五〇	六、八〇〇、〇〇	請負	三、五、一五、 三、六、三〇、	〃
九台	四	朝陽川	護岸及治水	二二、九〇米		四六三〇、〇〇	〃	三、六、一〇、 三、七、三〇、	
懷德	一	王小店 二道崗	橋梁架設	一四、〇〇米 三〇、〇〇	四、〇	四、〇〇〇、〇〇	請負	三、一〇、一〇、 三、一一、一五、	竣工

乾安		道路改修	四〇、〇〇	四、〇	三、〇〇〇、〇〇	縣直營	三、七、一、 三、九、三〇、	〃
德惠	縣城 驛前	道路改修	一、二五四	六、〇	六、〇〇〇、〇〇	請負	三、六、四、 三、七、三〇、	〃
伊通	一 縣城附近	河身改良	〇、八〇〇		五、一一〇、〇〇	縣直營	三、五、三、 三、六、三〇、	〃
雙陽	五一 橋梁架設	橋梁架設	三三、〇〇米		三〇、〇〇〇、〇〇	請負	三、五、八、 三、八、三〇、	木橋二七ケ所竣工
〃	一 縣城	縣城	〇、四九〇		五、〇〇〇、〇〇	〃	三、八、一〇、 三、一一、三〇、	竣工
敦化	道路補修	道路補修	八〇〇、〇〇		五、七〇〇、〇〇	縣直營	三、七、二五、 三、一一、三〇、	〃
合計		道路 橋梁 堤防 護岸	九六、八二四粁 二一、二五五〃 〇、四九〇〃 〇、三三九〃		一二三、一五〇、〇〇			

吉林省康德三年度土木維持費個所表

縣	箇所名 市區甲村	工種	延長(粁)	幅員(米)	工費(圓)	施工方法	着手 竣工 豫定月日	摘要
磐石	二 煙筒山	路面維持	〇、二〇〇	六、〇〇	一、六五〇、〇〇	請負	三、八、一、 三、一〇、一、	竣工
〃	一 縣城	道路鋪裝	一、五〇〇	七、〇〇	一、三〇〇、〇〇	縣直營	三、三、一、 三、三、三一、	〃
〃	二 煙筒山	護岸工事	〇、〇八五		九〇〇、〇〇	請負	三、五、一、 三、五、三〇、	〃
〃	〃 〃	〃	〇、〇三五		一、〇〇〇、〇〇	〃		水制工事二ケ所繰越
伊通	八 大孤山	路面修理	三六、〇〇〇	五、五〇	五、〇〇〇、〇〇	縣直營	三、六、一、 三、七、三〇、	竣工

九台	五	朝陽川	水制工事			一、三三九、〇〇	請負	三、一一、一 三、一二、二五	
額穆			道路渡船場修理			一、六〇〇、〇〇	縣直營	三、八、一 三、一二、二〇	
雙陽			路面鋪裝			一、五九〇、〇〇	〃	三、一一、一 三、一一、二五	
德惠			路面鋪裝			一、〇〇〇、〇〇		三、一〇、一 三、一二、二〇	繰越
合計			道路 粁護	三九、七〇〇粁 〇、一二〇粁		一五、三九九、〇〇			

吉林省康德三年度地方土木事業費補助災害復舊費個所表

個所名	市區	村	工種	延長(粁)	幅員(米)	工費(圓)	施工方法	着手竣工豫定月日	摘要
九台		小城子	梁梁架設	〇、一二九	四、〇	五、〇〇〇、〇〇	請負	三、一〇、一〇 三、一二、二五	竣工 縣費支出 七、八五〇圓
合計				〇、一二九		五、〇〇〇、〇〇			縣費支出 七、八五〇

吉林省康德三年度地方土木事業費補助堤防護岸改修費個所表

個所名	市區	村	工種	延長(粁)	幅員(米)	工費(圓)	施工方法	着手竣工豫定月日	摘要
長春						一四、〇〇〇、〇〇			但事業費 三六、〇〇〇圓
合計						一四、〇〇〇、〇〇			

吉林省康德三年度地方土木事業補助土木費個所表

個所名 縣	個所名 市區甲村	工種	延長（粁）	幅員（米）	工費（圓）	施工方法	着手竣工豫定月日	摘要
舒蘭					一、九〇〇、〇〇			竣工
雙陽					二、八五〇、〇〇			〃
伊通					四、〇〇〇、〇〇			〃
合計					八、七五〇、〇〇			

吉林省管內工事費一覽表（但國道局ヨリ移管ノ分）　康德三年十二月末現在

路線名	粁程	工 康德二年度迄計
新京吉林線	一二〇	八二三、一三五、二〇〇
新京環狀線	四九	二三七、三五五、四〇〇
新京伊通線	六八	一二、八二〇、〇〇〇
新京公主嶺線	六九	二三一、三四一、六一〇
公主嶺伊通線	五一	一三八、一七〇、〇〇〇
公主嶺懷德線	四五	一五四、七六八、一一〇
伊通磐石線	八二	六五、七〇〇、〇〇〇
磐石樺甸線	六七	六八、八〇〇、〇〇〇
新京煙筒山線	九六	—
敦化海林線 敦化東京城間	一四五	九〇、五九二、七三〇
小計		一、八二三、六八三、〇五〇
敦化特殊橋梁費 橋		三二、〇〇〇、〇〇〇
第一伊通橋		—
第二伊通橋		—
小計		三二、〇〇〇、〇〇〇
吉長道路鋪裝工事 吉林省委託工事		三九二、五六一、五四〇
江沿街其他改良工事		八七四、一五九、〇〇〇
小計		一、二六六、七二〇、五四〇
合計		三、一二二、四〇三、五九〇

事	費	竣		
康德三年度	合計	康德二年度迄計	康德道路新設費	康德道路改良費
二七、一七〇、六五〇	八四〇、三〇五、七五〇	七六九、六七三、一九〇	—	四二、四〇四、八一〇
三〇、六七七、〇〇〇	二六八、〇四三、四〇〇	二四一、八一五、四五〇	—	二五、三三一、九五〇
二三、二七八、七六〇	三六、一〇八、七六〇	九、〇六九、一〇〇	—	—
三九、四六三、四六〇	四六〇、八〇四、〇七〇	二六九、八〇六、二六〇	一三九、四九四、七七〇	—
九、〇八〇、五〇〇	一四七、二五〇、五〇〇	一四二、一五〇、五〇〇	—	—
三、三〇六、八五〇	一五八、〇六四、九六〇	一五三、一四五、九二〇	—	—
七四、六五八、二三〇	一四〇、三九八、二三〇	三六、六三〇、九一〇	一〇三、七三七、三三〇	—
七八、〇〇〇、〇四〇	一四六、八〇〇、〇四〇	七四、三七三、六五四	五八、七七七、九三六	—
七四、八二三、二六五	七四、八二三、二六五	—	六五、〇一八、二三五	—
—	九〇、五九二、七五〇	一〇、三四七、二〇〇	—	六四、四九〇、〇〇〇
五五〇、四四六、六七五	二、三六五、二一九、七三五	一、七〇七、〇〇一、一六四	三六七、〇六八、二三一	一三二、一一六、七六〇
三三、五五二、九九〇	六六、五五二、九九〇	二五、七七七、八三〇	—	—
三二、九〇〇、〇〇〇	三二、九〇〇、〇〇〇	—	—	—
七三、二三二、八一〇	七三、二三二、八一〇	—	—	—
二三九、六八五、八〇〇	二六一、六八五、八〇〇	二五、七五七、八三〇	—	—
五〇、〇〇〇、〇〇〇	四四三、五六一、五四〇	三九三、二五七、三五〇	—	—
五〇、〇〇〇、〇〇〇	八四、一五九、〇〇〇	六〇、九六六、〇一〇	—	三四、七六八、〇一〇
—	一、二六六、七二〇、五四〇	四〇〇、二三三、五七〇	—	三四、七六八、〇一〇
六八〇、一三三、四七五	三、七九一、五三六、〇六五	二、一一三、九六二、五五四	三六七、〇六八、二三一	四四六、八八四、七七〇

功 三年度額 道路維持費	特殊橋梁費	計	合計	残
二八、三二七、七五〇	—	七〇、六三二、五六〇	八四〇、三〇五、七五〇	—
九九五、〇〇〇	—	二六、三二六、九五〇	二六八、〇三二、四〇〇	—
二七、〇三九、六六〇	—	二七、〇三九、六六〇	三六、一〇八、七六〇	—
—	—	一三九、四九四、七七〇	四〇九、三〇一、〇三〇	五一、三〇三、〇四〇
五、一〇〇、〇〇〇	—	五、一〇〇、〇〇〇	一四七、三五〇、五〇〇	—
四、九一九、〇四〇	—	四、九一九、〇四〇	一五八、〇六四、九六〇	—
—	—	一〇三、七七七、三三〇	一四〇、三五八、一三〇	—
—	—	五八、七七七、九二六	一三三、一五〇、五六〇	一三、六四九、四八〇
—	—	六五、〇一八、二三五	六五、〇一八、二三五	九、七九四、〇三〇
一五、七五五、五三〇	—	八〇、二四五、五三〇	九〇、五九二、七三〇	—
八二、〇三六、九八〇	—	五八一、一八一、九九二	二、二六八、一八三、一五五	七四、九四六、五七〇
—	三九、八一五、一七〇	三九、八一五、一七〇	六五、五五二、九九〇	—
—	三三、九〇〇、〇〇〇	三三、九〇〇、〇〇〇	三三、九〇〇、〇〇〇	—
—	二二、二〇八、三三〇	二二、二〇八、三三〇	二二、二〇八、三三〇	五二、〇三四、四九〇
—	八三、九二三、四九〇	八三、九二三、四九〇	一〇九、六六一、三一〇	五二、〇三四、四九〇
七一、八七八、八八〇	—	七一、八七八、八八〇	四二一、一三六、一三〇	三一、四三五、三三〇
—	—	三四、七六八、〇一〇	三七五、七三四、〇三〇	四四八、四二四、九七〇
七一、八七八、八八〇	—	三六六、六四六、八九〇	七六六、八七〇、二六〇	四七九、八五〇、二六〇
一五三、九一五、八六〇	八三、九二三、四九〇	一、〇五一、七五二、三七一	三、一八四、七一四、七五五	六〇六、八二一、三四〇

康德三年度工事內譯	摘要
自起點至三五粁間路面改良工事 一二、四五七、八一　橋梁災害復舊工事 一五、八二七、三二 敦吉橋災害復舊工事 八、六二六、九三　飲馬河橋梁災害復舊工事 三、七六三、五一 吉林臨江門高師前間道路改良工事 二九、九四七、00	
第六碎石舖裝工事 六、五七0、九六　災害復舊工事 九九五、00 第五碎石舖裝工事 一三、六七三、三九 第四碎石舖裝工事 九八一、九八　京吉國道任家橋間路面改良工事 三、九九五、六二	
第五災害復舊工事 四、五00、00 第四災害復舊工事 一四、五三九、六六　道路維持修繕工事 八、000、00	
暗渠築造工事 八、九五0、00　橋梁築造工事 四六、一九六、00 新開河橋梁架設工事 二九、二三五、五七 國道築造工事 一二、0五三、五六　砂利敷工事 四三、0七九、六二	
道路維持修繕工事 五、100、00	
道路維持修繕工事 四、100、00　四合屯附近災害復舊工事 八一九、0四	
砂利敷工事 二六、100、九六　橋梁及洗越築造工事 二六、三一二、九四 鐵筋混凝土管製作工事 五五、三四五、五六 國道築造工事 二六、一七三、九三　暗渠及橋梁築造工事 一九、九0三、九三	
砂利敷工事 二六、三一三、一三0 橋梁及洗越築造工事 三二、一九九、00 國道築造工事 一一、二六五、七九六	
橋梁築造工事 一五、五九八、四八五 雙陽橋梁架設工事 一八、三七七、00 國道築造工事 三一、0四二、七四六	
干溝子東京城間一部付替工事 二四、八00、00　敦化干溝子間維持修繕工事 二、八00、00 官地東京城間水害復舊工事 九、0二六、三三 干溝子東京城間砂利敷工事 三九、六九0、00　敦化干溝子間水害復舊工事 三、九六九、二0	敦化東京城間一四 五粁ノ内吉林省 管内ハ七五粁トス
	三、10、三0竣功
	三、八、一五竣功
支出濟內譯　工事費 二六二、六六八、九五 　　　　　機械費 一三、八四三、二三六 　　　　　雜費 三四、六二四、九三	
支出濟內譯　商埠地外江沿街改良工事 二七三、八三一、四四0　碼頭築造工事 二、九七六、九四 　　　　　商埠地內江沿街改良工事費 七三、五四五、0七 　　　　　— 機械費 一六、三七九、六二	

舊省庫金支辦工事ノ內　商埠地區劃整理街路工事施行調書　（康德三年十二月末現在）

竣工工事	工事名	契約高	支拂高	未濟高	摘要
〃	飛行場道路新築造工事	三四、九四九、一五	三四、九四九、一五		大同二年　十月竣工
〃	吉林第一次商埠地區劃整理街路工事	一八、五八〇、〇〇	一八、五八〇、〇〇		大同三年　七月〃
〃	第二次　〃	五、五〇三、〇〇	五、五〇三、〇〇		〃　九月〃
〃	碎石採集	一八、二〇〇、〇〇	一八、二〇〇、〇〇		康德二年　六月〃
〃	吉林第三次商埠地區劃整理街路工事	六、六四二、〇〇	六、六四二、〇〇		〃
〃	測量人夫供給	九九、〇〇	九九、〇〇		〃　八月〃
〃	〃	一三八、四〇	一三八、四〇		〃　十月〃
〃	第四次　〃	一七、七〇五、五〇	一七、七〇五、五〇		〃　八月〃
〃	〃　第五次　〃	八、一〇〇、〇〇	八、一〇〇、〇〇		〃　七月〃
〃	〃　第六次　〃	一三、三六〇、〇〇	一三、三六〇、〇〇		〃　九月〃
〃	〃　第七次　〃	八、五七九、五四	八、五七九、五四		〃　八月〃
〃	〃　第八次　〃	六、八八〇、〇〇	六、八八〇、〇〇		〃　九月〃
〃	〃　第九次　〃	六、三七九、〇〇	六、三七九、〇〇		〃　十月〃
〃	〃　第十次　〃	四、七〇〇、〇〇	四、七〇〇、〇〇		康德三年　六月〃

〃	砕石採集	一九、〇〇〇、〇〇	一九、〇〇〇、〇〇		四月〃
〃	〃第十一次〃	二九、三〇〇、〇〇	二九、三〇〇、〇〇		九月〃
〃	〃第十二次〃	六、九八〇、〇〇	六、九八〇、〇〇		八月〃
〃	〃第十三次〃	一、一五〇、〇〇	一、一五〇、〇〇		七月〃
〃	〃第十四次〃	四、五九〇、〇〇	四、五九〇、〇〇		十一月〃
〃	〃第十五次〃	五、六〇〇、〇〇	五、六〇〇、〇〇		九月〃
〃	官給セメント購入	四、四三〇、四〇	四、四三〇、四〇		〃
〃	〃第十六次〃	一、三九〇、〇〇	一、三九〇、〇〇		康徳三年十一月〃
〃	〃第十七次〃	二、九七〇、〇〇	二、九七〇、〇〇		〃
〃	官給セメント購入	二、四九四、八六	二、四九四、八六		〃
〃	飛行場道路修築工事	三六八、〇〇	三六八、〇〇		六月〃
〃	商埠地街路改修工事	三三三、〇〇	三三三、〇〇		十月〃
施工中工事	商埠地街路測量工事	五〇、〇〇	二四、〇〇	二六、〇〇	康徳四年三月竣功豫定
計		二二七、三七〇、八五	二二七、三四四、八五	二六、〇〇	
人件費其ノ他		一一、九三八、五六	一一、九三八、五六		
合計		二三九、三〇九、四一	二三九、二八三、四一	二六、〇〇	

豫算總額　貳拾五萬圓整

支拂總額　貳拾貳萬九千貳百八拾參圓四角壹分整
契約濟未支拂額　貳拾六圓整
未契約額　貳萬零六百參拾八圓五角整
殘額　貳萬零六百六拾四圓五角九分整

舊省庫金支辦工事ノ內　北山公園工事施工調書　（康德三年十二月末現在）

種別	工事名	豫算高又ハ契約高	支拂高	未濟高	殘高	摘要
竣功工事	北山公園　苗木植栽工事	一、五一五、五〇	一、二〇七、九〇		三〇七、六〇	直營康德二年六月竣功
〃	北山公園　苑路工事	五、九〇〇、〇〇	五、九〇〇、〇〇			請負康德二年七月竣功
〃	北山公園　境界標設置工事	四三八、〇〇	三八七、九三		五〇、〇七	直營康德二年八月竣功
〃	北山公園　堆肥製造工事	七五三、〇〇	七五三、〇〇			直營康德二年九月竣功
〃	北山公園　地形測量並調査	四九五、〇〇	四三四、五一		六〇、四九	直營康德二年十一月竣功
〃	北山公園　小苑路新設工事	一、三八三、七五	一、三六七、八三		一五、九二	（舊省庫金支辦工事ノ內共ノ二）
〃	北山公園　苗木植栽工事	一〇九、五〇	一〇九、五〇			北山公園工事施工調書
〃	北山公園　柳樹繁殖並育成工事	八〇三、五〇			一一、三四	直營康德三年六月竣功
〃	北山公園　小苑路廣場並ニ階段工事	一〇、三〇〇、〇〇	一〇、三〇〇、〇〇			請負康德三年五月竣功
施工中工事	北山公園　第二回苑路工事	六七、五八八、四六	四四、二八〇、〇〇	二三、三〇八、四六		請負豫定竣功康德四年五月
竣功工事	北山公園　苗木購入並ニ植栽工事	二、七二一、〇〇	二、七〇八、二七		一二、七三	直營康德三年七月竣功

〃	北山公園第三次苗木植栽工事	三〇七、三〇	二九九、二〇		八、一〇	〃
〃	北山公園水流工事	二、五四五、三三	二、五四五、三三			直營康德三年十一月竣功
施工中	北山公園苑池造成並排水工事	二一、七四〇、〇〇	一〇、八三〇、〇〇	一〇、九一〇、〇〇		請負豫定竣功康德四年六月
竣功工事	北山公園苗木保護手入並小苑路新設工事	八〇七、〇〇	八〇七、〇〇			直營康德三年十二月竣功
施工中	北山公園第三回苑路工事	一〇、四八〇、〇〇		一〇、四八〇、〇〇		請負豫定竣功康德四年七月
計		一二七、八七七、一三	八三、七三三、五二	四四、六九八、四六	四五六、三六	

工事名	總豫算額	支拂濟高	未支拂濟高	殘高	摘要
北山公園工事	一八〇、〇〇〇、〇〇	八三、七三三、五二	四四、六九八、四六	五二、五五九、〇三	支拂濟高、未支拂濟高中ニハ人件費雜費ヲ含マス

康德三年度各縣土木費支出調書

（康德三年十一月末）

縣名	預算額 經常部	預算額 臨時部	支出額 經常部	支出額 臨時部	殘金 經常部	殘金 臨時部	摘要
吉林市	—	—	—	—	—	—	
永吉縣	道 一、六〇〇	道 七、〇〇〇	道 二二五、六三	—	道 一、三七四、三七	道 七、〇〇〇	
額穆縣	道 一、〇〇〇	—	道 四七七、七〇	—	道 五二二、三〇	—	
敦化縣	—	道 一、四二五	—	道 一、〇〇四、四〇	—	道 四二〇、六〇	
樺甸縣	—	道 五、五二三	—	道 二、八四七、八〇	—	道 二、六七五、二〇	

康德三年度施行都邑土木工事費調（市縣費）

市縣名	街路・橋梁・下水延長	阿川改修延長	工事費	賦役人員換算額

市縣名							
磐石縣	道 一、〇〇〇	道 一九、四〇六	— 五三、三五九	道 二、九六七、四〇	道 九四六、六五	道 七、四三八、六〇	
伊通縣	—	河道 一〇、六〇五 六〇〇	—	河道 六、六七五、二八 三、六五五、五〇	—	河道△ 三、九二九、七二 三、〇五五、五〇	
雙陽縣	—	道 八、四八四	—	道 二九、三八八、五四	—	道△ 二〇、九〇四、五四	
九台縣	—	河道 三六、八八五 二、五〇〇	—	河道 三二、二五四、九〇 一三、五〇	—	河道 五、六五〇、一〇 二、四八六、五〇	
長春縣	道 二、六〇〇	河道 三八、〇〇〇 三六、〇〇〇	道 一、七四九、三三	河道 一九、二〇〇、九四 二三、六二七、八三	道 八五〇、六七	河道 一八、七九九、〇六 二三、三七三、一七	
懷德縣	道 四、〇八二	—	道 三、五〇八、四九	—	道 五七三、五一	—	
長嶺縣	—	—	—	—	—	—	
乾安縣	—	—	—	—	—	—	
扶餘縣	—	道 六二、五四五	—	道 五一、一〇六、一二	—	道 一〇、四三八、八九	
農安縣	—	道 三、〇〇〇	—	道 二、〇三四	—	道 九七六	
德惠縣	河道 五四〇 一、三六〇	道 三、六〇〇	河道 四四三、四〇 一、三六一、五四	道 一五、七〇七、七〇	河道△ 九七、六〇 一〇二、五四	道 六、八九二、三〇	
榆樹縣	道 二、〇〇〇	道 九、五〇〇	一、三〇六	道 四、八五三、五一	道 六九四	道 四、六四七、四九	
舒蘭縣	道 九〇〇	道 二七、一二三	—	道 七、六〇八、九九	道 九〇〇	道 一九、五二〇、〇二	
郭爾羅斯前旗	—	—	—	—	—	—	
計	二四、九八二 內 道 二三、六二二 河 一、三六〇	一二〇、一八九 內 道 八一、〇八九 河 三九、一〇〇	九、一二四、四二 內 道 七、七六二、八八 河 一、三六一、五四	二四〇、九一五、四〇 內 道 二二三、六一八、五七 河 一七、二九六、八三	五、九五九、一二 △ 一〇二、五四	一〇三、二二七、六四 △ 二三、九六〇、〇四 內 道 八八、三六八、九七 河 一四、八五八、六七	△（二〇、九〇四、五四） △（三、〇五五、五〇）

吉林市	(街)	二、七一五、〇〇〇 米	米 —	三〇、九四二、〇〇〇 圓	—
永吉縣	(橋)	二二三、一六	—	二九、六〇七、六一	—
額穆縣	(街) (橋)	五〇〇、〇〇〇 一八〇、〇〇〇	—	五、六六七、八〇	五〇人〇〇 五〇圓〇〇
敦化縣		—	—	—	—
樺甸縣		—	—	—	—
磐石縣		—	—	—	—
伊通縣	(街)	三、一七〇、〇〇〇	—	五、三三三、二五	二九五〇〇〇
雙陽縣	(街)	四、〇〇〇、〇〇〇	四九〇、〇〇〇	八、六八〇、〇〇〇	—
九台縣	(街)	八、四〇二、〇〇〇	—	一七、七五〇、〇〇〇	—
長春縣		—	—	—	—
懷德縣		一、七五七、〇〇〇	—	六、〇〇〇、〇〇〇	—
長嶺縣		—	—	—	—
乾安縣	(街)	一、〇〇〇、〇〇〇	—	—	三五〇人〇〇
扶餘縣	(街)	五、一四二、〇〇〇	—	七、〇四八、〇〇〇	—
農安縣	(街) (下水)	五〇〇、〇〇〇 五五六、八〇〇	—	三、一五〇、〇〇〇	—
德惠縣	(下水)	一、四〇三、二〇〇	—	六、九九五、二五	—
榆樹縣		二二一、〇〇〇	—	八、〇〇〇、〇〇〇	—
舒蘭縣		—	—	—	—
郭爾羅斯前旗		—	—	—	—
計	(街) (橋) (下水)	二七、一八六、〇〇 六〇三、一六 一、九六〇、〇〇	四九〇、〇〇〇	二二九、一七三、九一	—

縣施行自動車道路調

市縣名	多季良好	四季良好	備考
吉林市	47,55	47.00	市內主街路
永吉縣	615,00	15,00	多期ニテモ老爺嶺ヘ通行不能
額穆縣	529.00	—	
敦化縣	208,00	32,00	
樺甸縣	203,00	—	
磐石縣	567,50	15.00	
伊通縣	603.00	48,00	
雙陽縣	351,00	40.00	
九台縣	300.50	30.00	
長春縣	386,00	10,00	
懷德縣	394.00	50.00	
長嶺縣	397,00	—	
乾安縣	524.00	—	
扶餘縣	889.00	118,00	
農安縣	1,162.00	—	
德惠縣	322.00	43,00	
楡樹縣	385,00	—	
舒蘭縣	206,00	45,00	
郭爾羅斯前旗	413,80	—	
計	8,503,45	446,00	

第十章　警　務

第一節　警務機構

第一項　概　説

吉林省公署警務廳ハ大同元年三月九日敎令第十三號省公署官制ニ基キ同年五月吉林全省警務處ノ廢止ト同時ニ開廳セリ。吉林全省警務處ハ省直轄ノ省會公安局（現吉林警察廳）及松花江上、下游水上公安局ヲ除キタル各縣公安局ノ監督指導機關タリシモ事變後各縣ノ治安紊亂スルニ及ビ省ノ威令徹底セズ從ツテ監督機關トシテノ機能ヲ十分ニ發揮シ得サル狀態ニ在リタリ。警務廳ノ開廳セラルルヤ日系職員ノ配置アリテ內部的事務ノ改善ト警察全面的刷新ヲ圖リ尙官制ニヨリ省直轄警務機關モ均シク警務廳長ノ監督下ニ入レルヲ以テ其ノ統制上ニ一段ノ强化加ハリタリ。其後幾多ノ變遷ヲ經テ今日ノ警政ノ基礎ヲ建設スルニ至レリ、其ノ概要ヲ擧クレバ左ノ如シ。

(1) 大同元年十一月民政部訓令ニ基キ各縣保安隊ヲ警察隊ト改稱シ越ヘテ仝二年二月各縣公安局ヲ警務局ト、公安分局ヲ警察署ト改稱ス

(2) 大同二年七月一日省下各縣保衛團ヲ廢シ警察隊ニ改編セリ、隨ニ吉林全省保衛團管理ハ同時ニ廢止サル。

(3) 大同二年十一月吉林省公署警衛隊及省會警察大隊ヲ改編シ、警務廳長ノ單一指揮下ニ入ラシム。

(4) 大同三年一月二十五日民政部令第三號ニヨリ省會警察廳ノ名稱ヲ吉林警察廳ト改稱ス。

(5) 大同三年八月延吉警察廳及間島地方ノ商埠警察局ヲ廢止シ縣警務局ニ編入セリ。

(6) 康德元年十二月一日省制改正ニヨリ一廳十六縣一旗ノ警察管轄區域ニ縮少改變アリ。

(7) 康德二年六月八日民政部訓令ニ依リ仝月十五日限リ松花江上、下游水上警局ヲ廢止ス。

(8) 康德二年六月十九日省公署訓令ヲ以テ吉林警察廳所屬警察署ノ區名ヲ冠スル名稱ヲ廢止シ地名ヲ冠スルコトニ改正ス。

(9) 康德二年七月一日省公署訓令ヲ以テ各縣警察署ノ區名ヲ冠スル名稱ヲ廢シ地名ヲ使用スルコトニ改正ス。

(10) 康德二年七月三十日勅令第七十六號ニヨリ吉林省警察官訓練所ヲ吉林地方警察學校ト改稱ス。

(11) 康德二年九月末永吉、額穆、敦化、樺甸四縣ニ五ケ所ノ森林警察隊ヲ設置シ當該縣長ノ指揮監督下ニ入ラシム。

(12) 康德二年十二月三十一日北滿特別區公署ノ警察權ヲ接收ス。

(13) 康德三年二月ヨリ四月ニ亙リ國有鐵道職員ノ警察事務執行ニ關スル件（康德二年八月二十二日勅令第百號）ニ依リ站及站ニ附屬シ站長、段長ノ管理ニ屬スル地域並營造物以外ノ土地建物及警察取締對照物ヲ縣ニ於テ接收ス。

(14) 康德三年三月一日縣警察隊ヲ軍政部ニ移管セリ。（移管殘部ノ警察隊ハ行政警察ニ編入シ縣警察隊ハ廢止ス）

第二項　現在ノ機構

全國警察行政ニ就テハ官制上民政部大臣之ヲ掌理シ、（興安各省ヲ除ク）民政部警務司ニ於テ之ヲ管掌シ、地方ニ於テハ各省ニ省公署警務廳ヲ置キ夫々全省內ノ警務ヲ管掌セシムル事トナリ居レリ。

即チ本省公署ニ於テモ省公署ニ警務廳ヲ置キ、省下警察機關ヲ統轄シ、吉林市ニ警察廳ヲ、各縣ニ警務局ヲ設ケ、夫々警察署ヲ配シテ治安ノ維持ニ任ジ居レリ。

(1) 省公署警務廳

警務廳ハ總務、民政廳、實業廳、教育廳ト同樣省公署ヲ構成スル一部門ヲナシ、警務、特務、保安、司法、衛生ノ五科及督察官ヲ置キ、省下警察機關ヲ指揮監督シ、省內ノ警察及衛生事務ヲ管理ス。

(2) 吉林警察廳

警察廳長ハ省長ノ指揮監督ヲ受ケ、吉林市內ノ警察及衛生事務ヲ管掌シ、市內ニ警察署三及分駐所三九、派出所二一、消防署一ヲ設置ス。

(3) 吉林地方警察學校

地方警察學校ハ省長ノ管理ニ屬シ、警察官吏ノ教養訓練ヲ施スヲ以テ目的トス。校長ハ省公署警務廳長ヲ以テ之ヲ充テ、省長ノ指揮監督ヲ承ケ校務ヲ掌理ス。

地方警察學校ニハ　一、普通科　二、高等科　三、講習科ノ三科ヲ置キ普通科ハ新ニ採用シタル警士又ハ現職警士ニ對シ警察官吏タルノ基礎教練ヲ施スヲ以テ目的トシ、高等科ハ現ニ監督者タリ又ハ將來監督者タラントスル者ニ對シ、其ノ德操ヲ練磨シ、所要ノ學術技能ヲ習得セシムルヲ以テ目的トシ、又講習科ハ特種勤務ニ從事シ、又ハ將來特種勤務ニ從事セントスル者ニ對シ徳操ヲ練磨シ，所要ノ學術技能ヲ習得セシム。而シテ修業期間ハ普通科ハ三ケ月、高等科ハ六ケ月トシ、講習科ハ省長ノ認可ヲ受ケ校長之ヲ定ム。

(4) 縣警務局

縣長ハ省長ノ指揮監督ヲ受ケ、一般行政及警察行政ヲ管掌シ居レルガ警務局長ハ此ノ補助機關トシテ警察行政ヲ掌リ、局内ニ警務、特警、司法、保安ノ各股ヲ設ク。

縣内ヲ數ケ所ノ警察管轄區域ヲ設ケ、一管轄區域ニ警察署ヲ設置シ、更ニ署管下ニ數所ノ分駐所ヲ配シテ縣内警察行政ヲ執行シ居レリ。

又縣警務局ニハ縣警察官訓練所ヲ設ケ、新ニ採用ノ警士及現職警長警士ノ再教育ヲ實施シ居レルガ教育期間ハ概ネ二月乃至三ケ月トス

第二節 保安事項

保安事項ニ關スル各種ノ統計ヲ示セバ次ギノ如シ

第一表ノ一　保安關係取締諸營業統計表　（康德三年十二月末現在）　吉林省公署警務廳

管轄別＼營業種別	興行場 演劇場	興行場 活動寫眞館	興行場 演藝場	興行場 觀物場	舞踏場
吉林警察廳	二	三	—	—	—
永吉縣	—	—	—	—	—
雙陽縣	—	—	—	—	—
德惠縣	一	—	—	—	—
農安縣	—	—	—	—	—
長嶺縣	—	—	—	—	—
乾安縣	—	—	—	—	—
扶餘縣	二	—	—	—	—
舒蘭縣	—	—	—	—	—
樺甸縣	二	—	—	—	—
磐石縣	一	—	—	—	—
九台縣	—	—	—	—	—
楡樹縣	—	—	—	—	—
懷德縣	—	—	—	—	—
伊通縣	—	—	—	—	—
額穆縣	一	—	—	—	—
敦化縣	—	—	—	—	—
計	九	三	—	—	—

管轄別	興行：演劇	興行：活動寫眞	興行：演藝	興行：觀物	遊戯場：麻雀	遊戯場：玉突	遊戯場：其他
吉林警察廳	一四三	二〇六	一〇	—	—	—	—
永吉縣	—	—	—	—	—	—	—
雙陽縣	—	—	—	—	—	—	—
德惠縣	四七	—	—	—	—	—	—
農安縣	—	—	—	—	一	一	—
長嶺縣	—	—	—	—	—	—	—
乾安縣	—	—	—	—	—	—	—
扶餘縣	九六	—	—	—	—	—	—
舒蘭縣	—	—	—	—	—	—	—
樺甸縣	二〇	—	—	—	—	—	—
磐石縣	四〇	—	—	—	—	—	—
九台縣	—	—	—	—	—	—	—
楡樹縣	—	—	—	—	—	—	—
懷德縣	—	—	—	—	—	—	—
伊通縣	—	—	—	—	—	—	—
額穆縣	三六	二	八	—	—	—	—
敦化縣	—	—	—	—	—	—	—
合計	三八二	二〇八	一八	—	一	一	—

第一表ノ二

管轄別 ＼ 營業種別	料理店	特殊飲食店	飲食店	接待業：藝妓	接待業：女給	接待業：舞踏手	藝妓置屋
吉林警察廳	三	六	一四四	二三	二四	—	—
永吉縣	—	—	八三	—	—	—	—
雙陽縣	—	—	四五	—	—	—	—
德惠縣	二	—	二三	—	—	—	—
農安縣	—	—	七七	—	—	—	—
長嶺縣	—	—	二〇	—	—	—	—
乾安縣	—	—	七	—	—	—	—
扶餘縣	—	—	一〇四	—	—	—	—
舒蘭縣	—	—	八五	—	—	—	—
樺甸縣	—	—	四八	—	—	—	—
磐石縣	—	—	五〇	—	—	—	—
九台縣	—	—	八四	—	—	—	—
楡樹縣	—	—	五五	—	—	—	—
懷德縣	—	—	一三五	—	—	—	—
伊通縣	—	—	九五	—	—	—	—
額穆縣	—	—	一三七	三	—	—	—
敦化縣	—	—	八四	—	—	—	—
合計	五	六	一二七六	二六	二四	—	—

管轄別	妓館 營業者	妓館 妓館	妓館 妓女
吉林警察廳	九七	九七	四五二
永吉縣	二	二	七
雙陽縣	三	三	二
德惠縣	一九	一九	六三
農安縣	九	九	六三
長嶺縣	二	三	七
乾安縣	—	—	—
扶餘縣	三八	三八	八〇
舒蘭縣	三	三	二
樺甸縣	三〇	三〇	三八
磐石縣	三六	三六	五一
九台縣	三	三	六九
楡樹縣	二	二	三九
懷德縣	六五	六五	一六六
伊通縣	九	九	二四
額穆縣	一九	一九	一〇五
敦化縣	一〇	一〇	三八
計	三三五	三三六	一三五八

第一表ノ三

營業種別／管轄別	宿屋 旅館	宿屋 簡易旅客	宿屋 下宿	紹介業	仲介業	代書業	印刷業	兩替業	鍛冶鑄物業	古物商	質屋業	湯屋業
吉林警察廳	四三	一〇五	一	三	三	一四	四〇	一	四八	一五〇	二七	三
永吉縣	一五九	三三	—	—	一	二	三	—	九二	一七	四	二
雙陽縣	二〇	—	—	—	—	一	一	—	二	二〇	一	一
德惠縣	五	四〇	—	—	—	一	九	三	一五	二六	二	三
農安縣	三	三三	二六	—	—	六	六	—	二七	九	九	四
長嶺縣	—	一七	—	—	—	—	一	—	一七	一	—	一
乾安縣	—	八	—	—	—	—	二	—	六	三五	—	一
扶餘縣	一二	一八	一	—	—	二	一三	一	六八	六二	三	七
舒蘭縣	—	四三	—	—	—	—	三	—	三	五	—	二
樺甸縣	—	二七	—	—	四	一	八	—	二八	二五	一	三
磐石縣	四	四七	—	—	—	四	八	—	三六	六	三	四
九台縣	二七	七〇	—	—	—	五	七	—	四五	三〇	二	二
楡樹縣	—	二五	—	—	—	二	九	—	一五	一四	七	二
懷德縣	五	七五	—	—	—	一〇	三	—	六五	三三	一〇	七
伊通縣	一	一九	三〇	—	—	一	七	—	二九	一七	二	二
額穆縣	六三	二四	二	—	—	—	八	—	三	一三	二	九
敦化縣	—	四七	五	—	—	—	四	—	一三	—	二	三
計	四二一	七五九	六五	三	八	四九	一四一	五	五四八	四六一	九四	六五

第一表ノ四

管轄別＼營業別	原動機使用營業	汽鑵汽機	瓦斯石油機關	電動機	電氣業	瓦斯業	市場業	其ノ他
吉林警察廳	五二	一七	一	四七	—	—	一	—
永吉縣	四	四	—	二	—	—	—	—
雙陽縣	—	—	—	—	—	—	—	—
德惠縣	四	二	二	一	—	—	—	—
農安縣	一	—	—	一	—	—	—	—
長嶺縣	—	—	—	—	—	—	—	—
乾安縣	—	—	—	—	—	—	—	—
扶餘縣	六	三	三	—	二	—	—	—
舒蘭縣	五	六	—	—	—	—	—	—
樺甸縣	五	二	五	一	一	—	—	—
磐石縣	二	—	一	一	一	—	—	—
九台縣	七	一七	一	四	—	—	—	—
楡樹縣	一	—	—	一	—	—	—	—
懷德縣	六	一	—	五	一	—	—	—
伊通縣	一	六	—	九二	—	—	—	—
額穆縣	九	—	—	九	—	—	—	—
敦化縣	三	—	—	三	一	—	一	—
計	一一三	四八	一三	一八四	六	—	二	—

第一表ノ五

管轄別＼營業種別	乘合自動車營業	貸自動車營業	乘用馬車營業	人力車營業	水上貨客運送業
吉林警察廳	一	五	七二	一三八	二〇
永吉縣	—	—	六	八	五九
雙陽縣	—	—	—	—	—
德惠縣	—	—	二五	—	—
農安縣	—	—	一三三	—	—
長嶺縣	—	—	—	—	—
乾安縣	—	—	—	—	—
扶餘縣	—	—	八五	—	—
舒蘭縣	—	—	—	—	二
樺甸縣	—	—	四八	[illegible]	六八
磐石縣	—	—	六四	—	—
九台縣	—	—	—	—	—
楡樹縣	—	—	—	—	—
懷德縣	一	—	六八	—	—
伊通縣	—	—	三	—	—
額穆縣	—	—	一〇三	一	—
敦化縣	—	—	一三六	—	—
計	二	五	一三九一	一五三	一七八

管轄別	貸船業	找船業	解船業	水上行商
吉林警察廳	—	—	—	—
永吉縣	—	—	—	—
雙陽縣	—	—	一三七	—
德惠縣	—	—	—	—
農安縣	—	—	—	—
長嶺縣	—	—	—	—
乾安縣	—	—	—	—
扶餘縣	—	—	—	五三
舒蘭縣	—	—	—	—
樺甸縣	—	—	—	—
磐石縣	—	一	—	—
九台縣	—	—	二	—
楡樹縣	—	四	六	—
懷德縣	—	—	—	—
伊通縣	—	—	—	—
額穆縣	—	—	二	—
敦化縣	—	—	—	—
計	—	五	一五六	五三

第二表ノ一　衛生關係取締諸營業統計表（康德三年十二月末現在）　吉林省公署警務廳

管轄別＼營業種別	病院醫院	醫師	醫士	牙醫	獸醫	藥師	藥劑師	接生婆	助產士	看護婦	屠宰場	屠夫
吉林警察廳	四四	四八	一九六	一	八	一	二	二	五四	一五	一	五
永吉縣	二	一四	五二九	二	三	一四	八	一六	二	—	—	—
雙陽縣	二	八	一六五	—	八	—	—	—	—	—	—	—
德惠縣	二	二	一九	六	一三	一	—	七三	—	—	一	二
農安縣	一〇	七	一二六	—	二〇	三	一三三	二八	四	—	一	一六
長嶺縣	五	一六	五三	—	一二	一五	二五	六	三	—	—	—
乾安縣	一	一	四九	一	一七	二	—	四三	—	—	—	—
扶餘縣	六	一	一三三	—	二八	—	一四	一六	三	—	一	一五
舒蘭縣	五	三	九五	二	六	二	一六	一〇三	一	—	—	三
樺甸縣	八	八	六八	—	三	—	—	一	一	—	二	—
磐石縣	二	三	五九	—	三	—	—	一	—	—	三	四
九台縣	三	三	一九九	—	二九	—	—	五	一	—	一	—
楡樹縣	一	一四	四四九	—	二〇	—	—	一八七	六	—	一	四五
懷德縣	三	一七	五二	六	三	九	二	九	一	—	三	二
伊通縣	一	一	一三三	—	五二	—	—	一	三	—	一	三
額穆縣	一四	一八	五六	—	二	—	一	二	—	—	二	一
敦化縣	五	五	三五	二	三	—	—	三	一	—	一	三八
計	一五二	二〇七	九五二	二〇	一七六	五七	一二六	三四八	八〇	一五	一八	一七四

第二表ノ二

管轄別＼營業種別	阿片零賣所	鑲牙館	藥品製造販賣業	賣藥製造販賣業	賣肉業	獸肉加工品製造販賣業	獸乳搾取販賣業	獸乳加工品製造販賣業	灸治業	鍼針業	按摩業	理髮業	清涼飲料水製造販賣業	氷雪製造貯藏販賣業
吉林警察廳	二八	二〇	一九	一四	八〇	—	七	三	—	三	一	一七二	二	一四
永吉縣	二四	二	—	—	五九	—	二	—	—	—	—	六三	—	一
雙陽縣	二	一	—	—	一四	—	—	—	—	—	—	三	—	—
德惠縣	一五	六	一	四七	三八	—	三	—	—	—	—	二五	—	一八
長嶺縣	二	二	—	三三	一八	—	三	—	—	—	—	二三	—	五
農安縣	五	一	五	二	七	—	—	—	—	—	—	一四	—	—
乾安縣	三	一	三	九	七	—	—	—	—	—	—	七	—	—
扶餘縣	一九	三	—	一四	二四	—	二	—	—	—	—	七六	—	三
舒蘭縣	二	三	二九	二三	—	—	—	—	—	—	—	三〇	—	—
樺甸縣	一三	七	二	三	三三	—	—	—	—	—	—	二九	—	三
磐石縣	七	四	—	六二	二四	—	—	—	—	—	—	三	—	—
九台縣	一五	七	—	五七	三八	—	—	—	—	—	—	四三	九	一
楡樹縣	一八	—	—	—	三九	—	—	—	—	—	—	二九	—	—
懷德縣	三	七	—	一七	三〇	—	一	—	—	—	—	五八	—	二
伊通縣	一九	三	—	一七五	五六	—	一	—	—	—	—	五二	—	二
額穆縣	三	七	—	七	三七	—	—	—	—	—	二	四六	—	—
敦化縣	二	二	—	—	三	—	一	—	—	—	—	四六	—	—
計	二六四	七六	三七	五四九	五四七	—	二〇	三	—	三	三	七七二	一一	四九

第一表　火災度數及損害額調（康德三年十二月末日現在）

種別 管轄別	火災度數	燒失棟數	平均一度燒失棟數	損害額	平均一度損害額	燒失面積	平均一度燒失面積
吉林市	六九	六二	九	一三三、一四七	一、九二九、六七	一、五二〇	二二
永吉縣	九	九	一、〇	五、一一〇	五六七、七八	三一七	三五
額穆縣	一一	一三	一、二	三八、二六二	三、四八七、三六	八三	八
敦化縣	一二	三一	二、六	一一、二六八	九三九、〇〇	九三	八
樺甸縣	六	六	一、〇	一五、〇八九	二、五一五、〇〇	三、〇四八	五〇八
磐石縣	九	八	九	二、六九一	二九九、〇〇	三七四	四二
伊通縣	二	二	一、〇	一、八九〇	九四五、〇〇	八〇〇	四〇〇
雙陽縣	一	二	二、〇	二〇〇	二〇〇、〇〇	七二	七二
懷德縣	七	一〇	一、五	八、八四三	一、二六三、二九	四七	七
長嶺縣	一	一八	一八、〇	三、二〇〇	三、二〇〇、〇〇	二〇〇	二〇〇
乾安縣	六	六	一、〇	二、〇七五	三四六、〇〇	二〇一	三四
扶餘縣	一	一	一、〇	八九〇	八九〇、〇〇	一一	一一
農安縣	八	四三	五、四	七三、五六六	九、一九五、七五	五六〇、一〇六	七〇、〇一三
德惠縣	六	八	一、三	九、九六〇	一、六六〇、〇〇	四一一	六九
楡樹縣	一四	一五	一、〇	三、九二一	二八〇、〇七	五七七	四一
舒蘭縣	六	二五	四、〇	三五、三七〇	五、八〇九、五〇	五一八	八六
九台縣	五	七	一、四	一六、七六〇	三、三五二、〇〇	一、七七五	三五五
郭前旗	｜	｜	｜	｜	｜	｜	｜

合計	一七三	二六六	一、五	三六二、二四二	二、〇九三、八八	五七〇、一五三	三、二九六
備考	郭前旗報告未着以下各表同						

第二表　火災原因及度數調（康德三年十二月末日現在）

管轄別＼種別	放火	雷火	不審火	其他	計	爐火	炬火	焚火	小兒弄火	燈火	煙火	煙草	風呂	火車	取灰	煙突	漏電	火鉢	竈	提燈	油類	火藥類	炕火	火墻	計	計
吉林市	一	—	—	一二	一三	一〇	—	—	—	二	—	五	—	—	二	九	七	一	一	二	—	—	一七	—	五六	六九
永吉縣	—	—	三	—	三	一	—	—	—	—	—	—	—	—	—	一	—	—	四	—	—	—	—	—	六	九
額穆縣	三	—	三	—	六	三	一	—	—	—	—	—	—	—	—	—	—	—	—	—	一	—	—	—	五	一一
敦化縣	一	—	三	—	四	一	—	—	—	一	一	一	—	—	—	三	—	—	—	—	—	—	一	—	八	一二
樺甸縣	—	—	二	—	二	—	—	—	—	—	—	一	—	—	—	二	—	—	一	—	—	—	—	—	四	六
磐石縣	—	—	三	—	三	三	—	—	—	—	—	—	—	—	—	—	—	—	—	—	—	—	四	—	六	九
伊通縣	—	—	—	—	—	一	—	—	—	—	—	—	—	—	—	—	—	—	—	—	—	—	一	—	二	二
雙陽縣	—	—	一	—	一	—	—	—	—	—	—	—	—	—	—	—	—	—	—	—	—	—	—	—	—	一
懷德縣	—	—	二	—	二	—	—	一	—	—	—	一	—	—	—	二	—	—	—	—	—	—	—	—	五	七
長嶺縣	—	—	—	—	—	—	—	—	—	—	—	一	—	—	—	—	—	—	—	—	—	—	—	—	一	一
乾安縣	—	—	—	—	—	—	—	—	—	—	—	二	—	—	—	—	—	—	—	—	—	—	一	一	六	六
扶餘縣	—	—	—	—	—	—	—	—	—	—	—	—	—	—	—	—	—	—	—	—	—	—	—	—	一	一

農安縣	德惠縣	楡樹縣	舒蘭縣	九台縣	郭前旗	合計
—	—	—	—	—	—	五
—	—	—	—	二	—	二
八	五	一〇	二	—	—	四三
—	—	二	—	—	—	一四
八	五	三	二	二	—	六三
—	—	—	—	一	—	一九
—	—	—	—	—	—	一
—	—	—	—	—	—	一
—	—	—	—	—	—	—
—	一	—	一	—	—	五
—	—	一	—	一	—	三
—	—	一	—	—	—	三
—	—	—	—	—	—	—
—	—	—	—	—	—	—
—	—	—	—	—	—	五
—	—	—	一	—	—	一八
—	—	—	—	—	—	七
—	—	—	—	一	—	二
—	—	—	二	—	—	八
—	—	—	—	—	—	二
—	—	—	—	—	—	二
—	—	—	—	—	—	—
—	—	—	—	—	—	二四
—	—	一	四	三	—	二
—	一	三	四	三	—	二〇
八	六	一四	六	五	—	一七三

第三表　火災度數及損害額月別調（康德三年十二月末日現在）

管轄別＼種別	一月 度數	一月 損害額	二月 度數	二月 損害額	三月 度數	三月 損害額	四月 度數	四月 損害額
吉林市	六	四三〇七	九	一四八二四	六	一五〇九七	八	一五四一八
永吉縣	—	—	三	二五二〇	—	—	二	二五〇
額穆縣	—	—	三	三四〇二	—	—	一	八二〇
敦化縣	二	九七	一	一二〇	一	八〇〇〇	二	二六〇
樺甸縣	一	九〇〇	—	—	一	六〇	一	八〇
磐石縣	—	—	一	五〇〇	—	—	—	—
伊通縣	—	—	—	—	—	—	—	—
雙陽縣	—	—	一	二〇〇	—	—	—	—
懷德縣	—	—	—	—	一	四三〇	一	一〇〇
長嶺縣	—	—	—	—	—	—	—	—
乾安縣	—	—	二	五〇	—	—	一	三〇
扶餘縣	—	—	—	—	—	—	—	—
農安縣	—	—	—	—	一	二〇	一	二五
德惠縣	—	—	一	一五〇	一	三三六〇	—	—
楡樹縣	一	一〇〇〇	—	—	—	—	三	一八七五
舒蘭縣	—	—	—	—	二	一四三〇〇	—	—
九台縣	一	二〇〇	—	—	一	一〇〇〇〇	—	—
郭前旗	—	—	—	—	—	—	—	—
合計	一一	六五〇四	二一	二一七四六	一四	五一二五七	二〇	一八八五八

五月 度數	五月 損害額	六月 度數	六月 損害額	七月 度數	七月 損害額	八月 度數	八月 損害額	九月 度數	九月 損害額	十月 度數	十月 損害額	十一月 度數	十一月 損害額	十二月 度數	十二月 損害額	計 度數	計 損害額
五	七九四七	五	三五七二	三	二〇〇五	四	八三六二	五	八三〇	六	一六四九四	七	一〇三〇八	五	二〇五三	六九	一三三一四七
一	一五〇	—	—	—	—	—	—	—	—	二	一六〇〇	一	六〇〇	—	—	九	五二一〇
一	二〇六	一	四〇〇〇	—	—	—	—	—	—	—	—	三	二九六九四	二	五〇	一二	三八二六二
一	五	—	—	—	—	—	—	一	一五〇	三	二六二四	—	—	一	二	一三	一二二六八
—	—	—	—	—	—	—	—	—	—	—	—	—	—	三	一四〇四九	六	一五〇八九
二	二八一	—	—	—	—	—	—	—	—	二	二四〇	一	四五〇	三	一二三〇	九	二六九一
—	—	—	—	—	—	—	—	—	—	一	五九〇	一	一三〇〇	—	—	二	一八九〇
—	—	—	—	—	—	—	—	—	—	—	—	—	—	—	—	一	二〇〇
一	五四五〇	一	九二〇	—	—	—	—	一	一六八〇	—	—	二	二七三	—	—	七	八八四三
一	三二〇〇	—	—	—	—	—	—	—	—	—	—	—	—	—	—	一	三二〇〇
一	五	—	—	—	—	—	—	—	—	一	一〇〇〇	—	—	一	一〇〇〇	六	二〇七五
—	—	—	—	—	—	—	—	—	—	一	八九〇	—	—	—	—	一	八九〇
一	六七六三	—	—	—	—	—	—	—	—	—	—	五	五九〇〇	—	—	八	七二五六六
三	四四六〇	—	—	—	—	—	—	—	—	—	—	—	—	一	二〇〇〇	六	九九六〇
四	五七〇	—	—	—	—	一	七五	三	二二	一	一四〇	一	五〇	—	—	一四	二七二
二	二八〇〇	—	—	—	—	—	—	一	一七一七〇	一	一〇〇	—	—	—	—	六	二五三七〇
一	五〇〇〇	一	二六〇	—	—	—	—	—	—	—	—	一	一三〇〇	—	—	五	一六七六〇
—	—	—	—	—	—	—	—	—	—	—	—	—	—	—	—	—	—
二四	九八八八五	八	四〇九九二	三	二〇〇五	五	八三三七	二	二〇〇四二	一八	二三六六八	三三	四九八七五	一六	二〇三七四	一七三	三六二二四三

第四表　出火時刻調（康德三年十二月末日現在）

種別 ＼ 管轄別	吉林市	永吉縣	額穆縣	敦化縣	樺甸縣	磐石縣	伊通縣	雙陽縣	懷德縣	長嶺縣	乾安縣	扶餘縣	農安縣	德惠縣	楡樹縣
午前 十二時至一時	三	—	一	—	—	—	—	—	一	—	—	—	—	—	—
午前 一時至二時	五	二	二	—	一	一	—	—	一	—	—	—	—	—	一
午前 二時至三時	六	一	—	—	—	—	—	—	—	—	—	—	—	一	—
午前 三時至四時	六	—	一	—	—	一	—	—	—	一	一	—	—	—	—
午前 四時至五時	三	—	一	—	—	一	—	—	—	—	—	—	—	—	—
午前 五時至六時	三	—	—	—	—	一	—	—	—	—	—	—	—	一	—
午前 六時至七時	二	—	—	一	—	—	—	—	—	—	—	—	—	—	—
午前 七時至八時	二	—	—	—	—	—	—	—	—	—	—	—	—	—	一
午前 八時至九時	—	—	—	—	—	—	—	—	—	—	—	—	—	一	—
午前 九時至十時	二	—	—	一	一	—	—	—	—	—	—	—	—	—	二
午前 十時至十一時	—	—	—	一	一	二	—	—	—	—	—	—	二	—	二
午前 十一時至十二時	二	—	—	一	—	—	—	—	—	—	一	—	—	—	—
午後 十二時至一時	四	—	—	—	—	—	—	—	—	—	—	一	—	—	—
午後 一時至二時	—	一	—	一	—	—	—	—	—	—	—	—	—	—	—
午後 二時至三時	三	—	—	—	—	—	—	—	二	—	—	—	—	—	—
午後 三時至四時	三	二	—	—	—	—	一	—	—	—	—	—	—	—	—
午後 四時至五時	四	二	—	一	—	—	—	—	—	—	一	—	—	—	—
午後 五時至六時	三	—	一	一	一	—	一	—	—	—	—	—	—	—	—
午後 六時至七時	四	一	—	一	—	—	—	—	一	—	一	—	—	—	二
午後 七時至八時	一	—	一	—	—	—	—	—	—	—	—	—	一	—	三
午後 八時至九時	五	—	二	—	—	三	—	—	—	—	一	—	四	二	—
午後 九時至十時	二	—	一	一	一	—	—	—	—	—	—	—	一	—	二
午後 十時至十一時	五	—	一	二	—	—	—	—	一	—	一	—	—	—	一
午後 十一時至十二時	三	—	—	一	一	—	—	一	一	—	—	—	—	一	—
計	六九	九	一二	一三	六	九	二	一	七	一	六	一	八	六	一四

舒蘭縣	九台縣	郭前旗	合計
—	—	—	五
一	—	—	一四
—	一	—	九
—	—	—	一〇
—	—	—	四
—	—	—	五
—	一	—	四
—	—	—	三
—	—	—	一
—	—	—	六
一	—	—	九
—	—	—	四
—	一	—	六
一	—	—	三
—	一	—	六
—	—	—	五
—	—	—	八
二	—	—	一九
—	—	—	一〇
一	—	—	七
—	—	—	一七
—	一	—	九
—	—	—	二
—	—	—	八
六	五	—	一七[illegible]

第五表　火元業態調（康德三年十二月末日現在）

種別＼管轄別	吉林市	永吉縣	額穆縣	敦化縣	樺甸縣	磐石縣	伊通縣	雙陽縣	懷德縣	長嶺縣	乾安縣	扶餘縣
官公署	三	一	五	二	—	—	—	—	—	—	—	—
工場	二	一	—	—	—	—	—	—	—	—	—	—
學校	—	—	—	—	—	—	—	—	—	—	—	—
料理屋飲食店	七	—	—	—	一	—	—	—	一	一	—	—
浴場	—	—	—	—	—	—	—	—	—	—	—	—
興行場	—	—	—	—	—	—	—	—	—	—	—	—
精米場	—	—	—	—	—	—	—	—	—	—	—	—
職工	九	一	—	—	—	—	—	—	二	—	—	—
官吏	七	—	—	—	—	—	—	—	—	—	—	—
會社員	八	—	一	—	—	—	—	—	—	—	—	—
行商人	四	—	—	—	一	—	—	—	—	—	—	—
商人	一六	—	一	四	—	二	二	—	二	—	一	—
日傭人	—	一	—	—	—	—	—	—	—	—	一	—
寫眞館	—	—	—	六	—	—	—	—	—	—	—	—
農業	—	二	四	六	二	七	—	一	二	—	三	一
無職	八	一	—	—	一	—	—	—	—	—	一	—
其他	五	二	—	—	一	—	—	—	—	—	一	—
計	六九	九	一一	一八	六	九	二	一	七	一	六	一

農安縣	德惠縣	楡樹縣	舒蘭縣	九台縣	郭前旗	合計
—	—	三	三	—	—	六
—	—	—	—	—	—	三
—	—	—	—	一	—	一
—	—	—	一	—	—	二
—	—	—	—	—	—	—
—	—	—	—	—	—	—
—	—	—	—	—	—	—
—	—	一	—	一	—	一四
—	—	—	—	—	—	七
—	一	—	—	一	—	二
—	—	—	—	—	—	五
二	三	三	一	一	—	三八
—	—	—	—	—	—	二
—	—	—	—	—	—	—
六	三	七	三	一	—	四六
—	—	—	—	—	—	一〇
—	—	—	—	—	—	九
八	六	一四	六	五	—	一七三

第六表　罹災棟數並戸數及延燒度數調（康德三年十二月末現在）

管轄別／種別	火災度數	住家棟數並戸數 全燒 棟數	全燒 戸數	半燒 棟數	半燒 戸數	即時消止 棟數	即時消止 戸數
吉林市	七二	三三	六三	三七	四三	—	一〇
永吉縣	九	五	五	一	六	一	一
額穆縣	二	五	一五	一	一	—	—
敦化縣	三	一九	三	六	—	三	—
樺甸縣	六	二	三	三	四	—	—
磐石縣	九	八	二	—	—	—	一
伊通縣	二	二	九	—	—	—	—
雙陽縣	一	二	一	—	—	—	—
懷德縣	七	五	四	三	四	—	—
長嶺縣	一	—	—	—	—	—	—
乾安縣	六	—	—	—	三	一	一
扶餘縣	一	—	—	一	一	—	—
農安縣	八	三	五六	一	一	—	七
德惠縣	六	八	二	—	—	—	—
楡樹縣	一四	—	—	八	八	—	—
舒蘭縣	六	一八	一八	五	六	—	—
九台縣	五	一	一四	五	四	—	—
郭前旗	—	—	—	—	—	—	—
合計	一七三	一二九	二三三	七二	八二	四	二〇

（世帯數）計 棟數	（世帯數）計 戸數	延燒住家 全燒棟數	延燒住家 半燒棟數	延燒住家 即時消止棟數	延燒住家 計	延燒ノ度數 二戸	延燒ノ度數 三戸以上	延燒ノ度數 五戸以上	延燒ノ度數 十戸以上	延燒ノ度數 二十戸以上	延燒ノ度數 三十戸以上	延燒ノ度數 四十戸以上	延燒ノ度數 五十戸以上	延燒ノ度數 計
五九	一二五	二	一	—	三	三	三	三	一	—	—	—	—	一〇
七	一三	一	一	—	二	一	—	一	—	—	—	—	—	二
六	一六	五	一	一	七	三	—	一	—	—	—	—	—	四
二八	三	一	二	—	三	—	—	—	—	—	—	—	—	—
五	七	一	—	—	一	—	一	—	—	—	—	—	—	一
八	三	—	—	—	—	二	—	—	—	—	—	—	—	二
二	九	—	—	—	—	—	一	一	—	—	—	—	—	二
二	一	—	—	—	—	—	—	—	—	—	—	—	—	—
八	八	二	—	—	二	一	—	—	—	—	—	—	—	一
—	—	一八	—	—	一八	—	一	—	—	—	—	—	—	一
—	四	四	二	—	六	—	一	—	—	—	—	—	—	一
一	一	—	—	—	—	—	—	—	—	—	—	—	—	—
三三	四六	一〇	—	—	一〇	二	—	一	—	—	—	—	一	四
八	二二	—	—	—	—	二	—	二	—	—	—	—	—	四
八	八	—	六	一	七	二	—	—	—	—	—	—	—	二
三三	二四	二	—	—	二	四	—	一	一	—	—	—	—	六
六	一八	一	—	—	一	—	—	一	一	—	—	—	—	二
—	—	—	—	—	—	—	—	—	—	—	—	—	—	—
二〇四	三三三	四七	一三	二	六二	二〇	七	一一	三	—	—	—	一	四二

第七表　林野火災調　康德三年十二月末日現在

管轄別＼種別	山林 度數	山林 段別	山林 損害額	原野 度數	原野 段別	原野 損害額	其他 度數	其他 段別	其他 損害額	合計 度數	合計 段別	合計 損害額
吉林市	—	—	—	—	—	—	—	—	—	—	—	—
永吉縣	—	—	—	—	—	—	—	—	—	—	—	—
額穆縣	—	—	—	—	—	—	一	一	三〇〇	一	一	三〇〇
敦化縣	—	—	—	—	—	—	—	—	—	—	—	—
樺甸縣	—	—	—	—	—	—	—	—	—	—	—	—
磐石縣	—	—	—	—	—	—	—	—	—	—	—	—
伊通縣	—	—	—	—	—	—	—	—	—	—	—	—
雙陽縣	—	—	—	—	—	—	—	—	—	—	—	—
懷德縣	—	—	—	—	—	—	—	—	—	—	—	—
長嶺縣	—	—	—	—	—	—	—	—	—	—	—	—
乾安縣	—	—	—	—	—	—	—	—	—	—	—	—
扶餘縣	—	—	—	—	—	—	—	—	—	—	—	—
農安縣	—	—	—	—	—	—	—	—	—	—	—	—
德惠縣	—	—	—	—	—	—	—	—	—	—	—	—
楡樹縣	—	—	—	—	—	—	—	—	—	—	—	—
舒蘭縣	—	—	—	—	—	—	—	—	—	—	—	—
九台縣	—	—	—	—	—	—	—	—	—	—	—	—
合計	—	—	—	—	—	—	一	一	三〇〇	一	一	三〇〇

第八表　消防署員調　康德三年十二月末日現在

管轄別	消防署數	署員數 警佐	巡官	警長	警士	其他	計	私設消防 組數	組員數
吉林市	二	二	二	四	八六	—	九四	—	—
永吉縣	—	—	—	—	—	—	—	一〇	八六八
額穆縣	—	—	—	—	—	—	—	一	四
敦化縣	—	—	—	—	—	—	—	一	四〇
樺甸縣	—	—	—	—	—	—	—	二	三三
磐石縣	—	—	—	—	—	—	—	—	—
伊通縣	—	—	—	—	—	—	—	—	—
雙陽縣	—	—	—	—	—	—	—	—	—
懷德縣	—	—	—	—	—	—	—	一	二
長嶺縣	—	—	—	—	—	—	—	—	—
乾安縣	—	—	—	—	—	—	—	—	—
扶餘縣	—	—	—	—	—	—	—	二	四〇
農安縣	—	—	—	—	—	—	—	五	一六五
德惠縣	—	—	—	—	—	—	—	一	一〇〇
楡樹縣	—	—	—	—	—	—	—	三	二〇三七
舒蘭縣	—	—	—	—	—	—	—	—	—
九台縣	—	—	—	—	—	—	—	一	四三五
郭前旗	—	—	—	—	—	—	—	—	—
合計	三	二	二	四	八六	—	九四	四六	三七三三

第九表　消防喞筒調　康德三年十二月末日現在

管轄別／種別
吉林市
永吉縣
額穆縣
敦化縣
樺甸縣
磐石縣
伊通縣
雙陽縣
懷德縣
長嶺縣
乾安縣
扶餘縣
農安縣
德惠縣
楡樹縣
舒蘭縣
九台縣
郭前旗
合計

官設									私設								
唧筒車							其他		唧筒車							其他	
自動車	蒸氣	手挽ガソリン	腕用	龍吐水	雲吐水	計	水管車	輜重車	自動車	蒸氣	手挽ガソリン	腕用	龍吐水	雲吐水	計	水管車	輜重車
一一	―	―	二	―	―	一三	―	―	―	―	―	五	四	―	九	―	―
―	―	―	―	―	―	―	―	―	―	―	―	五	―	―	五	―	―
―	―	―	―	―	―	―	―	―	―	―	―	一	―	―	一	―	―
―	―	―	―	―	―	―	―	―	―	―	二	―	―	―	二	―	―
―	―	―	―	―	―	―	―	―	―	―	―	四	―	―	四	―	―
―	―	―	―	―	―	―	―	―	―	―	―	―	―	―	―	―	―
―	―	―	―	―	―	―	―	―	―	―	―	―	―	―	―	―	―
―	―	―	―	―	―	―	一	―	―	―	―	―	―	―	―	―	―
―	―	―	―	―	―	―	―	―	―	―	―	二	―	―	二	―	―
―	―	―	―	―	―	―	―	―	―	―	―	―	―	―	―	―	―
―	―	―	一	―	―	一	―	―	―	―	―	―	―	―	―	―	―
―	―	―	―	―	―	―	―	―	―	―	―	二	―	―	二	―	―
―	―	―	―	―	―	―	―	―	―	―	三六	四	三	二	四五	二	―
―	―	―	―	―	―	―	―	―	―	―	―	―	一	―	一	一	―
―	―	―	―	―	―	―	一	―	―	―	―	―	―	―	―	―	―
―	―	―	―	―	―	―	―	―	―	―	―	―	―	―	―	―	―
―	―	―	―	―	―	―	―	―	―	―	―	二	―	―	二	―	―
―	―	―	―	―	―	―	―	―	―	―	―	―	―	―	―	―	―
一一	―	―	三	―	―	一四	二	―	―	―	三八	二五	八	二	七三	三	―

第十表 火災ニ因ル死傷人員調 康德三年十二月末日現在

管轄別＼種別	消防職員及警察官 死	消防職員及警察官 傷 治療一個月未滿	消防職員及警察官 傷 治療一個月以上	消防職員及警察官 計	人民 死	人民 傷 治療一個月未滿	人民 傷 治療一個月以上	人民 計
吉林市	—	五	—	五	二	—	—	二
永吉縣	—	—	—	—	三	—	—	三
額穆縣	—	—	—	—	—	—	—	—
敦化縣	—	—	—	—	一	—	—	一
樺甸縣	—	—	—	—	—	—	—	—
磐石縣	—	—	—	—	—	—	—	—
伊通縣	—	—	—	—	—	—	—	—
雙陽縣	—	—	—	—	—	—	—	—
懷德縣	—	—	—	—	—	一	—	一
長嶺縣	—	—	—	—	—	—	—	—
乾安縣	—	—	—	—	一	—	一	二
扶餘縣	—	—	—	—	—	—	—	—
農安縣	—	—	—	—	—	—	—	—
德惠縣	—	—	—	—	二	二	—	四
楡樹縣	—	—	—	—	—	—	—	—
舒蘭縣	—	—	—	—	—	二	—	二
九台縣	—	—	—	—	四	—	—	四
郭前旗	—	—	—	—	—	—	—	—
合計	—	五	—	五	一三	五	一	一八

第一表　諸車調査表（康徳三年十二月三一日）　吉林省公署警務廳

市縣別＼種別	滿日別	自動車	人力車	乗用馬車	荷牛馬車	手挽荷車	電車	自動自轉車 單用車	自動自轉車 側車附	自動自轉車 後車附	自動車 乗用車	自動車 貨物車	自動車 消防車	自動車 其他	計
吉林警察廳	滿	六、一三三	一、三三八	七二一	六八六	二五一	—	—	五	—	七一	四一	一一	—	九、二五七
	日	八一〇	—	—	—	—	—	—	—	—	四八	一八	—	—	八七七
永吉縣	滿	六一五	四二	一三	一一、九五九	—	—	—	—	—	二	一	—	—	一二、六二三
	日	—	—	—	—	—	—	—	—	—	—	—	—	—	—
額穆縣	滿	八〇	七	一〇二	六六〇	二五	—	—	—	—	—	四	—	—	八七八
	日	—	—	—	—	—	—	—	—	—	—	—	—	—	—
敦化縣	滿	七五	—	一四六	六七四	三〇	—	一	—	—	五	一〇	—	—	九四一
	日	—	—	—	—	—	—	—	二	—	四	五	—	—	一一
樺甸縣	滿	一一二	—	四八	一、二七〇	五三	—	—	—	—	—	一〇	—	—	一、四九三
	日	—	—	—	—	—	—	—	—	—	—	—	—	—	—
磐石縣	滿	八四	—	六四	九六三	—	—	—	—	—	九	二八	—	—	一、一四八
	日	—	—	—	—	—	—	—	—	—	—	—	—	—	—
伊通縣	滿	三四六	—	三	七、二九六	二二五	—	—	—	—	四	一三	—	—	七、八八七
	日	—	—	—	—	—	—	—	—	—	—	—	—	—	—
雙陽縣	滿	一三三	—	—	四、八七四	—	—	—	—	—	—	二	—	—	五、〇〇九
	日	—	—	—	—	—	—	—	—	—	—	—	—	—	—
懷德縣	滿	三二三	—	八一	五、九四九	六〇	—	—	—	—	—	—	—	—	六、四一三
	日	—	—	—	—	—	—	—	—	—	七	七	—	—	一四
長嶺縣	滿	七七	—	—	四、一八三	—	—	—	—	—	一一	—	—	—	四、二七一
	日	—	—	—	—	—	—	—	—	—	—	—	—	—	—
乾安縣	滿	一七	—	—	二、〇三六	一	—	—	—	—	五	七	—	一	二、〇六七
	日	—	—	—	—	—	—	—	—	—	—	—	—	—	—

扶餘縣		農安縣		德惠縣		楡樹縣		舒蘭縣		九台縣		合計	
日	滿	日	滿	日	滿	日	滿	日	滿	日	滿	日	滿
—	一二七	—	三九六	—	一四二	—	六三〇	—	一一八	—	二五三	八一〇	九、六六一
—	—	—	—	—	—	—	—	—	—	—	—	—	一、三八七
—	八五	—	一五〇	—	二五	—	一	—	—	—	二	—	一、四四一
—	五、九九九	—	五、九八四	—	五、七〇六	—	一六、四九〇	—	二、二〇九	—	七、三六〇	—	八四、二九八
—	七	—	二一	—	六	—	—	—	—	—	八	—	六八七
—	—	—	—	—	—	—	—	—	—	—	—	—	—
—	—	—	—	—	—	—	—	—	—	—	—	一	一
—	—	—	—	—	—	—	—	—	—	—	—	二	五
—	—	—	—	—	—	—	—	—	—	—	—	—	—
—	八	—	二五	—	三四	—	四八	—	三	—	四	五九	三二九
—	六	—	八	—	—	—	三	—	六	—	九	三〇	一四八
—	—	—	—	—	—	—	—	—	—	—	—	—	—
—	—	—	—	—	—	—	—	—	—	—	—	—	一
—	六、二三二	—	六、五八四	—	五、九一三	—	一七、一七二	—	二、三三六	—	七、六三六	九〇二	九七、八六九

第二表　自動車事故調査表（康德三年十二月三十一日現在）　吉林省公署警務廳

管轄區別			吉林警察廳		永吉縣		額穆縣		敦化縣	
別		滿日別	日	滿	日	滿	日	滿	日	滿
自動車運轉者無過失及違反法規者			—	一〇八	—	二	—	四	—	—
自動車運轉者有過失及違反法規者	受行政處分者	訓戒	—	二一	—	—	—	—	—	—
		就業停止	—	—	—	—	—	—	—	—
		免許取消	一	—	—	—	—	—	—	—
		計	一	二	—	—	—	—	—	—
	受司法處分者	拘役	—	—	—	—	—	—	—	—
		罰金	—	—	—	—	—	—	—	—
		徒刑	—	—	—	—	—	—	—	—
		計	—	—	—	—	—	—	—	—
合計			一	一二九	—	二	—	四	—	—

樺甸縣	日	|	|	|	|	|	|	|	|	|	|
	滿	九	|	|	|	|	|	|	|	|	九
磐石縣	日	|	|	|	|	|	|	|	|	|	|
	滿	二八	|	|	|	|	|	|	|	|	二八
伊通縣	日	|	|	|	|	|	|	|	|	|	|
	滿	四	一	|	|	一	|	|	|	|	五
雙陽縣	日	|	|	|	|	|	|	|	|	|	|
	滿	二	|	|	|	|	|	|	|	|	二
懐徳縣	日	|	|	|	|	|	|	|	|	|	|
	滿	六	|	|	|	|	|	|	|	|	六
長嶺縣	日	|	|	|	|	|	|	|	|	|	|
	滿	五	|	|	|	|	|	|	|	|	五
乾安縣	日	|	|	|	|	|	|	|	|	|	|
	滿	一二	|	|	|	|	|	|	|	|	一二
扶餘縣	日	|	|	|	|	|	|	|	|	|	|
	滿	一五	|	|	|	|	|	|	|	|	一五
農安縣	日	|	|	|	|	|	|	|	|	|	|
	滿	八	|	|	|	|	|	|	|	|	八
徳惠縣	日	|	|	|	|	|	|	|	|	|	|
	滿	七	|	|	|	|	|	|	|	|	七
楡樹縣	日	|	|	|	|	|	|	|	|	|	|
	滿	八	|	|	|	|	|	|	|	|	八
舒蘭縣	日	|	|	|	|	|	|	|	|	|	|
	滿	二	|	|	|	|	|	|	|	|	二
九台縣	日	|	|	|	|	|	|	|	|	|	|
	滿	一一	|	|	|	|	|	|	|	|	一一
郭前旗	日	|	|	|	|	|	|	|	|	|	|
	滿	|	|	|	|	|	|	|	|	|	|
計	日	|	|	|	一	一	|	|	|	|	二
	滿	二三一	二二	|	|	三	|	|	|	|	二五六

第三表　一般交通事故調査表（康德三年十二月三十一日現在）　吉林省公署警務廳

加害者＼被害者	歩行者 件數	歩行者 死	歩行者 傷	自轉車 件數	自轉車 死	自轉車 傷	荷車 件數	荷車 死	荷車 傷	乘用馬車 件數	乘用馬車 死	乘用馬車 傷	人力車 件數	人力車 死	人力車 傷	自動車 件數	自動車 死	自動車 傷	計 件數	計 死	計 傷
汽車	二	一	一	ー	ー	ー	一	二	二	ー	ー	ー	ー	ー	ー	ー	ー	ー	三	三	三
電車	ー	ー	ー	ー	ー	ー	ー	ー	ー	ー	ー	ー	ー	ー	ー	ー	ー	ー	ー	ー	ー
自動車	一九	一	一九	二	ー	二	三	ー	三	八	ー	八	ー	ー	ー	四	ー	六	三六	一	三八
自轉車	一〇	ー	一〇	三	ー	一	ー	ー	ー	ー	ー	ー	ー	ー	ー	ー	ー	ー	一三	ー	一一
人力車	ー	ー	ー	ー	ー	ー	ー	ー	ー	ー	ー	ー	ー	ー	ー	ー	ー	ー	ー	ー	ー
乘用馬車	四	ー	四	二	ー	一	一	ー	ー	三	ー	三	ー	ー	ー	ー	ー	ー	一〇	ー	八
荷車	二	ー	二	一	ー	一	四	三	一	ー	ー	ー	ー	ー	ー	ー	ー	ー	七	三	四
合計	三七	二	三六	八	ー	五	九	五	六	一一	ー	一一	ー	ー	ー	四	ー	六	六九	七	六四

第三節　治安肅正工作實施

康德三年度治安肅正工作實施計畫ニ基キ特ニ重點ヲ治安不良ナル本省東部五縣(敦化、樺甸、額穆、舒蘭、磐石)ニ指向シ總ユル工作ノ施行實施ニ格段ノ努力ヲ拂ヒタル結果今ヤ集團匪賊其ノ跡ヲ絕チ、治安ハ著シク良好ニ維持セラルルニ至レリ。是レ即チ日滿軍警ノ討伐其ノ效ヲ奏セルハ勿論ナルモ其ノ指導援助下ニアル各縣警察官並ニ自衞團ノ泥動積極的トナレル結果ナリト信ス。

而シテ康德三年度ニ於ケル治標工作ノ成果左ノ如シ。

（一）討伐行動

1、匪賊出現回數　　二、九〇九

2、匪首延數　一、三九五

3、總延匪數　一〇六、一八五

4、討伐回數　二、〇七八

5、討伐延人員　六一、三一六

6、匪賊ノ損害

（イ）死　一、〇九〇

（ロ）傷　三八七

（ハ）捕虜　一一八

（ニ）銃器　七三六

（ホ）彈藥　一三、一〇六

（ヘ）馬匹奪還　三九二

（ト）人質奪還　三六五

7、討伐隊ノ損害

（イ）死　八九

（ロ）傷　一六八

（ハ）拉致　一七

（ニ）銃器　七六

（ホ）彈藥　九、六二一

（ヘ）馬匹　八

8、住民ノ損害

（イ）死　九四

（ロ）傷　一〇六

（ハ）拉致　一、三六〇

（ニ）銃器　四八

（ホ）彈藥　四〇
（ヘ）馬匹　二、一四〇
（ト）襲撃ヲ受ケタル戸數　三四八
（チ）現金　二九、三九二圓
（リ）其ノ他　三一、七八六圓八八

（二）檢擧行動
1、匪首　一二三
2、匪首ニアラサルモノ　九四九
3、通匪者　六九六
計　一、七六八

警察官ノミノ討伐
討伐出動延人員　一九、四三七
損害
1、死　七
2、傷　二七
3、銃器　二三
4、馬　一
5、射耗彈　九〇、七五二

自衞團ノミノ討伐
討伐出動延人員　三〇、五三〇
損害
1、死　三二
2、傷　六七
3、拉致　一

4、銃　器　七
5、馬　四
6、射耗彈　二二一、三二二

第四節　保甲制度

第一項　保甲狀況

本省ハ一市十七縣一旗ニシテ客十二月末現在保數二五九、甲數二七〇五、牌數五五、五八七アリ。特殊地帶ノ郭爾羅斯前旗ヲ除ク外保甲制ヲ實施ス。

康德二年八月以降永吉、雙陽、懷德、農安、德惠、九台ノ六指定縣ニ對シ保甲特別工作ヲ實施シ、其他ノ縣ハ之レニ準シテ普及徹底ニ努メタルカ更ニ翌康德三年ハ伊通、長嶺、扶餘、楡樹、磐石、五縣ノ指定ニ依リ重點ヲ之等指定縣ニ指向極力工作ニ努メタル結果著シキ好成績ヲ示シ、指定十一縣ハ多大ノ成果ヲ收メ、治安全ク安定シ、旣ニ之等ノ各縣ハ産業敎育方面ニ着手シツヽアリ。

殊ニ本省内保甲區劃ハ從來一區一保主義ノ下ニ甲牌ニ重點ヲ置キ居タルモ客年以來中央ノ方針ニ則リ將來實施ノ街村制ノ前身母体タラシム可ク漸次經濟的要素ヲ加味スル區劃ニ變更改廢シ、指定十一縣ハ客年末迄ニ殆ト完了シ街村制度ニ改組ノ準備ナリツヽアリ。

更ニ保甲實施ト相俟ツテ保甲經費ノ輕減公平、賦課徵收ノ正確統一ヲ期スル爲夙ニ九台、雙陽、扶餘、德惠、吉林警察廳等ニ保甲聯合會ヲ組織セシメタルカ結果極メテ良好ニシテ乾安、樺甸モ目下着手シ其他ノ縣モ漸次企劃シツヽアリ。

本省管下ニ於ケル三年度各縣（除敦化）保甲預算ハ年平均二〇〇、〇〇〇圓、保甲費一戸負擔額年平均四、四四圓、一人負擔額年平均〇、六五圓ニシテ總額ニ於テ増加ノ傾向アルモ是ハ保民ノ負擔スル諸經費ヲ保甲費トシテ一括徵收スルモノニシテ實質ハ漸次輕減ノ一途ヲ辿リツヽアリ。

連坐金、過怠金ハ他面、褒賞、救恤ト相俟ツテ保甲運用上最モ效果アルヲ以テ保甲民ノ保甲ニ對スル理解認識ト相俟ツテ着々實績ヲ擧ケツヽアリ。

尙本年度ハ中央ノ既定方針ヲ繼續實施シ、街村制實施ヲ目標ニ尙一層保甲ノ普及徹底强化ニ努ムヘク計劃シ居レルカ特ニ省下永吉、樺甸、磐石、額穆、舒蘭ノ各縣ハ多數在住スル鮮人ニ對シ、鮮滿一如ノ實ヲ擧クヘク所轄日本側警務機關ト折衝連絡シ滿人同樣保甲ヲ實施シ居レルカ結果極メテ良好ナルニ鑑ミ、將來漸次省下各縣ノ鮮人ニモ及ホスヘク計劃セリ。

第二項　自衞團狀況

康德二年以降特別工作指定縣ニ重點指向强化訓練ト共ニ減員整理ヲ行ヒ、爾來指定十一縣ハ保甲ノ一般工作ト相俟ツテ幹部ヨリ逐次團員全部ニ亘リ徹底的敎育ヲ實施シタル結果素質ノ向上著シク部落自衞並ニ警察ノ補助機關トシテ能動的ニ活動スルニ到レリ。

現在省下自衞團ハ十二年末現在一七、八九二名ニシテ東部山林地帶ノ樺甸、磐石、敦化、額穆、舒蘭ノ各縣ハ集團部落ノ增設ニ伴ヒ逐次自衞團ノ增加ヲ見ツヽアルモ西部各縣ハ吉林、雙陽、長嶺、德惠、九台、磐石等ヲ初メトシ徹底的裁撤整理ヲ行ヒタル結果著シク減少シ居ル外吉林警察廳三六〇名ヲ初メ漸次非武裝化シツヽアリ。

尙職業自衞團ノ義勇化、有給自衞團ノ無給化ニ關シテハ屢々通牒ヲ發シ其ノ改善ヲ促シ居ルガ更ニ本年ハ省政三ケ年計劃ニ基キ預算二三、九七三圓ヲ計上要求シ、强化訓練ニ努ムルト共ニ預備自衞團、保甲靑年ノ訓練指導ト相俟ツテ有給自衞團ヲ無給化シ、名實共ニ義勇無給自衞團タラシムヘク計劃セリ。

吉林省下康德三年度保甲連坐金徵收表

自一月一日
至十二月末日

區分／縣別	內亂罪 件數	內亂罪 人員	內亂罪 金額	外患罪 件數	外患罪 人員	外患罪 金額	公共危險罪 件數	公共危險罪 人員	公共危險罪 金額	暫行懲治叛徒法ニ規定スル罪 件數	暫行懲治叛徒法ニ規定スル罪 人員	暫行懲治叛徒法ニ規定スル罪 金額	暫行懲治盜匪法ニ規定スル罪 件數	暫行懲治盜匪法ニ規定スル罪 人員	暫行懲治盜匪法ニ規定スル罪 金額	暫行銃砲取締規則ニ規定スル罪 件數	暫行銃砲取締規則ニ規定スル罪 人員	暫行銃砲取締規則ニ規定スル罪 金額	合計 件數	合計 人員	合計 金額
吉林	—	—	—	—	—	—	—	—	—	一	一二	六、二	一	二	四、四	—	—	—	二	一四	一〇、六
永吉	—	—	—	—	—	—	—	—	—	三	六八	七八	—	—	—	—	—	—	三	六八	七八
額穆	—	—	—	—	—	—	—	—	—	—	—	—	一	九	四、五	四	三九	一六、八	五	四八	二一、三

	敦化	樺甸	磐石	伊通	雙陽	懷德	長嶺	乾安	扶餘	農安	德惠	楡樹	舒蘭	九台	計
	—	—	—	—	—	—	—	—	—	—	—	三	—	—	三
	—	—	—	—	—	—	—	—	—	—	—	三六	—	—	三六
	—	—	—	—	—	—	—	—	—	—	—	五三	—	—	五三
	—	—	—	—	—	—	—	—	—	—	—	—	—	—	—
	—	—	—	—	—	—	—	—	—	—	—	—	—	—	—
	—	—	—	—	—	—	—	—	—	—	—	—	—	—	—
	—	—	—	—	—	—	—	—	—	—	—	—	—	—	—
	—	—	—	—	—	—	—	—	—	—	—	—	—	—	—
	—	—	—	—	—	—	—	—	—	—	—	—	—	—	—
	—	—	—	—	—	一	六	—	一	—	—	—	—	—	八
	—	—	—	—	—	一〇	八	—	九	—	—	—	—	—	二七
	—	—	—	—	—	一〇	三八	—	一八	—	—	—	—	—	一五〇、二
	一〇	六	一	三	一	一〇	三	一七	七	六	八	二	一	二八	一三三
	八九	五〇	二	八五	四〇	九四	二四	一五八	四六	六八	七八	八二	一〇	二三四	一、〇七八
	四四、五	四七、五	三三	一〇〇、三	四〇	一七六	四八	六八、七	四六	一〇八	七四、五	一四七	一〇	二九六、五	一四五六、一
	—	三	—	二	—	二	一	三	四	一	一	三	一	一	五三
	—	二八	—	八二	—	二四	九	一二四	三六	九	一六	二四	九	八	三九八
	—	四六	—	一三三	—	四八	八	一八四	六三	一八	八	四八	一八	九	五七八、八
	一〇	九	一	一三	一	一三	六	三八	一三	七	九	一七	二	二九	一八七
	八九	七八	二	一六七	四〇	一二八	五一	二七三	九一	七七	九四	一三一	一九	二三三	一、六一九
	四四、五	九三、五	三三	一三三、三	四〇	二三四	九四	四七二	一三七	一三六	八二、五	一四七	二八	三〇五、五	二三三七、一

吉林省下康德三年度褒賞並過怠金表

自一月一日
至十二月末日

區別 / 縣廳名	褒賞 件數	褒賞 人員	褒賞 金額	褒賞 事由	過怠金 件數	過怠金 人員	過怠金 金額	過怠金 事由
吉林	六九	八〇	一〇六、三	一、犯人逮捕シテ人命ヲ救助ス 一、失火防止道路改修	二	三	四	一、規約違反

額穆	｜	｜	｜		一七	一七	二四、二	一、規約違反
敦化	｜	｜	｜		一三	二三	三五、五	一、匪賊往來シ居ルモ油斷シテ調査セス 一、匪賊泊リタルモ之ヲ報告セス
樺甸	｜	｜	｜		三二	三八	一〇八	一、匪賊泊ルヲ知リタルモ報告ヲ爲サス 一、洋砲隱匿シ届出ヲ怠リタルモノ 一、規約違反故ナク勞役ニ應セス
磐石	一	三	六	一、自衛團員ノ人命救助	｜	｜	｜	
伊通	｜	｜	｜		一	二	四	一、職務怠慢
雙陽	｜	｜	｜		四五	五四	一四一	一、訓練命令ヲ遵守セス 一、自衛團風紀不良、職務怠慢 一、規約違反勝手ニ保甲費ヲ徴收ス 一、客來ルタルモ之ヲ報告セス
懐徳	一	一	三	一、匪賊討伐ニ功勞アリ	｜	｜	｜	
長嶺	｜	｜	｜		一	二	六	一、召集ニ應セサルニ依ル
乾安	｜	｜	｜		二	二	一〇	一、銃器ヲ隱匿シテ報告セス
扶餘	一	二〇〇	六四	一、匪賊ヲ逮捕シ銃器ヲ鹵獲	｜	｜	｜	
農安	｜	｜	｜		九	六五	一五三	一、故ナク召集ニ應セス 一、警備道路ヲ修理セス

吉林省下保甲制度實施狀況一覽表

（康德三年十二末現在）

項目／縣別			
保甲數	警察署數		
	保數		
	甲數		
	牌數		
自衛團	團數		
	團員數	無給	常備 A
			常備 B
			豫備
		有給	
		計	
	討匪狀況	我	死
			傷
			拉
		敵	死
			傷
			捕
賞罰件數（自一月一日至十二月末日）	連坐罰	內亂	
		外患	
		公危	
		叛徒	
		盜匪	
		火藥	
	過怠		
	褒賞		
	救恤		
警察官數			

德惠	榆樹	舒蘭	九台	計	備考
二四	—	—	三	一〇三	一、永吉縣ハ褒賞過怠金ナキニ付表示セス
二三九	—	—	四八	五六一	
三〇〇	—	—	二四五	七二四、三	
一、匪賊ヲ逮捕シ隱匿銃器ヲ發見押收 一、模範タル保甲長ヲ表彰賞金ス 一、一般民衆功勞者ニ對スル獎狀ヲ下付セリ			一、賭博場報告迅速公益事項成績アリ 一、匪賊ヲ逮捕及其援助スルモノ 一、精神病者救護 一、自衛團員ノ職務勉強成績優良ナルモノ		
一	一	一	一六二	二七五	
四	三	一	一、〇四一	一、二五五	
二三	六	五	一、八一一	二三二八、七	
一、故ナク召集ニ應セス	一、牌民ハ匪賊行爲アルモ管內牌長ニ於テハ勝手ニ報告ヲ遲延シタルニ依ル	一、甲長ノ訓誡ニ應セスシテ匪賊地帶ニ家屋建築屋住セシモノ	一、故ナク召集ニ應セス 一、宿泊客ノ報ヲ怠リタルニ依ル 一、規約違反		

吉林	永吉	額穆	敦化	樺甸	磐石	伊通	雙陽	懷德	長嶺	乾安	扶餘	農安	德惠	楡樹	舒蘭	九台	計
二二	八	六	七	八	六	七	六	八	八	四	八	五	六	二	六	七	一二四
二二	八	一七	七	八	一六	八	二一	五一	八	七	八	二一	三三	二	一六	六	二五九
三六	一〇九	九三	六四	六〇	一〇七	七五	一〇三	四八一	三八	七八	八〇	八三	一六二	七八〇	一八五	四八	二七〇五
一、五五二	七、三九六	一、〇九七	七三〇	三、〇六四	二、一六〇	四、四八六	三、四八三	四、六四六	一、三三三	八三七	五、八四四	三、一〇〇	二、六五四	七、五五八	二、五四九	四、三四〇	五五、五八七
三六	五三	七八	五五	五四	一三九	五八	二二	五一	三〇	七	三六	五	三三	六三	九二	四七	八四八
―	一、六〇〇	二九三	五三三	一、五一三	一、七三三	五六五	四〇七	二、六三九	五〇〇	一九六	一、一一〇	六三三	八六三	八九〇	一、五七七	四、九五〇	一五、五二四
三六四	―	―	―	―	―	―	―	―	―	―	―	―	―	―	―	―	三六四
六、六九〇	二七、三九〇	五七八	―	四、一〇六	―	―	四三〇	三二、六一一	―	―	―	―	三〇〇	―	―	―	七二、一〇五
―	―	九七二	―	―	―	―	―	―	―	―	―	―	―	四四八	―	―	一四一九
七、〇五四	三八、九九〇	一、八四一	五三三	五、六一九	一、七三三	五六五	八二七	三四、二五〇	五〇〇	一九六	一、一一〇	六三三	一、一六三	一、三三八	一、五七七	四九五	八八、四〇二
―	―	八	―	三	―	五	二	―	―	―	―	二	―	五	二	一	二八
―	―	五	四	一三	―	七	三	―	二	―	―	六	―	五	六	―	五〇
―	―	一	―	四	―	―	―	―	―	―	―	―	―	―	―	―	五
―	一	三三	二八	一〇四	―	二	二四	一	二四	―	―	二八	―	四三	五二	一	二四五
―	一	二四	九	四	―	―	六	四	五	―	―	九	―	四五	八	五	一二〇
―	―	九	六	六	―	―	一〇	―	三	―	―	六	―	一〇	三	―	五三
―	―	―	―	―	―	―	―	―	―	―	―	―	―	三	―	―	三
―	―	―	―	―	―	―	―	―	―	―	―	―	―	―	―	―	―
―	―	―	―	―	―	―	―	―	―	―	―	―	―	―	―	―	―
一	三	―	―	―	―	―	―	一	二	―	一	―	―	―	―	―	八
一	―	一	一〇	六	一	一三	一	一〇	三	一七	七	六	八	二	一	一六	一三三
―	―	四	―	三	―	一二	―	二	一	一三	四	一	一	三	一	一	五三
二	―	一七	二	二	―	一	四五	―	一	二	―	九	一	一	一	一六三	二七五
六九	―	―	―	―	一	―	―	一	―	一	一	―	二四	―	―	三	一〇三
―	―	三	―	―	―	―	―	―	―	―	―	―	―	―	―	一	四
八二四	六四七	三五九	四二六	七〇七	五九四	四三六	五一九	四五五	二一五	一七五	五一四	三八三	二九六	六三五	四二三	三八三	七、九六八

備考

一、Aハ手當ヲ支給セル常備自衛團

二、Bハ手當類ヲ全ク支給セサル常備自衛團

三、討匪狀況ハ自一月一日至十二月末日トス

吉林省下各縣自衛團調査表（康德三年十二月末現在）

區別＼縣別	義勇自衛團 團數	義勇自衛團 團員數	義勇自衛團 馬匹	職業自衛團 團數	職業自衛團 團員數	職業自衛團 馬匹	職業自衛團 銃器	職業自衛團 彈藥	康德三年中増減 義勇自衛團	康德三年中増減 職業自衛團
吉林	三六	三六四	—	—	—	—	—	—	増一、一六八 減一、五五三	
永吉	五三	一、六〇〇	一〇	—	—	—	—	—		
額穆	七八	一、二六三	—	—	—	—	—	—	増八九四 減一一五	
敦化	五五	五三三	—	—	—	—	—	—	増三三 減二九	
樺甸	五四	一、五一三	—	—	—	—	—	—	増二、〇八九 減一一三	
磐石	一二九	一、七三三	—	—	—	—	—	—	減一、二五六	
伊通	五八	五六五	—	—	—	—	—	—	増三 減五六九	
雙陽	二一	四〇七	—	—	—	—	—	—	増一〇〇 減三三五	
懷德	五一	二、六二九	三二九	—	—	—	—	—	減四五	
長嶺	三〇	五〇〇	五〇〇	—	—	—	—	—	減二三〇	
乾安	七	一九六	—	—	—	—	—	—	減五四	減一九六

扶餘	三六	一、一一〇	七二二	—	—	—	—	—	增 一〇 減 一〇	
農安	五	六二三	四五〇	—	—	—	—	—	增 一三六	
德惠	三三	八六三	—	—	—	—	—	—	增 二三三 減 一、〇五七	
楡樹	五二	八九〇	—	二	四四八	—	四四八	三二、四〇〇	增 六〇 減 五三〇	減 二〇
舒蘭	九二	一、五七七	—	—	—	—	—	—	增 一九七 減 八二	
九台	四七	四九五	五九	—	—	—	—	—	增 九七 減 三八六	
郭前旗	一五五	五九五	—	—	—	—	—	—		
計	九八五	一七、四四四	二、〇七〇	二	四四八	—	四四八	三二、四〇〇	增 五、〇二〇 減 六、二五二	減 二二六

備考

一、乾安縣ハ義勇自衞團ヲ解散シ職業自衞團ヲ義勇自衞團ニ改編セリ
二、本月份自衞團員數ハ常備自衞團員ノミマシテ十一月份ト相違シテハ豫備自衞團員ヲ扣除シタルニ依ル
三、郭爾羅斯前旗ハ民間散在銃器ノ回收完了シタルカ現下治安狀況不良ニ鑑ミ十二月ヨリ自衞團ヲ編成セリ
四、省下各縣ノ着シキ增員セルハ夏季高粱繁茂期ニ於ケル警戒ノ爲ニシテ其ノ甚シキ減員セルハ街村制準備トシテ自衞團ヲ整理ノ結果ニ依ルモノナリ

第三項　保甲青年團訓練狀況

省下保甲青年訓練ハ康德元年末ヨリ着手シタルモ當時ハ治安著シク不良ニシク單ニ其ノ緒ニ就キタルニ過キズ、翌康德二年五月ニ至リ九台縣ヲ初メトシ漸ク保甲青年團ノ組織ヲ見、稍々外形ヲ整ヘタル狀態ナリシガ、同年七月第一次保甲特別工作地域ニ管下永吉、雙陽、懷德、農安、德惠、九台ノ六縣ガ指定セラル、ニ及ビ重點ヲ敍上六縣ニ指向シ、一般保甲工作ニ隨伴シテ整備改善訓練ニ當リタル結果、前記指定縣ハ何レモ訓練所ノ開設ヲ見、團幹部ヨリ一般團員ヘノ訓練指導ヲ實施シ、素質ノ向上ヲ圖リタルガ越ヘテ康德三年ニ入ルニ及ビ訓練指導ノ充實ト相俟ツテ其ノ活動目覺マシク著シキ進展發達ヲ見ルニ到レリ

而シテ同年二月磐石、伊通、長嶺、扶餘、楡樹ノ五縣ヲ保甲特別工作實施縣ニ指定セラルニ及ビ、更ニ重點ヲ之等ノ五縣ニ擴充指向シタル結果、何レモ保甲青年團ノ組織結成ヲ見、一ケ月乃至二ケ月ノ期間ヲ以テ數回ニ亘リ訓練講習ヲ實施シ、極力素質ノ向上改善ヲ圖リタル結果、東部山岳地帶ノ一部ヲ除クノ外殆ド保甲青年團ノ組織ヲ見ザル縣ナキ迄ニ至リタリ。

特ニ管下九台縣ハ其ノ實績著シク康德二年五月縣内居住ノ十八才以上三十才迄ノ男子ヲ以テ全部保甲青年トシ、其ノ數一九七三一名ニ上リ縣職員並ニ現地警察職員ノ絕ヘサル訓練指導ニ依リ共ノ活動目覺マシク、警察若ハ自衛團ト協力シ、又ハ自ラ匪賊ヲ逮捕シ、犯人檢擧ノ援助ヲ爲ス等治安ノ恢復ニ盡シツツアル外國家組織ノ中堅分子トシテ農村振興ノ指導並ニ中心ニナリツツアリ。

康德三年度省下各縣保甲青年訓練狀況表

縣名	實施期間	日數	訓練人員數	備考
額穆縣	自一月三十日 至二月十九日	二十日間	二十四名	
雙陽縣	自五月一日 至七月三十一日	三ケ月間	五十四名	
懷德縣	自八月七日 至十月六日	二ケ月間	四十名	

長嶺縣	自康德二年十二月十六日 至康德三年二月十四日	六十一日間	二十名	第一回
	自七月十五日 至九月十九日	六十七日間	五十七名	第二回
農安縣	自五月十一日 至七月十一日	二ヶ月間	五十名	
德惠縣	自九月二十一日 至十一月二十一日	二ヶ月間	六十名	
合計			三〇五名	

備考 一、乾安縣ハ本年一月九日保甲青年訓練所規程ヲ制定シタリ
二、未報告縣ハ記載省略

第五節　集團部落ノ建設

治安肅正上匪民分離ヲ行ヒ、匪賊ノ絶滅ヲ期スルニハ集團部落ノ建設ニ在ルヲ以テ本省ニ於テハ夙ニ康德元年ヨリ其ノ建設ニ着手シ、康德二年度ニハ東部、敦化、樺甸、舒蘭縣ニ重點ヲ指向建設補助金三〇、九一五圓ヲ交附シ強制的ニ其ノ建設ヲナサシメタリ。

康德三年度ハ集團部落三ケ年計劃ヲ樹立シ、更ニ永吉、額穆、敦化、樺甸、磐石、舒蘭ノ東部六縣ニ重點ヲ指向補助金六一五〇〇圓ヲ交附シ極力其ノ建設促進督勵ニ努メタル結果康德三年十二月末ニ二、〇〇四ケ所ノ建設ヲ見タリ、之ヲ各縣別指定自立別ニ示セバ添附別表ノ通リ。

從來本省下ノ集團部落ハ防禦施設ノ不備ト防禦力ノ不足ニ依リ屢々匪襲ヲ蒙リタルヲ以テ地勢其ノ他ノ狀況ニ依リ必要ナル土壁ヲ繞ラシ、完全ナル防備ヲ施スト共ニ一部落百戸以上ヲ標準トシテ收容シ必要數ノ自衛團ヲ置キ、村落共同防衛ノ爲連防的設備訓練ヲ爲シ、以テ匪襲防禦ニ當ラシメタリ。

尙他方集團部落ガ將來街村制實施ノ基準（屯）ヲナスモノトシテ部落民ノ耕地面積產業交通等ノ中心トナルベキ地點ヲ選定セシメ甲事務所共同井水、下井、教育、衞生方面ヲモ考慮計劃シテ實施セシメタリ。

集團部落建設狀況一覽表　（康德三年末現在）

縣別＼區分	康德三年以前ニ建設セルモノ			康德三年ニ於テ建設セルモノ			合計
	指定	自立	計	指定	自立	計	
永吉縣	二	—	二	一三	一	一四	一六
額穆縣	三四	—	三四	六四	四九	一一三	一四七
敦化縣	二九	—	二九	五五	—	五五	八四
樺甸縣	一五	一二八	一四三	二二	一九〇	二一二	三五五
磐石縣	一五	二二七	二四二	一七	三一三	三三〇	五七二
伊通縣	—	—	—	四	—	四	四
雙陽縣	二	—	二	—	—	—	二
農安縣	一	—	一	—	—	—	一
德惠縣	一	—	一	—	—	—	一
楡樹縣	—	—	—	七五	二一六	二九一	二九一
舒蘭縣	二〇一	二三四	四三五	四八	四八	九六	五三一
計	三〇〇	五八九	八八九	二九八	八一七	一、一一五	二、〇〇四

康德四年九月印刷
康德四年十月發行

編輯者　吉林省長官房總務科

滿洲國吉林市大馬路
印刷所　東洋印刷合資會社

發行所　吉林省長官房總務科

0011388754
北海道大学
本館・書庫・和書

「満洲国」地方誌集成

第5巻 吉林省政務年鑑　康徳三年度

2018年5月15日　印刷
2018年5月25日　発行

編・解説　ゆまに書房出版部
発行者　荒井秀夫
発行所　株式会社ゆまに書房
〒101-0047　東京都千代田区内神田2-7-6
電話　03-5296-0491（代表）

印刷　株式会社平河工業社
製本　東和製本株式会社
組版　有限会社ぷりんてぃあ第二

第5巻定価：本体14,000円＋税　ISBN978-4-8433-5376-9 C3325
◆落丁・乱丁本はお取替致します。